筑摩選書

藤本龍児
Fujimoto Ryuji

「ポスト・アメリカニズム」の世紀

転換期のキリスト教文明

「ポスト・アメリカニズム」の世紀　目次

「ポスト・アメリカニズム」の世紀

転換期のキリスト教文明

凡例

ハイデガーの著作は、『ハイデガー全集』（Martin Heidegger, *Gesamtausgabe*, Vittorio Klostermann, Frankfurt am Main, 1975-）に基づき「ＧＡ」と略記したうえで巻数を示し、「,」の次に頁数を記して「:」の次に訳書の頁数を記した。訳書は、ＧＡ5、12、53、65、79については、辻村公一ほか編『ハイデッガー全集』（創文社、１９８５年－）を、ＧＡ2については細谷貞雄訳『存在と時間 下』（ちくま学芸文庫、１９９４年）を、ＧＡ7は小島威彦ほか訳『ハイデッガー選集18 技術論』（理想社、１９６５年）、関口浩訳『技術への問い』（平凡社、２００９年）、森一郎編訳『技術とは何だろうか 三つの講演』（講談社学術文庫、２０１９年）を、ＧＡ9は渡邊二郎訳『「ヒューマニズム」について』（ちくま学芸文庫、１９９７年）を、ＧＡ24は木田元監訳『現象学の根本問題』（作品社、２０１０年）を、ＧＡ40は川原栄峰訳『形而上学入門』（平凡社ライブラリー、１９９４年）を参照した。また、「シュピーゲル対談」は『形而上学入門』（平凡社ライブラリー、１９９４年）に所収されたものを参照した。

ウェーバーの著作は、『マックス・ウェーバー全集』（*Max Weber Gesamtausgabe*, J.C.B. Mohr, 1984-）に基づき、「MWG」と略記したうえで巻数を示し、「,」の次に頁数を記して「:」の次に訳書の頁数を記した。訳書は、MWG I/17については、尾高邦雄訳『職業としての学問』（岩波文庫、１９３６年）と野口雅弘訳『仕事としての学問 仕事としての政治』（講談社学術文庫、２０１８年）を、MWG I/18については、大塚久雄訳『プロテスタンティズムの倫理と資本主義の精神』（岩波文庫、１９８９年改訳）を、MWG I/22-2については、武藤一雄ほか訳『宗教社会学』（創文社、１９７６年）を、MWG I/23は、清水幾太郎訳『社会学の根本概念』（岩波文庫、１９７２年）と富永健一訳「経済行為の社会学的基礎範疇」『世界の名著50 ウェーバー』（中央公論社、１９７５年）を参照した。

引用文は、基本的に訳書にしたがったが、原書に基づき改訳したものもある。

プロローグ　9・11テロの刻印

新世紀の潮流

こうして二一世紀も二〇年をへて改めてふりかえってみると、二〇世紀から新世紀への転換の様相がようやく見えてきたように思われる。二〇〇一年の9・11同時多発テロ、二〇〇八年のリーマンショック、二〇一六年のブレグジット／トランプ現象、二〇二〇年の新型コロナウイルス・パンデミック（世界的流行）、とざっと眺めてみても、そこにはゆるやかでありながら、しかし抗いがたい力で世界中を巻き込み、呑み込んでいく大きな流れが生じているように見える。新型コロナ・ショックも、その潮流の勢いを速めたものであって、「ポスト・コロナ」「アフター・コロナ」などと呼ばれる「コロナ後の世界」も、同様に大きな流れのなかに位置づけられると思われる。

その潮流とは、ひと言でいえば「ポスト・アメリカニズム」の流れということになるだろう。

ここでポスト・アメリカニズムというのは、とりあえず「アメリカニズムの後」あるいは「脱アメリカニズム」というほどの意味である。といっても、国際関係のなかでアメリカの覇権が失われてきた、というような「アメリカ衰退論」とはすこし違う。二〇世紀は「アメリカの世紀」と言われるが、アメリカが主導してきた二〇世紀のリーディング・コンセプト（leading concepts）がしだいに力を失い、その後の世紀が始まりつつあるように思われる。本書で言う「ポスト・アメリカニズム」とは、およそそうしたことを意味する。

もちろん、そう言うのであれば、せめて一〇〇年、一世紀ほどはさかのぼって二〇世紀をふりかえり、「アメリカニズム」とはいかなるものかを明らかにしたうえで、それとは異なる流れが生じてきたことを示さなければならないだろう。しかし、詳しいことは後にゆずるとして、「ポスト・アメリカニズム」の潮流のおおよその始点をたしかめるために、まずは今世紀の最初に刻まれた印について見ておきたい。

9・11テロの刻印

不幸なことに二一世紀は、9・11テロとともに幕をあけた。そのように新世紀の始点をふりかえるのも、ことさらペシミスティックな見方とは言えないだろう。

同時多発テロは、三〇〇〇人近い犠牲者と六〇〇〇人を超える負傷者を出し、なかでもワールドトレードセンター（ＷＴＣ）の犠牲者は二七〇〇人を超えた。テロの様子は、リアルタイムで世界中に報じられ、深刻な衝撃を与えた。しかも多くの映像が残され、折にふれて繰り返し放映されている。今後も幾度となく人びとの目に触れることだろう。9・11テロは世界に、消し去ることのできない印象を刻みこんだのである。

その刻印は、鮮明でありながら複層的であり、さまざまな形でこの世界に影をおとしている。最先端の情報技術と圧倒的な軍事力をもったアメリカでさえ防ぎ切れない攻撃手段。現代を代表する建築物が、あっけなく崩れ落ちる光景。いずれも恐怖を覚えざるをえないものである。9・11のような規模のテロはめったに起こらないにせよ、われわれの平和な日常にあっても、いつとは知れず、思わぬ形でそうした事態は起きるかもしれない。そういう印象を人びとの意識の深層に刻みつけたのである。テロとの戦いを勇ましく宣言したブッシュ大統領も、「アメリカは、地球の裏側に集まる脅威に対してさえ、自身の脆弱性を感じた」と漏らしている（二〇〇二年一〇月七日のシンシナティにおける演説）。

たしかに、テロは現代文明の脆弱性をあらわにした。しかし、9・11テロの刻印は、日常生活の安全神話が崩れた、ということだけを表しているのではない。そのことは、テロの標的がWTCであったということにも示されている。この同時多発テロにあっては、四機の旅客機がハイジャックされ、一機はホワイトハウスもしくは国会議事堂に、一機はペンタゴンすなわちアメリカ国防総省に、二機はWTCに向かった。テロの標的が、政治や軍事の中枢に向かうのは分かりやすい。しかし、では、四機のうち半数の二機は、なぜWTCに向かったのか。

シンボルとしてのWTC

WTCは、アメリカがもつ世界的影響力の、ある象徴となっていた。

WTCは、ニューヨーク最大のオフィスビルであり、商業センターであった。およそ五万人が働き、観光客を含めて一日当たり数万人の人びとが訪れた。WTCとは、正確には七つのビルの総称である。日本では、とくにその中心にあったツインタワーをそう呼んだ。

WTCが象徴するものは、ツインタワーがそれぞれ「ネルソン」「デイヴィッド」と呼ばれていたことからもうかがい知れる。いずれも、石油王ジョン・ロックフェラーの孫にあたる兄弟の名前である。

兄のネルソンは、F・ルーズヴェルト政権をはじめ、歴代の政権に参加した政治家である。一九五九年からはニューヨーク州知事を四期務め、最後にはフォード政権で副大統領となった。

弟のデイヴィッドは、チェスター銀行の社長・会長を歴任した銀行家であり、二〇一七年に一〇一歳で亡くなるまでロックフェラー家の第三代当主であった。第二次大戦前後からニューヨークを世界経済の中心とする構想を練り、一九六〇年代には兄の協力をえてWTCの建設に着手する。一九七三年にはツインタワーが完成し、当時、世界一の高さを誇るビルとなった。その姿は、遠方から眺めてもマンハッタンの空にそびえ立ち、たちまちニューヨークのシンボルとなったのである。

そして一九八〇年にレーガン政権が誕生し、いわゆる「ネオリベラリズム」の経済政策が実施されるようになってからは、新たなイメージが加わる。隣接するウォール街が世界金融の中心となったことで、モルガン・スタンレーやソロモン・ブラザーズなど、世界の名だたる企業や銀行、証券会社がＷＴＣにオフィスをかまえるようになった。ＷＴＣは、グローバルな金融経済の中心となり、それを推進するネオリベラリズムの象徴にもなったのである。

さらに一九九〇年代に入って冷戦が終わると、市場経済はグローバル化していく。そこで生じたのは、地球規模での豊かさの拡大というよりは、富の不均衡や格差の拡大であった。

また同時に、個人の自由や人権、民主主義といった西洋近代の理念が世界に輸出されていった。それら西洋近代の理念は、一般には世俗的ヒューマニズムに基づくものとされている。冷戦の終結を歓迎した人びとは、これを「グローバルな普遍的価値」と見たが、実際には世界各地で宗教的価値を掲げる人びととの摩擦を生じさせた。ただし、それをたんに「宗教的価値」と「世俗的価値」の対立と捉えることはできない。後で見るように、世俗的とされる西洋近代の理念も、実のところは宗教的な、すなわちキリスト教的な価値を背後にもっている。こうしたことは、イスラーム世界でそう感じる者が少なくなかったし、後で見るように西欧においても指摘されていた。

一九九〇年代のアメリカは、湾岸戦争などの軍事政策を進めるだけでなく、経済理念や政治理念の輸出を推し進めた。それらに対して世界各地で反米感情が盛り上がり、極端なばあいにはテロという形をとるようになる。

ＷＴＣも、一九九三年二月二六日、一回目のテロ攻撃を受けることになった。爆弾を積んだ車が地下で爆発させられたのである。もくろまれていたビルの倒壊はまぬかれたものの、六人の死者と一〇〇〇人以上の負傷者が出た。車に仕掛けられていた爆弾は六〇〇キロもあったが、製造にかかった費用は三〇〇ドルほどだったと言われる。

爆心地の真上には、犠牲者を悼む記念碑が建てられた。しかし、その記念碑も、一〇年もたたないうちに9・11テロによって破壊され、瓦礫に埋もれることになるのである。

「グランド・ゼロ」をめぐる相克

9・11テロから二日後の早朝、行方不明者の捜索中に、一人の作業員が薄明りのなかで六メートルほどの大きさの十字架を発見した。Ｈ鋼の梁《はり》が、崩壊の過程で偶然に十字架の形になり、瓦礫の空洞のなかに立っていたのである。悲惨を極める現場で、希望の持てない作業を続けていた消防士や警察官、ボランティアの人びとは、十字架の前に跪《ひざまず》き、祈りを捧げるようになった。ある者は泣き、また歌う者も出てきた。瓦礫の中の空洞は、一種の「聖堂」になったのである。

撤去作業が進むと、聖堂も取り壊されることになったが、十字架は人びとの熱望によって保存されることになった。跡地の一画に高く掲げられた十字架は、いつしか「ＷＴＣクロス」とか「グランド・ゼロ・クロス」と呼ばれるようになる。

二〇〇一年の暮れ、まだ撤去作業や捜索が続くなかで「グランド・ゼロ」は公開された。遺族や関係者はもちろん、多くの人びとが集い、跡地は「祈りの場」となった。しかし程なくして、跡地は別の様相を見せ始める。たとえば、跡地が見渡せる仮設展望台が設けられた。また、展望台にのぼる人びとが増えると、整理券が配られるようになった。そして跡地自体も、次第に復興へ向けて動き出していったのである。

ただ再建計画は、しばらくは定まらなかった。行政側は、跡地を従来のようにオフィス街にすべく、企業誘致を第一とした。それに対して遺族側は、商業的価値に染まることを嫌い、慰霊の場を優先する設計を要望した。それを受けて二〇〇二年に開かれたコンペでは、「祈念モニュメント」色の強い案が選ばれることになる。ところが、リース権をもった不動産開発業者は、収益性の低いこの案を嫌い、計画に大幅な変更を迫ったのである。

ワールドトレードセンター跡の「WTCクロス」
提供：Jim Touretellotte/US Customs/ロイター/アフロ

来し方を顧みるための追悼の場所か。未来を切り拓くための経済の中心か。再建をめぐってグランド・ゼロの象徴性が問われたと言えよう。結局、当初の「祈念モニュメント」色の強い案のうちで残されたのは四パーセントにすぎなかった。ツインタワーの跡地には、慰霊の場として「国立9／

11記念ミュージアム」が設けられることになったが、それ以外の跡地には五つの超高層ビルを建て、地下にも商業施設を配置し、地下鉄とバスターミナルを設置することになったのである。

テロから五年目の二〇〇六年になると様々な局面が動いていく。九月にはビジターセンターが開館し、追突した旅客機の一部や犠牲者の遺品、生前の写真、遺族の手紙などが展示され、訪問者がメッセージを残せるコーナーも設けられた。ゆえに、この施設は「追悼記念センター」とも呼ばれた。また「フリーダムタワー」（後に「1WTC」に改称）の建設も始まった。これはアメリカ独立の年にちなんで、高さを一七七六フィートとし、世界一の高さを目指したものである。[1]

聖地にさす影

このように再建は進んでいったが、二〇一〇年には、WTCをめぐって反イスラーム感情が再燃している。グランド・ゼロから二ブロック、およそ一五〇メートルの場所に、ムスリムのグループによってモスクが建設される、という計画が明らかになったのである。そのニュースは、すぐさま全米で論争を巻き起こした。オバマ大統領は、建設を支持する声明を発表したが、反発のあまりの大きさに、発言を修正せざるをえなかった。CNNの調査によれば、国民の約七〇パーセントが建設に反対であった。

そして二〇一一年五月一日の深夜には、グランド・ゼロに多くの人びとが集まり、歓喜の声をあげた。オバマ大統領がこの日の夜遅くに異例の記者会見を開き、オサマ・ビン・ラディン容疑者を殺害した、と発表したからであった。

七月には、テロのさいに消防局から出動して損傷した「はしご車」がグランド・ゼロに運び込まれた。再建作業のためにいったん移設されていた「グランド・ゼロ・クロス」も跡地に戻された。いずれもテロから一〇年目に開館するミュージアムに展示するためである。

これらの展示には批判がないわけではない。消防士の英雄化はナショナリズムに利用されている、という左派からの批判。国立のミュージアムに十字架を展示するのは政教分離に違反する、という無神論者からの批判、などである。

こうした批判は、テロから一〇年目、二〇一一年九月一一日におこなわれた記念式典にも向けられた。合衆国政府が主催する公的な式典であるため、無神論者は、いかなる宗教からも自由であるべきだとうったえた。しかし、登壇したブッシュ前大統領やルドルフ・ジュリアーニ前ニューヨーク市長は、聖書から引用し、祈りを捧げた。

オバマ大統領も、演説の最初に旧約聖書詩篇四六篇を引用した。「神はわたしたちの避けどころ、わたしたちの砦。苦難のとき、必ずそこにいまして助けてくださる。わたしたちは決して恐れない。地が姿を変え山々が揺らいで海の中に移るとも、海の水が騒ぎ、沸き返り、その高ぶるさまに山々が震えるとも」と。[2] 結局、オバマ大統領は、演説のなかで詩篇四六篇のすべてを読み上げ、最後に「『力を捨てよ、知れ、わたしは神。国々にあがめられ、この地であがめられる。』万軍の主はわたしたちと共にいます。ヤコブの神はわたしたちの砦の塔」と述べて締めくくった。

再建中のWTC〔2012年6月23日〕
撮影：五十野健史

オバマ大統領にとっても、グランド・ゼロは「祈りの場」であり「聖地」であったのである。テロとの戦いは「文明と野蛮の戦い」と規定されたが、このばあいの文明とは「キリスト教文明」であることが示唆されたと言えよう。

「聖地としてのグランド・ゼロ」には、信仰とともに葛藤も多い。しかも、グランド・ゼロを聖地とするばあいの葛藤は、左派や無神論者、あるいはムスリムとの間でばかり生じるのではない。ＷＴＣの再建をめぐる対立に表れていたように、記憶と未来にかんする共同の企てにも、内部で葛藤が生じてくる。とくに聖書的伝統を受け継ぎ、文明論的な次元に立って自分たちを省みたばあい、聖地にたいする想いには影がさす。

たとえば、創世記一一章の九節が頭をよぎる。「バベルの塔」の物語である。空まで伸びるビル。共通語だと考えられた経済の言葉。ツインタワーが脆くも崩れ去るシーン。そうした不吉なイメージの重なりを拭い去ることは難しい。二〇〇八年のリーマンショックで世界恐慌の到来が危ぶまれ、グローバル資本主義の脆弱性があらわになればなおさらである。

ＷＴＣは、グローバル資本主義やネオリベラリズムが生み出した富と権力を象徴するものだったからこそ、９・11テロの標的となった、と言える。９・11テロは、西洋文明やグローバル資本主義の脆弱性を知らしめ、そこに消せない刻印を残したのである。

ただ、９・11テロで暗示されていたのは、それだけではない。その刻印は、「現代文明」の転換を示してもいた。対テロ戦争では、相手も終わりも見えない戦いに嵌《は》まり込んでいき、イラク戦争では、アメリカを中心とした新秩序をうちたてるという目論見がもろくも崩れ去った。しかも、対テロ戦争の間隙をついて、中国やロシアが勢力を拡大してきた。二〇一六年のブレグジットやトランプ当選を経てからは、アメリカが推し進めてきたリベラル・デモクラシーの普遍化は影をひそめ、そうした理念そのものまでが色あせてきた。いまや、ある種の転換が起こりつつあり、新しい世紀に変ろうとしているのではないか。そう思われるのである。

とはいえ、そうしたことを考えるためには、もう少し大きい歴史的な視点が必要だろう。やはり改めて一〇〇年前、一世紀ほど遡ったところから「アメリカ」を見ていくことにしたい。

第一章

「現代文明」の形成と動揺

1 「アメリカの世紀」の始まり

今からおよそ一〇〇年前、世界は大きな変わり目にあった。近代文明が転換期にさしかかり、「現代文明」と呼べるものが形成されつつあった、と言ってもよいだろう。

イギリスの歴史学者エリック・ホブズボームは、第一次世界大戦が始まった一九一四年からソヴィエト連邦が解体した一九九一年までを「短い二〇世紀」と規定した。[1] 二〇世紀は「アメリカの世紀」と呼ばれるが、その始まりはおおよそ第一次大戦あたりからとされるばあいが多い。本書でも、第一次世界大戦のころに大きな転換があったと考える。[2]

ただしそれは、第一次世界大戦そのものが転換の契機になった、ということではない。

もちろん、国際政治におけるパワーバランスは目に見えて大きく変化した。ドイツ帝国、オーストリア＝ハンガリー帝国、ロシア帝国、オスマン帝国は崩壊し、代わりにロシアでは大戦中に革命が起き、社会主義国ソヴィエト連邦が成立した。大戦が始まったころには巨額の債務を抱えていたアメリカが、戦後には最大の債権国に変わり、国際政治における発言力を増した。一九一七年にW・ウィルソン大統領は、次のように述べてドイツに宣戦布告する。「世界は民主主義のために安全にされねばならない。その平和は、政治的自由という文明が築いた基礎の上に打ち立てられねばならない」と。そして、このアメリカの参戦により第一次大戦の勝敗が決し、パリ講和会議が開かれヴェルサイユ体制が成立する。それらが国際政治における大きな変化であり、二〇世紀を基本的に方向づけたことはまちがいない。[3]

ただ、そうした変化は、もっと底にある地殻変動によって引き起こされたと思われる。一〇〇年後、一世紀ほど経った現在からふりかえったばあい、そこにいわば大きな文明史的な「転換」があったと考えられるのである。

たとえばその一端は一九一八年、第一次世界大戦が終結する直前に、オスヴァルト・シュペングラーが『西洋の没落』を出版し、それがベストセラーになったことにも表れていたと言えよう。「文化は文明となって没落する」というテーゼは、世界大戦だけでなく、工業化や都市化による機械文明に閉塞感を抱いていたヨーロッパの人びとの気分をよくとらえたものであった。

ただ、シュペングラーが「没落」と言ったのとは違い、ここで文明史的な「転換」と言うのは、西洋文明が没落したというよりは、近代文明のあり方が変わったと見るほうが、二〇世紀をとらえるのにはよいと思われるからである。[4]端的にいえばアメリカが、西洋諸国にあって特異な位置を占めるようになった、ということである。「タイム」誌の創刊者であり、当時最も影響力のある民間人とも言われたヘンリー・ルースが、一九四一年、二〇世紀は「アメリカの世紀」になると宣言したときにはすでに、それは半ば実現されていた。[5]

しかし、そこでは何が変わり、何が「アメリカの世紀」を実現させたのか。そして近代文明はどのように転換し、その転換は何によって生じたのか。歴史学的な関心だけでなく、現在まで続く文明のあり方を見てとろうとすれば、ましてや今後の展望を啓《ひら》こうとすれば、その転換についての理解はいっそう難しくなる。

とりあえず確認しておかなければならないのは、次のようなことだろう。アメリカは一九世紀末には世界最大の工業国になっており、第一次世界大戦においては主戦場であるヨーロッパから離れ、軍需物資の生産・供給国として大きな利益を得た。しかし、そうしたことだけが「アメリカの世紀」をもたらしたのではない。よく知られているように第一次大戦は、莫大な量の軍需物資を必要とし、戦闘員のみならず一般国民をも総動員する総力戦となった。ヨーロッパの物資の需要は未曾有の規模となり、それに応えるには相応の「大量生産」を可能とする産業構造がなければならなかった。アメリカは、その準備ができていたのである。

アメリカでは一九〇三年、ヘンリー・フォードが自動車会社を設立し、大量生産を実現するシステムを発展させていく。部品を分業で生産し、車体を移動させながら組み立てる方式によって、T型フォードは一九〇九年に一年間だけで一万台が生産された。一九一一年には、技師であるフレデリック・テイラーが、製鋼所での実務経験をふまえて「作業管理（タスクマネージメント）」を合理化・効率化するための「科学的管理法」を提唱した。一九一三年にはフォードが、デトロイト郊外のハイランドパークに、長いベルトコンベヤーをそなえつけた自動車工場をつくる。[6]この工場では、製品が規格化され、部品は標準化され、作業は細分化された。テイラーの管理法がかなり実現されたのである。そうしたテイラーシステムあるいはフォードシステムと呼ばれる方式によって、自動車の組み立てに要する作業時間は劇的に短縮され、圧倒的な大量生産を実現したのであった。

第一次大戦は、この画期的な生産システムをアメリカで拡大させた。アメリカは、世界の工業生産額の半分を占める「世界の工場」の地位を、一九世紀の覇権国イギリスから引き継ぐことになる。またフォードシステムは、はやくも大戦中にはヨーロッパにまで入り込んだ。こうした産業構造の転換が、現代文明の画期となったと言えよう。

それだけではない。フォードシステムをヨーロッパで導入した企業の一つに、イタリア最大の自動車メーカー、フィアットがあった。第一次大戦後の一九一九年、イタリアの革命家であり思想家であったアントニオ・グラムシは、フィアットの本拠地であるトリノの工場をつぶさに見てまわった。そこで働く労働者とも交わり、そのなかでフォードシステムが歴史的な画期をもたらすものであることにいちはやく気づいたのである。

グラムシは、ムッソリーニ政権によって逮捕されるが、一九二九年、獄中で執筆を許されたノートの最初のページに「アメリカニズムとフォーディズム」と書きつけた。フォードシステムは、工場における生産方式以上のものとなり、「フォーディズム」として経済や社会、政治、文化にも浸透するだろう。それと結びついた「アメリカ的な生活様式」や文化は、「アメリカニズム」としてヨーロッパにも拡大するだろう。グラムシは、この二つの「イズム」に「新しい型の文明」を見てとったのである。[7]

たしかに、アメリカで生まれた大量生産のシステムは、生産や労働の様式にとどまらず、二〇世紀の文明のあり方まで決定づけた。フォーディズムにおける「大量生産」は「大量消費」とセットになっており、その双方をになう中産階級の拡大を推進した。いいかえれば、同じようなモノに囲まれ、同じような生活形態や行動様式をとる「大衆社会」を進展させたのである。また、この大衆社会を機能させるには、それ相応の政治構造をもたなければならなかった。それがデモクラシーであり、アメリカではその普及が進んでいたのである。

二〇世紀初頭のヨーロッパは、階級社会をまだ根強く残しており、デモクラシーへの懐疑もたっぷり残していた。それに対してアメリカでは、もとより平等化と民主化を進めていた。つまりアメリカは、大量生産・大量消費を可能にする産業構造と、それを支えるマス・ソサイエティという社会構造、そしてそれを機能させるデモクラシーという政治構造をいちはやく実現していたのである。

それらは、アメリカがイギリスから「世界の工場」の地位だけでなく、リベラリズムの理念を引き継ぐさいにも大きく作用した。大量生産・大量消費を可能にする産業構造は、「経済的自由」という観念をふくらませ、そこに「経済的平等」という規準を組み込んだ。自由や平等が「豊かさ」ではかられ、それを指標にして政治が動くようになっていく。このように、産業構造によってリベラリズムとデモクラシーを結びつけたところにアメリカ文明の特徴がある。

アメリカニズムをその起源から現代にいたるまで詳細かつ総観的に描き出した古矢旬によれば、

「二〇世紀アメリカニズムは、フォーディズムの想定する合理的労働者＝市民像を中核とし、自由民主主義的な産業社会に立脚し、ネオ・リベラルな世界構想をはらみつつ確立して」いったのである。[8]

二〇世紀においてはそれ以降、ヨーロッパもアメリカを手本として産業社会や大衆社会を進展させ、リベラル・デモクラシーを理念として掲げるようになった。「アメリカ」が現代文明のモデルになったのであり、その意味であれば、西洋文明は、没落するどころか発展していったのである。「アメリカ」を現代文明のモデルとするアメリカニズムは、西洋を超え、アジアをはじめ世界各地に拡大した。そこに「アメリカの世紀」の意義があると思われる。

二〇二〇年、現在

では、それから一〇〇年後、一世紀が経ち世界はどうなっているのか。

国際社会では、新しい帝国主義の時代がやってきたとも言われる。中国は、アメリカと同規模の領土に四倍の人口をもち、鉄鋼、機械、化学、繊維などの工業製品で世界一の生産高を達成し、二一世紀の「世界の工場」となってＧＤＰ（国内総生産）を急激に伸ばしてきた。しかも「核」をもち、軍事力を拡大させ、国際法もおかまいなしに東シナ海や南シナ海に進出し、中東やアフリカへも影響力を強めている。

ロシアは、大国としての力を取り戻したとまでは言えないにしろ、世界で最大の領土と巨大な天然資源をもち、隣国への野心を隠さない。二〇〇八年にはグルジアに侵攻し、二〇一四年にはクリミアを併合してウクライナ東部も勢力下においた。しかもロシアは、中国と潜在的な同盟関係にあり、場合に応じて手を結び、欧米諸国に対抗している。

法の支配がゆらぎ、いわゆる「リベラルな国際秩序」の危機が叫ばれるようになった。[9] あるいは米中の「新冷戦」の時代に入ったとも言われる。

それに対して欧米の先進諸国は、経済であれ政治であれ、全般的に混迷の度を深めている。産業構造の中心は、製造業からサービス業や金融業、情報産業に移った。製造業は衰退し、それに従事していた中間層は没落し、大衆社会のなかで格差が広がっている。さらに、製造業の代わりにアメリカ経済を牽引するようになった金融業は、資本をモノの市場から金融の市場に流入させ、いっそう製造業を空洞化させている。

また市場のグローバル化にともない、資本は短期的な利益を求めて世界中を移動し、世界のどこかでバブルが起きては破裂するということが繰り返され、世界経済が不安定化している。こうしたグローバル資本主義によって先進諸国では、格差の度合いが強まってきた。

そして、大衆社会における格差の拡大は、デモクラシーを動揺させるようにもなった。中産階級から滑り落ちたり、滑り落ちそうになったりしている人びとは不満をつのらせ、それがデモクラシーを通じて政治を動かす。いわゆる「ポピュリズム」が世界各地で起こり、ブレグジットを引き起こしたり、トランプ大統領を生み出したりして、デモクラシーにたいする不信感を生んでいる。ポピュリズムと化したデモクラシーは、自由貿易や寛容といったリベラルな原則にはむかうようになったのである。

一方、経済的自由を中心とする二〇世紀のリベラリズムは、経済効率を追い求めることで市場中心主義としての「ネオリベラリズム」を生み出し、自由貿易の拡大を求めることで「グローバリズム」を推進した。これが、海外への工場移転を促すなどして、先進諸国における製造業の空洞化を生じさせたのである。してみれば、没落した中間層がグローバリズムに反対し、内向き志向を高めたり排外的になったりして、保護主義に傾くのも無理はないだろう。

以上は簡単な素描にすぎないが、新しい帝国主義、経済的自由に先導されるリベラリズム、大衆化が進んだうえでの格差社会、自由の原則にはむかうデモクラシー、それらによって生じる分断の深刻化、といったように並べてみただけでも、現代文明の問題が多岐にわたることがわかる。文明論的な視野にたてば当然のことではあるが、これだけ問題が多岐にわたると、その大きさと複雑さに途方に暮れることになる。

もちろん、この壮大な文明史的な問題にたいする答えを本書で示すことはできない。ただ、この一世紀を改めて文明論的な観点からふりかえったばあい、次のような疑問が浮かんでくる。

アメリカニズムが、大量生産と大量消費にもとづくリベラル・デモクラシーだとすれば、アメリカやイギリスで生産性が低迷する一九七〇年代後半には、それは終焉したことになる。しかしアメリカは、製造業が衰退した「ポスト工業化社会」にあっても、代わりに金融業や情報産業を進展させ、それらによって世界をリードすることで引き続き現代文明のモデルとなってきた。アメリカニズムは、一九九〇年代以降もグローバリズムの中心を担って世界に拡大したのである。

もちろん、フォーディズムは、大量生産・大量消費の産業構造そのものではなく、合理的な経営理念や経済運営、あるいは効率的な経済体制や社会システムを実現しようとする「イズム」であり、それが八〇年代以降は形を変えて継続している、とも考えられる。その点では、「市場中心主義」や「ネオリベラリズム」について、社会思想の次元で考えなければならないだろう。

ただ、それとはまた別にフォーディズムは、「ポストフォーディズム」と呼ばれる変化を見せてもいる。フォーディズムじたいが生産システムから経営理念、果ては文化にも及ぶものであるゆえに、ポストフォーディズムは、さらに多様な意味をふくんでいて確固とした定義はない。しかし、あとで見るように、フォーディズムが一九八〇年代以降変化しているのは確かである。そうしたポスト工業化なりポストフォーディズムといった変化にもかかわらず、アメリカニズムは、世界を主導する理念であり続けた。とすればそこには、産業構造やフォーディズムの変化よりも深い次元で、変わらず続いているものがあるのではないか。本書で考えたいのは、そうした問いである。

アメリカニズムの底流には、二〇世紀初頭から現在まで変わらず一貫して流れているものがある。そう考えなければ、ポストフォーディズムやポスト工業化と言われる時代にもアメリカニズムが世界をリードし続けた理由を説明できない。そして、二一世紀に入ってまで続いてきた世界の主導理念の威力を見誤ってしまうだろう。

さきに確認したように、二〇二〇年の世界にあっては製造業は衰退し、リベラル・デモクラシーも理念としての力を失いつつある。アメリカニズムがかつての力を失い、一世紀前のように文明の転換が起きつつあるように思われるのである。しかしながら今のところ、その後の世界の展望は見えていない。むろん、文明を文化の没落した形態とみるシュペングラー的な見方からすれば、すでに「西洋の没落」が一世紀前に始まり、現代ではそれがたんに深まっているだけだ、という解釈も成り立つ。しかしそうだとしても、というより、そうであればなおのこと、二〇世紀を席巻したアメリカ文明の本源について考えておかなければならないはずである。それを見きわめなければ、「ポスト・アメリカニズム」の世紀の展望は啓けないだろう。

本書は「ポスト・アメリカニズム」の世紀について論じるものであるが、かといって、ことさら「アメリカ衰退論」を唱えたいわけではない。あるいは、新しい世紀のヴィジョンを提示できるわけでもない。むしろ、衰退論が繰り返されたにもかかわらず、なぜアメリカは、二〇世紀を通じて現代文明のモデルであり続けてきたのか、という点に主要な関心がある。しかし、今世紀に入って、アメリカが主導してきたリベラル・デモクラシーの理念や市場主義に陰りがみえ、それらがたとえばポピュリズムのような形で、世界的な地殻変動をもたらしているとすれば、アメリカニズムの威力の本源を見きわめることは、すなわち「ポスト・アメリカニズムの世紀」への展望を啓くことになると言えるだろう。

2 「ポスト世俗化」の時代

本書では、そうしたことを考えるためになるべく多様な角度から論じていくが、とくに宗教的な観点を導入し、「ポスト世俗化」と言われる大きな潮流に注目する。これは「世俗化の後」というほどの意味であるが、「ポスト・アメリカニズム」よりもさらにイメージしにくいだろう。

一般に近代社会では、宗教は衰退していると見られている。近年でも、欧米諸国における「若者の宗教離れ」であるとか「無宗教の増加」といったことが、統計調査の数字を根拠にして示されることが多い。ただ一方では、9・11テロのように、欧米諸国をふくめて世界各地でテロが起きている。またアメリカでは、ブッシュJr.政権時代のように、宗教勢力が政治に積極的なかかわりをもち、大統領選にまで影響力を発揮している。近年では、トランプ政権の支持基盤として「福音派」や「宗教保守」といった人びとが注目された。

しかし、アメリカの宗教が注目されるにしても、たいていは奇異な目で見られ、従来の視点から批判的に論じられることがほとんどである。それを歴史的あるいは思想的にどう位置づければよいのか、ということまでは問われない。宗教についての見方や考え方は、まったくと言っていいほど変わっていないのである。

一般的には、「宗教の衰退」が先進諸国における基本的なトレンドだとされているゆえに、テロはもちろん、政治にかかわる宗教勢力も時代遅れで反動的な集団であり、その台頭も一時的な現象にすぎない、と見なされる。しかしながら、9・11テロから現在まで先進諸国を含め世界各地でテロが繰り返され、近代化の先頭を走ってきたアメリカでも宗教の影響力が衰えていないからには、それらを一概に時代遅れの一時的な現象として片づけるわけにもいかなくなってきた。しかし、アメリカで宗教の存在が大きいことを認めるにしても、あくまでそれは近代社会における例外である、という考えもある。

こうした問題については後で詳しく考えるとして、ここでは本書のねらいを理解してもらうために、「ポスト世俗化」の概要をすこし先取りするかたちで述べておくのがよいだろう。そのためにもやはり、ここ一〇〇年、一世紀のことをふりかえっておかなければならない。

問いなおされる「脱魔術化」

近代社会と宗教の関係については一九一七年、M・ウェーバーが講演「職業としての学問」のなかで「脱魔術化」という言葉をつかって述べている。それが二〇世紀における通説となったと言っていいだろう。一般に「脱魔術化」とは、世界が、魔術的な力ではなく合理的な思考や科学によって説明されるようになっていくプロセスを指す。これを受けて社会科学、とりわけ宗教社会学の見地からは、近代化にともなって宗教は社会的な影響力を失う、と考えられるようになる。たとえば一九三〇年代には、ヨーロッパで教会への出席率や洗礼率が低下する「教会離れ」が明らかにされ、それが客観的事実として確認される、というようにである。一九六〇年代になると、英米系の宗教社会学においては、「世俗化」という概念で「近代化＝宗教の衰退」が論じられるようになった。

しかしながら早くも一九六七年には、T・ルックマンが『見えない宗教』で、礼拝や通過儀礼などの「制度化された宗教」によって「世俗化」を測ることに疑問をなげかける。代わりに、現象学的社会学や哲学的人間学に依拠しながら、世俗化を「宗教の私事化」と規定した。[10]かつてのように一つの宗教が「天蓋」のように全ての人に覆いかぶさってくるのではなく、どの宗教を選ぶかは個人の選択に委ねられ、私的な事柄になっていく、というのである。[11]

こうした私事化説は、一九七〇年代以降、先進諸国で「スピリチュアリティ」が興隆することによって説得力を増した。スピリチュアリティとは、制度的あるいは集団的な宗教からは距離をとりながらも、「宗教的なもの」に惹かれる意識、といったほどの意味で用いられている。当初は、主流文化に対抗するカウンター・カルチャーの流れにあったが、まもなく消費文化にとりこまれ、メイン・カルチャーに合流していく。占いや風水、気功、瞑想、代替医療、セラピー、自己啓発などにも流れ込み、アメリカをはじめイギリスやドイツ、日本にも広がっていった。

ルックマンが『見えない宗教』を刊行したのと同じ一九六七年には、社会哲学者であるロバート・ベラーが論文「アメリカの市民宗教」で、個人の選択とは別に、国民が共有する宗教的志向性が存在することを指摘した。[12]ベラーは、アメリカの独立宣言や憲法、大統領の就任演説、公教育などを分析し、国民の大多数が共有する宗教的志向性の存在を明らかにしたのである。市民宗教は、個人の内面や心の問題として片づけられるものではなく、社会生活や政治行動に大きく影響を与えている。どの民族や国民にも、「われわれは何ものなのか」「われわれはどこから来てどこへ行くのか」というように、自分たちのアイデンティティや存在意義を問うばあいに依拠する「価値の体系」が存在する。ベラーはこれを、ジャン＝ジャック・ルソーの『社会契約論』（一七六二）における言葉を借りて「市民宗教」と名づけたのであった。

市民宗教は、公的領域における宗教の存在を示しており、社会的影響力をもつ宗教についての議論を広く巻きおこすことになる。とくに政治と宗教の関係については、一九七〇年代に「宗教の復興」が世界的な現象として多く観察されることで説得力を増していった。

三つの一神教をはじめ、ヒンドゥー教や仏教といった世界宗教が各地で信者を増やしており、それらの中の保守グループが勢力を拡大してきた。イスラームのなかではラディカル・ムスリムの傾向が強くなり、キリスト教のなかでもペンテコステ派や（ラテンアメリカにおける）福音派の勢力が伸長している。さらには、宗教の最高指導者が最高権力をもつイランをはじめ、ヒンドゥー・ナショナリズムの強いインド、宗教保守が注目されるアメリカ、といったように宗教と政治の結びつきが顕著に見られるようになってきたのである。

一九九一年には、フランスの政治学者で、世界的に著名なイスラーム研究者でもあるジル・ケペルが『神の復讐――世界の再征服に乗り出すキリスト教徒、ユダヤ教徒、ムスリム』を刊行し、一九七〇年代以降の宗教復興を政治との結びつきから明らかにした。[13]

さらに一九九四年には、宗教社会学者であるホセ・カサノヴァが『近代世界の公共宗教』で、世俗化論や市民宗教論を部分的に修正、あるいは更新した。かれによれば世俗化論は、かつて宗教に包摂されていた政治や経済などの公的制度が、それぞれの機能を合理化させ、自律化していくという意味であれば有効である。しかし、宗教は必ずしも衰退したとは言えないし、私事化もオプションの一つに過ぎない。カサノヴァは、従来の世俗化論には、政治と公的領域にかんする「リベラルな」概念への偏りがあると指摘し、むしろ世界の宗教は「脱私事化」している、と主張したのである。[14]

このように、世界的な宗教復興が社会学的に観察され、宗教社会学でそれをふまえた理論が整備されることで、「近代化＝世俗化＝宗教の衰退」というテーゼを支持する研究者は減少していった。[15]

以上のような研究や論争をふまえ、社会哲学者であるユルゲン・ハーバーマスは、二〇〇一年の講演「信仰と知識」や二〇〇五年の論文「公共圏における宗教」などで、現代社会は「ポスト世俗化」の時代に入った、と言明するようになる。[16] およそポスト世俗化とは、もはや「世俗化＝宗教の衰退」という考え方を前提にできない時代がきた、ということを指す。

ハーバーマスは言う。「機能を譲渡し失い、個人化したからといって宗教の重要性そのものの喪失にいたるとはかぎらない。宗教は、政治的公共圏においても、社会のもつ文化においても、個人的な生活態度においても重要性がなくなったということには必ずしもならない」[17]。これは、カサノヴァがおこなった世俗化テーゼの部分的修正に賛同したものである。

新しい「ポスト世俗化」社会は、宗教にかかわる多様な事実が報道されるようになり、一般の人びとのあいだである種の「意識の変化」が生じることによって到来した、とハーバーマスは言う。

国内に目を向ければ、安楽死の合法化や妊娠中絶、再生医療といった生命倫理の問題が生じており、そうした場面で宗教が存在感を増している。それらの問題は価値をめぐるものであるが、決して私的な領域にとどまるものではなく、道徳や法律にかかわり、政治的な調整が求められている。そこではどうしても生命観や死生観について考えることが避けられない。ゆえに、ふだん自分は宗教とは関係ないと思っている人びとも、しだいに宗教観を問われるようになり、ときには宗教者の言葉に耳を傾けるなどして、直接にせよ間接にせよ、公共の意識や見解に宗教が影響するようになってきたのである。

また、世界各地で「隣人としての異教徒」が増加し、宗教の存在感が増してきた。フランスをはじめ、ヨーロッパ各地に広がるムスリムに代表されるように、伝統文化が根づよく残る地域からやってきた移民や難民の存在は、受け入れ先の社会のなかで不協和音を生じさせている。一つの社会のなかに、これまでにない宗教や伝統、生活様式などが入り込んできて存在感を増しているからである。

かくして、「ヨーロッパの大多数の市民は、自分たちの世俗化された意識状態が、世界基準から見るとあくまで相対的なものでしかないこと」を自覚させられるようになった。[18] 宗教の存在や役割についての認識が広がりをみせ、それが「公共の意識」にまでなってきている。こうしたある種の「意識の変化」を指してハーバーマスは「ポスト世俗化」と言っているのである。

「公共性の再編」と宗教

よく知られているようにハーバーマスは、「公共性」論の第一人者である。戦後かれは、世俗化を前提にした公共性の理論を構築してきたが、今世紀に入ってそれを修正しはじめたのである。具体的には、後で詳しくみるように、宗教を市民社会にとり入れるべく、世俗的市民と宗教的市民が対話できる枠組みをつくろうとしはじめた。

ただしハーバーマスの取り組みを、市民社会に宗教を参加させる試み、とだけとらえるのは、半面の理解でしかない。そこには、もっと大きい思想史的背景がある。

実のところドイツでは、ウェーバーの議論をふまえながらも、政治哲学においては異なった文脈で「世俗化」論争が展開していた。はやくも一九二二年にはカール・シュミットが『政治神学』において「近代の国家理論のあらゆる枢要な概念は、世俗化された神学的な概念である」と指摘した。[19] このばあいの「世俗化」とは、宗教の衰退をめぐる英米系の研究とは違い、国家理論など、近代政治における諸概念や体系がキリスト教に根をもつことを示すものとして用いられる。

シュミットは、そうした認識が「これら諸概念の社会学的考察のためには欠かせない」と主張したのであった。これが、（ドイツの）社会哲学において「世俗化定理の最も強力な形式」となる。[20]一九五三年にはカール・レーヴィットが、近代の歴史意識はキリスト教の終末論が「世俗化」したものである、としてそこにある連続性を強調している。

それらに対して一九六六年にはハンス・ブルーメンベルクが、近代を、中世との連続性をもちながらも、近代理性を成立させた独自の時代として描き、「近代の正統性」を訴えた。一九七〇年にはシュミットが、この議論に対して『政治神学Ⅱ』で再反論をおこなっている。[21]ハーバーマスは、これらの「世俗化」論争もふまえて「ポスト世俗化」を唱えているのである。かれは、アメリカを例に出しながら、世界の宗教にたいする見方の変化を次のように言う。

アメリカは依然として宗教組織が盛んで、宗教意識の強い市民と政治的にアクティヴな市民の割合は同じくらいでありながら、近代化の先頭ランナーである。ところが、こういうアメリカは長いこと世俗化理論の巨大なる例外ということですまされてきた。しかし、視野がグローバルになり、他の文化や世界宗教にも目を向けて、いろいろと教えられるところがあると、このアメリカがむしろ、標準形に思えてくるほどである。[22]

いよいよ世俗化理論の見なおしが迫られ、そのパラダイムのなかで看過されてきた現象の重要性が認識されるようになってきた、と言えよう。

にもかかわらず他方では、宗教の復興を直視せず、いまだにそれらを例外的な出来事だとする考えが広く残っている。ハーバーマスは、そのように「近代化が加速するにつれて、宗教は世界中で消えて行くだろう」という前提で組み立てられた思想を「世俗主義」と呼んでいる。[23] そうした考え方は、宗教の復興や、それを受けて生じた人びとの「意識の変化」という事実から乖離した観念形態になっており、その意味で一種のイデオロギーになってしまった。ハーバーマスは、そうした世俗主義が、フランスのスカーフ問題をはじめ、現代の宗教をめぐる問題を引き起こしている、と診断している。

もはやウェーバーが唱えたような「脱魔術化」を前提とすることは出来なくなってきた。もちろん、とはいっても、ある種の近代化が進んでいることも間違いないからには、単純に「再魔術化」が進んできているとも言えない。かくして宗教復興や、現代社会と宗教の関係の変化をめぐっては、「ポスト世俗化」や「ポスト世俗主義」といったことが論じられるようになり、「公共宗教」論が、宗教社会学をこえて社会哲学における主要なテーマとなってきたのである。

3　もう一つの魔術化

しかし、「脱魔術化」を見なおすにあたってはもう一つ、見逃せないものがある。

「文明」の時代は、脱‐魔術化の時代と呼ばれるのが常である。そして脱‐魔術化は、どちらかというと、いやそれだけが、全面的な問いの無さと一緒に進んでいくように見える。それにもかかわらず、事態は逆である。ただ、この魔術化がどこから来るのかを知らなければならない。（GA65,124:135、略記については凡例を参照）

これは、マルティン・ハイデガーが「第二の主著」とも言われる『哲学への寄与』で述べたことである。この書は、一九三六年から三八年にかけて書かれた「覚書」をまとめたものであり、後期ハイデガーの思索の基盤となったものにほかならない。この書についてハンス＝ゲオルク・ガダマーは、ついぞ完成されなかったハイデガーのライフワークの「先取り」であり、「膨大なプログラム草案」である、と位置づけている。[24] 『哲学への寄与』の「Ⅱ　響き」では、大衆社会やニヒリズム、科学技術が論じられており、ハイデガーの現代文明論としては第一級のテキストと言える。さきの断章では、文明の時代を「脱‐魔術化の時代」と考える通説に対して、現代を「魔術化」の時代と規定している。そして「たえず自らを追い越す技術の進歩は、この魔術化の一つのあらわれに過ぎない」と言っている（GA65,124:135）。端的にいえば、ハイデガーの言う「現代の魔術化」とは、「技術」によるものなのである。

二〇世紀において「技術」が飛躍的な躍進をとげ、文明に大きな変化をもたらしたことは確かだろう。さらに二一世紀に入ってからも、「技術」という観点から見たばあい、何か大きな変化がおきているようにも思われる。もとより、文明の転換を考えるにあたって「技術」は欠かせない視点であり、ハイデガーの指摘を俟つまでもなく、本書でも大きなテーマの一つとして考えておかなければならない。

ふつう技術といえば、まず最先端のテクノロジーに目が向き、未来のことを期待したり心配したりすることが多い。近年では、人工知能（ＡＩ）を活用した技術には驚かされるし、そのＡＩがやがて人間の知性を超えて社会に大きな変化を起こす、という「シンギュラリティ」論などを聞けば、不安にもなる。ゲノム編集の医療技術によって難病の治療法が開発されるとなれば希望を抱くし、親の好みによって子供の特徴を変えられるデザイナーベイビーのような話を聞けば、逆に怖ろしくもなる。

しかし、あらためて現在の生活に目を向けると、すでに日常に組み込まれたテクノロジーの問題点にさえよく理解が及んでいない、ということに気づく。たとえば、近年よく論じられるのは、GAFA（ガーファ）やFinTech（フィンテック）についてである。

GAFAは、広く知られてきたように、アメリカを本拠地とするＩＴ企業、Google、Amazon、Facebook、Appleの総称である。いずれも大きな力をもち、すでに社会を大きく変え、資本主義社会の中心的な担い手となってきた。

その広がりは、あらためて言うまでもないほど現代生活の各領域に行きわたっている。Googleは検索エンジンで世界一位のシェアをもち、世界最大の動画共有サービスYouTubeを傘下におさめている。Appleは、「iPhone」や「Mac」などのハードウェアで圧倒的なブランド力をもち、クラウドサービスや音楽配信なども手がけている。Facebookは、世界最大のＳＮＳである「Facebook」や「Instagram」を運営して二〇億人以上とつながり、Amazonは、本であれ電化製品であれ、何でも買える世界最大のオンラインショップを展開している。GAFAは、小売店だけでなく老舗や大手企業まで倒産に追い込み、競合相手を買収し、巨大企業に成長し、その力によってさらに勢力を増してきた[25]。

しかし、GAFAが革新力をもっているのは、たんに「巨大企業」だからなのではない。その強みは、現代社会における「プラットフォーム企業」になっているという点にある。プラットフォームとは「(何かを動作させる)土台・基盤」を意味し、GAFAは、その利用者や企業が、商品やサービス、情報などをやりとりするために集う土台となっているのである。また、のみならず、文字や音声、写真、動画など、サービスを通じて得た顧客の個人情報を集積し、ビッグデータとして活用している。

かくてユーザーの生活を便利で豊かにするとともに、圧倒的な量の個人情報を握り、現代人の生活を覆いはじめているのである。そうした意味でGAFAが、国家を超える強大な権力を握るのではないか、という危惧も抱かれるようになった。

デジタル文明とプラットフォーム

しかし、本書で注目するのは、GAFAそのものの脅威というより、GAFAによって進められた現代生活の基盤の変化の問題である。現代人は、分からないことはすぐに検索エンジンで調べ、携帯電話やSNSを通じてコミュニケーションし、必要なモノはオンラインショップで買い、本や音楽、映像作品などもネットを通じて享受するようになった。

もちろん、従来の店舗や図書館、映画館、手紙などがなくなったわけではない。しかし、日常生活であれ仕事であれ、知識も人間関係も、消費も娯楽も、GAFAのようなプラットフォームなしには成り立たない世界になっているのである。これまで日本でIT（Information Technology）と呼ばれていた技術は、近年では、国際的に使われているICT（Information and Communication Technology）と呼ばれるようになってきた。GAFAは、情報ネットワークを支配しているだけでなく、現代世界に生きる人びとの社会関係を広範囲にわたって基礎づけている、と言っていいだろう。

ICTは、資本主義社会の中軸となるばかりか、そのあり方まで変えるのではないか、と言われている。たとえば、カード決済やスマートフォンなどを使った送金はすでに身近なものになった。ICTを利用した金融サービスは、先進国や新興国だけでなく、途上国でも急速に広がっている。そのように情報技術と金融サービスを結びつけることで生じる、さまざまな革新的な動きがFinTechである。

FinTechは、金融Financeと技術Technologyを組み合わせた造語であり、二〇〇〇年代前半から使われはじめた。ここで活用されるのは、スマートフォンだけでなくインターネットやAI、ビッグデータなどであり、日常生活に使える仮想通貨「ビットコイン」や、それを支える「ブロックチェーン」といった技術もよく耳にするものだろう。FinTechは、二〇〇八年のリーマンショック以降に拡大しはじめ、次世代の金融資本主義を推進する力として期待されている。

GAFAやFinTechに見られるようなテクノロジーは、現代社会や資本主義のあり方を変えつつあるのだろうか。こうしたことを考えるためにも、現代社会を歴史的かつ広範な視野から文明論的にとらえ、その根底的な変化について問わなければならない。いわばGAFAのような「現代生活のプラットフォーム」よりも、さらに深い次元にある「現代文明のプラットフォーム」について考える、ということである。そうしなければ、次々に開発される新規な技術に気を取られ、いたずらに一喜一憂することになるし、何より現代社会の問題を取り違えることになりかねない。その点、ハイデガーの文明論は難解ながらも、重要な示唆を与えてくれると思われる。

脱魔術化と「意味への希求」

そこで本書では、「魔術化」をめぐるウェーバーとハイデガーの議論を手がかりにして、現代文明と技術のかかわりについても考えておきたい。

これまで、ウェーバーとハイデガーが並べて論じられることは少なかった。専門的な見地からすれば、社会学と哲学はかけ離れているし、二人はそれぞれの分野で二〇世紀を代表する巨人である。研究の蓄積は膨大で、専門家でなければ一人ずつ個別に論じることすら危ぶまれる。まして、二人を並べて論じるとなると、恣意的な比較だという誹《そし》りをまぬかれない。

ただ近年では、ウェーバー研究における一つの変化が、二人を論じるための手がかりを与えてくれるようになってきた。すなわち、しだいにウェーバーにたいするニーチェの影響が明らかにされるようになり、同じくニーチェの思想を大きく受け継いだハイデガーとの関連も見やすくなってきたのである。[26] それによって、両者の思想の比較もあながち恣意的とは言えなくなってきた。[27]

一〇〇年前の一九二〇年に没したウェーバーは、近代文明の転換期に自らの思索をまとめあげ、ハイデガーは、その頃から本格的に思索をはじめた。そしてウェーバーは近代、とりわけ近代資本主義を考えるための古典を残し、逆にハイデガーは、脱近代すなわちポストモダンを考えるための古典を残している。この点に注目しただけでも、両者には、近代社会における変化を考えるばあいに避けられない関わりがあると言えるだろう。

ただ、ここでウェーバーの「世界の脱魔術化」とハイデガーの「現代の魔術化」を論じるのには別のねらいもある。現代ドイツの哲学者にしてメディア理論の代表的研究者でもあるノルベルト・ボルツは、ウェーバーをはじめ、W・ベンヤミンやC・シュミットなどについて論じた『脱魔術化された世界からの脱出』（一九八九年）において次のように言っている。

世界の脱魔術化には、心痛をともなう緊張の経験が含まれている。それは、合理的で経験主義的な認識によって因果関係のメカニズムに変化してしまった世界と、逆に倫理的に方向づけられた秩序あるいは生に内在する意味への希求と、これらの間に生じる緊張の経験である。[28]

脱魔術化を論じるということは、技術文明だけでなく、そのなかで生きる現代人の「意味への希求」をも論じることになるのである。日々の生活に追われるにせよ、そこから逃れて非日常の世界に没入するにせよ、いずれのばあいにもテクノロジーはますます存在感を強めてきている。そうしたなかで現代人がテクノロジーに抱く希望や不安も、あるいはテクノロジーに先導される資本主義に感じる安楽や閉塞感も、その基底にはいずれも「意味への希求」があると考えられる。本書では、技術という観点から近代文明の変化を論じ、またテクノロジーと資本主義のなかで生きる現代人の「意味への希求」についても考えてみたい。それは脱魔術化された現代文明の陥穽を見てとり、「ポスト・アメリカニズム」の世紀の兆しを読みとることにもなると思われるのである。

第二章

アメリカニズムとキリスト教文明

1 「アメリカニズム」とは何か

「アメリカニズム」の歴史的変容と重層的構造

本書では「ポスト・アメリカニズム」の世紀について考えようとしているが、そもそも「アメリカニズム」という言葉が、社会、政治、思想、哲学、果ては文学にまで用いられる幅広い言葉であり、アメリカという国と密接にかかわりながらも、それとはまた異なった次元にある概念である。したがって、まずはアメリカニズムについてふみこんで考えておかなければならない。ひとまず二〇世紀のアメリカニズムを、さきに見たようにフォーディズムとリベラル・デモクラシーの結合だと考えるとしても、背後にはそこにいたるまでの歴史があり、その内実は重層的な構造をもっている。

文明史的な観点からアメリカニズムの意味を考えようとすれば、大きくわけてアメリカ国内の視点と国外の視点の双方からそれを見ておかなければならない。[1] ここでは、アメリカ史におけるその概念の形成と変容をおおまかに確認したうえで、アメリカニズムが世界に影響力をもちはじめた第一次世界大戦前後のヨーロッパに焦点を当てて考えてみよう。

アメリカニズムという言葉は、一七八一年、アメリカの牧師で『独立宣言』の署名者でもあったジョン・ウィザースプーンによって初めて用いられた。ウィザースプーンは「アメリカニズム」を、アメリカ大陸に特有な英語の語句や表現、つまり「アメリカ語」の意味で使った。その一〇年後には、イギリスの文献でも「粗野なアメリカ語」を意味する言葉として認められている。一七九七年には、建国の父の一人トマス・ジェファソンが、「アメリカ外交の独自性」を表すものとして「アメリカニズム」を使った。[2]

これらの事例から分かるように、アメリカニズムという言葉は、「アメリカは特別な存在である」という集団的アイデンティティを示すものとして使われ、とりわけヨーロッパを他者とする意識から形成されたのである。では、アメリカニズムの根底にある集団的アイデンティティとはどのようなもので、どのように形成されたのだろうか。[3]

アメリカニズムの根底には、第一に、自分たちは「文明の先導者」である、という自己認識がある。自分たちは、未開の土地を切り拓き、フロンティアに文明を拡大していかなければならない。その文明はヨーロッパから引き継いだものであるが、ヨーロッパの文明は、宗教改革を必要としたことからも分かるように、もはや頽廃してしまった。それに対してアメリカは、文明を継承しながらも、清廉なままである。であるからには、その最前線で文明化や進歩を導くのは自分たちをおいてほかにない。

こうした自己認識は、のちにアメリカ外交の特徴となる「孤立主義」の土台の一つにもなっていく。孤立主義は、たんに地政学的な安全保障のためだけに採用されたわけではなく、ヨーロッパ文明の腐敗を警戒し、文明の先導者を自任する集団的アイデンティティによるものでもあった。

そこにあるヨーロッパへの警戒心は、宗教改革の引き金となったような宗教的堕落への警戒心と重なっている。

したがってアメリカニズムの根底には、第二に、自分たちは「キリスト教の伝道者」である、という自己認識がある。無垢な土地に踏み出し、信仰を伝えていかなければならない、という使命感をもっていると言ってもよい。ヨーロッパにおけるキリスト教は、もはや堕落してしまった。それに対してアメリカは、おもにピューリファイ、つまり純化した信仰をもつピューリタンの植民者によって打ち立てられた国であり、神から与えられた「新しいエデン」である。

R・W・B・ルーイスは、こうした認識によって形成されたアメリカ人像を、文学や思想史のなかから浮かび上がらせ、「アメリカのアダム」と名づけた。

新しいアメリカの舞台に生まれるべき新しい習慣は、根本的に新しい人間のイメージ、新しい冒険を演ずるヒーローによって暗示された。(……)この個人は一人で立ち、自らに頼り、自らの力で前進し、彼独自の生得の力により、たとえ何が彼を待ち受けていようとも、これに立ち向かう用意があるのだ。聖書を愛読した世代において、この新しいヒーローが、堕落以前のアダムと同一視されたのは、きわめて自然であった。(……)世界と歴史はすべて彼の前にあった。[4]

そのようなアメリカ人は、「歴史から解放された個人」であり、自分の力で世界と歴史をつくる「創作者の典型」だとルーイスは言う。
同様にダニエル・ベルも、アメリカニズムを次のように定義している。

> 「アメリカニズム」の意味とは次のことにほかならない。（……）人は単に過去をそのまま継承するのではなく、自分自身を創り出すことができる、もし彼が新たに移住してきた者ならば、自分自身を創り直すことができるということ、である（傍点は原文）。[5]

このようにアメリカ人は、植民地時代の経験によって、世界も歴史も自分自身も、創りだし創りなおすことができる、という信条を抱くようになり、それがアメリカニズムに組み込まれていったのである。

そして第三に、独立革命にさいして、自分たちは「自由の実現者」であるという自己認識が加わった。独立革命前、植民地の人びとは、イギリス人としての権利が認められていない、ということを思い知らされた。そこでアメリカ人は、イギリスの憲法論のように歴史や伝統に依拠するのではなく、啓蒙主義やロックの思想、あるいはスコットランド啓蒙の理念に依拠して新しい政治理念をつくりだし、自分たちを正当化しなければならなくなる。端的には、人間の理性や自然権、あるいは自由主義や共和主義を政治理念として掲げ、「アメリカ的自由」を実現しようとしたのであった。

ただし、啓蒙主義や理性が強調されたからといって、宗教的理念が失われたわけではない。建国の父たちは、理性によって宗教をとらえる理神論をもっていた。ゆえに『独立宣言』では、次のように謳《うた》われている。

われわれは、次のような真理をごく当たり前のことだと考えている。つまり、すべての人間は神によって平等に造られ、一定の譲り渡すことのできない権利を与えられており、その権利のなかには生命、自由、幸福の追求が含まれている。

このようにアメリカでは、政治理念と神が組み合わされた。しかも、この政治理念とキリスト教の二つは、もっと広いアメリカ国民の共有感覚、すなわち「コモン・センス」の次元で結びついている。建国の父たちが掲げた理神論は、神の存在を認めるとはいえ、啓示や奇跡を認めない理性による宗教であり、一般民衆にはなかなか理解しがたいものであった。なにより、理性的な信仰だけでは、独立戦争に命を投じるまでの動機が生じない。

その点をふまえていたのがトーマス・ペインの『コモン・センス』であった。よく知られているように、この書は、いまだ独立に踏みきれずにいた植民地の人びとを決心させるうえで多大な役割を果たした。一七七六年だけで一〇万部以上が売れており、当時の人口がおよそ二五〇万弱であったことからしても、その影響力の大きさがうかがえるだろう。

基本的にペインは啓蒙主義者であり、この書も、政治理論としてはロックの『統治二論』に拠《よ》って、自然権にもとづく共和制の樹立をうったえるものであった。またペインは理神論者であり、晩年には聖書に反するようなことも述べている。

ところが、この時は、聖書の世界観にもとづき、独立が「常識」であることを一般民衆にうったえたのであった。たとえば、イギリス王の支配について論じるさいには、「一人の人間を他の人間よりも非常に高い地位におくことは、自然の平等権からして是認されないが、聖書の権威からしても弁護することはできない。なぜならギデオンや預言者サムエルがはっきりと言っているように、全能の神の意志は明らかに王による統治を否認しているからだ」といったようにである。[6]

こうしたうったえが広く一般民衆に説得力をもちえたのは、独立革命の前に「大覚醒」とよばれる第一次リヴァイヴァル運動が起こっていたからである。アメリカ全土で宗教心が高揚し、それによる一体感が醸成されていたのである。[7] それがアメリカの「コモン・センス」を形成し、独立にも大きく作用したのは間違いない。

ペインは、この書の最後のほうで次のように呼びかけている。

われわれはみずからの手で、もう一度世界をつくり直すことができる。現代に似た情勢はノアの時代以来なかったことだ。新しい世界の誕生日は目前に迫っている。[8]

ここにも、聖書的世界観とともに「アメリカのアダム」におけるアメリカ人像や、ダニエル・ベルのアメリカニズムの定義を見てとることができるだろう。

かくして「アメリカニズム」は、一八世紀末から一九世紀初頭には、ヨーロッパを他者として形成された自己認識にもとづき、独自の文明観や宗教観、政治理念などの偉大さを強調する姿勢、あるいはそれらにたいする共感や愛着を表す言葉となっていった。

「明白な天命」と「フォーディズム」

このようなアメリカニズムは、たとえば一八四五年に唱えられた「マニフェスト・デスティニー」にも表れている。これは、神から与えられた大陸全土に「アメリカ的自由」を拡大することこそアメリカの「明白な天命」である、という主張であった。「マニフェスト・デスティニー」は、テキサス併合の是非をめぐる論争のなかで、アメリカの帝国主義的な領土拡張を「文明化」とみなし、正当化するための標語だったのである。事実、一八四五年にテキサスを併合して以降、アメリカは領土を拡張し、大陸内に限定されていたとはいえ「自由の帝国」を形成していった。

しかし一九世紀のアメリカニズムは、次第に矛盾を胚胎するようになっていく。それは基本的には、西部をはじめ、次々に膨張していく領土を開拓していくさいに生じた矛盾である。一八二〇年代、アメリカには、アイルランド系とドイツ系の移民が開拓の担い手として大量に流入した。

そのことは、アメリカの独自性を保つ「フロンティアの開拓」というプロジェクトを続行しようとすれば、ヨーロッパの、しかもカトリックの移民を受け入れざるをえない、というジレンマを抱かせたである。

さらに一九世紀末には、おもに二つの歴史的な出来事によって、アメリカニズムは変容を迫られるようになる。一つは、一八九〇年の「フロンティアの消滅」である。これは、国内における「自由の帝国」の膨張が限界にきたことを意味しており、それまでアメリカ的自由の基盤であった「土地」に限界がみえたことで、アメリカの経済構造は、農本主義から産業主義へと転換をよぎなくされる。

産業主義は、機械化し、大規模化した生産工場で働く労働者を確保するために、かつてない規模での移民の流入をうながした。また、各地域に都市化をもたらし、さらにそれらの都市の巨大化を進めた。そして、大量の移民の都市部への流入は、貧困や対立、排除の問題を生じさせることになる。経済構造や社会構造のこのような転換は、産業社会の巨大権力にたいして組織的に抵抗する農民運動をひきおこし、ポピュリスト党の政治運動を活性化させることにもなった。

こうした流れは、二一世紀の移民問題やポピュリズムの隆盛などを考えるさいにも示唆的であるが、二〇世紀の当時にあっては、アメリカニズムに大きな変容を迫るものであった。なぜなら産業主義によって国内は、農村と都市、アメリカ生まれの中間層と移民、企業家と労働者、といったように分断され、アメリカの集団的アイデンティティを堀り崩していったからである。

もう一つの歴史的な出来事とは、一八九八年の米西戦争である。[9] 一八八〇年代以降、国内産業が急速に成長し、国内市場もほぼ完成したことにより、海外市場の獲得を目指す動きが出てきた。この動きは、孤立主義から脱却して海外進出をおこない、ヨーロッパ列強に仲間入りすることを意味する。ゆえに、アメリカのそれまでの外交方針に背くものであり、「帝国主義論争」を巻き起こした。米西戦争は、その論争に決着をつけることになったのである。

孤立主義は覆された。大陸内に限定されていた「明白な天命」は海外にも適用され、フィリピン領有をはじめ、帝国主義的な領土拡大や覇権主義を正当化するための標語となっていく。こうしてアメリカは「帝国主義化」することで、いよいよヨーロッパ化が進み、それまでヨーロッパを他者として形成されてきたナショナル・アイデンティティが動揺するようになったのである。すなわち、この二つの出来事は、国内においてであれ、国際社会においてであれ、アメリカの存在意義を動揺させ、アメリカ的な価値を再構成しなければならない事態をもたらしたのである。分断化やヨーロッパ化を克服するためには、独自の価値を新たに創り出し、積極的に「アメリカ化」を進める必要がある。そうした「アメリカ化」を担ったものこそ、さきにみたフォーディズムであった。

一九一四年、フォード自動車会社は、生産ラインだけでなく、それに従事する労働者をも規格化するために独自のプロジェクトをはじめた。[10] 一つは、フォード英語学校を設立し、三交代制のあいまに従業員を通わせることである。そこでは、英語の「読み書き会話」はもちろん、アメリカの雑誌や新聞を教材とすることでアメリカの標準的な生活を教えこんでいった。

もう一つは、社会調査部による各種の調査である。労働者の出身国や宗教をはじめ、食生活や健康状態、飲酒、ギャンブルの習慣から、預金や債務、持ち家やローンの有無、保険の加入、扶養家族の構成、家庭内の状況、近隣の人間関係まで、つぶさに調べあげた。これによって労働者を、工場内だけでなく日常生活においても管理した。フォードは、賃金の倍増を提示し、従業員も自動車を購入できるようにしたが、それも素行調査で資格ありと認定された者だけに限られた。

フォードのねらいは、出自、民族、言語、宗教を異にする多様な移民を「アメリカ化」して「アメリカ市民」を作りだすことにあった。フォーディズムとは、「中産階級的な理性とセルフ・コントロールとを持し、機械化に対応可能な合理性を有し、産業社会全体への貢献を自己の占める持ち場において着実にはたしうる労働者」を作るものなのである。[11] フォード自身、「私は、自動車の製造業者というよりは、むしろ人間の製造業者である」と述べている。[12] ここにも、創作者としてのアメリカ人の信条を見てとることができるだろう。

かくしてアメリカは、フォーディズムによって実現した大量生産・大量消費に立脚してアメリカ的自由を再定義し、また同時に平等化をはかり、大衆社会を形成していった。それはまもなく世界に伝播し、二〇世紀の国際社会におけるアメリカの位置を定めていくのである。

一九一九年にグラムシがトリノで目にしたのも、フォーディズムが波及した工場であった。こうしてヨーロッパに流れ込んできたアメリカニズムに、グラムシは近代文明の転換をみたのである。

しかし、その転換に気づいたものは、まだほとんどいなかった。当時、アメリカニズムは、ヨーロッパの文化を脅かすものとして不安の種になってはいたが、ヨーロッパの知識人にとっては、ほとんどのばあい嘲笑の的でしかなかった。かれらは、アメリカ人の「凡庸さ、無邪気な愚かさ、惰性的な思考方法、画一化された気質を面白」がっていたのである。[13] あるいは、アメリカの労働者に対して、パリの高級品産業の職人を引き合いに出し、あたかもそれがヨーロッパの一般的な労働者であるかのように論じ、悦に入っていた。概してヨーロッパの知識人は、みずからの「偉大な伝統と偉大な文化」に寄りかかり、「旧いヨーロッパを喜んで」いたのである。こうした「反アメリカニズム」についてグラムシは、「愚かというよりむしろ滑稽である」と言っている。

そして、次のような事実を見てとっていた。

実際には、イタリアの労働者たちは、個々人としても労働組合としても、積極的にも消極的にも、コスト低減をめざす技術革新、労働の合理化、企業全体のより完全な自動作業やより完全な技術的組織化の導入にたいして、反対したことなど一度もなかった。それどころか、まったく逆だった。[14]

ヨーロッパの知識人に不安視されながらも嘲笑されていたフォーディズムやアメリカニズムは、

労働者には歓迎されていたのである。グラムシが一九一九年にイタリアで洞察したのは、機械化や大都市化の閉塞感のなかにあって、それでも人びとを惹きつける「新しい文明」の無気味な力であった。そして、この無気味な力は、ヨーロッパの知識人を尻目に、ヨーロッパ各地に広がっていくのである。

一九三四年にグラムシは、長年のテーマであった「アメリカニズムとフォーディズム」を獄中ノートにまとめた。そしてようやく一九三七年、完全に自由の身となる。しかし、その時にはすでに脳出血によって危篤に陥っており、そのまま帰らぬ人となった。この時期、アメリカニズムはさらにヨーロッパ中に広がっていたが、それでもその無気味な力に気づくものはまだ少なかった。ただこうした中にあって、グラムシより二歳年長のマルティン・ハイデガーが、アメリカニズムの重要性に気づき、思索をめぐらせていくことになる。

2　ハイデガーがみた「アメリカ」

形而上学からみた「アメリカ」

ハイデガーが思索をめぐらせた「アメリカニズム」について知るには、まず『シュピーゲル』誌に掲載されたインタビューを見るのがよいだろう。一九七六年五月、ハイデガーが没した直後に掲載されたものである。存命中には公表しないという約束のもと、一九六六年にインタビューがおこなわれており、企画としては、ナチスへの加担にたいする非難に弁明するためのものであった。しかし実際は、その意図を超え、一九三〇年代半ばから（すなわちグラムシがアメリカニズム論をまとめた頃から）当時までの思索の進展や、それにともなって「単純」に、しかしだからこそ「困難」になった晩年の課題にまで話題は及んでいる。

ここ三十年の間にだんだんはっきりしてきたと言ってよいと思うのですが、近代的技術の惑星的運動は一つの威力であり、歴史を規定するそれの偉大さはどんなに大きく評価されてもされすぎることがないほどです。今日私にとって決定的な問いは、この技術の時代にいかにして一つの――そしていかなる――政治組織が伴いうるかという問いです。この問いへの答えを私は知りません。その政治組織がデモクラシーであるとは私は確信していません。[15]

ここに示された「近代的技術の惑星的運動」とは、いわゆる後期ハイデガーの「技術論」で論じられたものにほかならない。第一章でみた「現代の魔術化」という時代認識も、ここにつながる。ハイデガーの技術論は、「Ge-Stell（集‐立、立て‐組）」を中心とする数々の特異な用語や造語で展開されており、理解するにも議論するにも難解なものとして知られる。

しかし、当初は抽象的で社会的文脈を欠いたものと考えられていたハイデガーの技術論も、次第に社会的背景とのかかわりが論じられるようになってきた。[16] もちろん、それでも難解ではあるし、まして技術と「政治組織」とのかかわりを問うということになれば、また別の難しさがともなう。とはいえ、ハイデガーの技術論を政治組織などの問題に結びつけ、いわば文明論として考えるのに手がかりになりそうなものがある。それが「アメリカニズム」にほかならない。このインタビューでは、「惑星的な技術によって規定されたもの」としてアメリカニズムが挙げられているのである。

ハイデガーのアメリカ観やアメリカニズム論は、このインタビューで詳しく語られているわけではないし、他の著作や講義で主題として取り上げられているわけでもない。しかし、ハイデガーの思索が文明論的な次元におよぶばあいには、「アメリカニズム」は戦前から晩年まで、最も重要な概念として、いくぶん変遷しながらも継続して登場するのである。とりあえず、その変遷をたどってみるだけでも、わかることは少なくない[17]。

アメリカへの言及はまず、一九三五年におこなわれた夏学期講義に見いだせる。これは、数ある講義のなかでも、ハイデガーが後にみずから手を入れ、『形而上学入門』として公刊したものである。ハイデガーは、存在するものの全体がなんであり、どういうあり方をしているのかを問う「存在」についての思索を生涯貫いたが、ここでかれは「存在」について真正面から論じ、その原義と意味の変遷を描くことで西洋哲学史の見なおしをはかっており、ハイデガーの思索の根幹を示したものと言える。この書で「アメリカ」は形而上学とのかかわりから論じられ、「存在史」のなかに位置づけられた。また同時に「ヨーロッパはロシアとアメリカとに挟まれて万力のなかにある」というように、当時の世界情勢にたいする視点、あるいは「一種の地政学」の観点からも、「アメリカ」が位置づけられている。[18]

このような時代認識のもと、ヨーロッパの中心たるドイツ民族の使命が語られ、講義の最後のほうでは「この運動（ナチズム）の内的真理と偉大さ」という表現も出てくる（GA40,208:323）。戦後、この表現が削除されないまま公刊されたこともあって、『形而上学入門』は大きな問題作として繰り返し論じられてきた。ハイデガーのアメリカニズム論も、そうした哲学史や論争の文脈にある。

この講義では、ロシアとアメリカは「形而上学的に見れば同じ」であるとされ、「それは狂奔する技術と平凡人の底のない組織との絶望的狂乱である」といったように、激しい調子で語られている（GA40,40-41:70）。戦後の視点からすれば、絶望的狂乱にあったのは、むしろナチズムに陥ったドイツのほうだと言えようが、ハイデガーからすればそうでもないらしい。さしあたりここで確認できるのは、戦後の一九五〇年頃から本格的に展開されるハイデガーの技術論が、すでに一九三五年の段階で問題の一つとして取りあげられ、それがアメリカとのかかわりで考えられていた、ということである。

ただ、その頃の講義では、アメリカだけでなくロシアも俎上に上げられ、どちらかといえばコミュニズムやボルシェヴィズムへの言及のほうが目につく。ところが、一九四二年の夏学期講義では、ボルシェヴィズムも「アメリカニズムの一変種にすぎない」とみなされるようになる

(GA53,86:103)。

「ヘルダーリンの讃歌『イスター』」と題されたこの講義では、後期ハイデガーにとっては別格の存在であるヘルダーリンの解釈の到達点が示されている。しかし同時に、アメリカについての言及が最も多い講義でもあった。哲学というよりは詩論の色合いを強めていくハイデガーの思索にあって、アメリカは最も多く語られたのである。[19] 国際社会における「実体としてのアメリカ」というよりは、文明社会における「象徴としてのアメリカ」が論じられ、それが「アメリカニズム」と呼ばれたのだと言えよう。

すでに少しふれたように、ヨーロッパでは第一次世界大戦後から、アメリカの音楽や映画をはじめ、アメリカ産のモノが増えた。「アメリカン・ウェイ・オブ・ライフ」が浸食しはじめ、識者のあいだでは、ヨーロッパがアメリカ化してしまうのではないか、という不安が広がっていた。ハイデガーのアメリカ論も、そうした流れをふまえて展開されている。

ただし、一九四七年の『「ヒューマニズム」について』では、「アメリカニズム」と聞いて「軽蔑的にある特殊な生活様式のことだけを念頭に思い浮かべる」のは「あまりにも短絡的な考え方」だと釘が刺されている(GA9,341:82)。ハイデガーは、グラムシ以上にアメリカニズムを哲学的にとらえていたが、そこに無気味な力を察知している点では共通していたと言えよう。

そして一九六六年のインタビューでハイデガーは、アメリカニズムを「惑星的技術によって規定されたもの」としたのであった。インタビューにあった「三十年」とは、ちょうど一九三五年の夏学期講義から、このインタビューまでの期間にあたる。ハイデガーの思索の試み、すなわち形而上学を問いなおし、存在史を描いて、伝統的な西洋哲学史を相対化しようとする試みの過程で、「アメリカニズム」は技術文明の極北を示す代表的な概念となっていった、と言えよう。かくして「この技術の時代にいかにして一つの――そしていかなる――政治組織が伴いうるか」が、ハイデガーにとって「決定的な問い」となったのである。

それにしても、形而上学、存在史、技術論など、いずれも容易には理解できそうにないし、それらを理解しようとするハイデガー研究ですら、門外漢には近寄りがたいところがある。ただ、とはいえ、「アメリカニズム」についての理解を深めるために、その文明論的な位相を浮かび上がらせることはできる。

一九三五年夏学期の講義では、ロシアとアメリカは「形而上学的に見れば同じものである」とされていた。「metaphysics」の訳語である「形而上学」は、『易経《えききょう》』の一節をもとに造られた用語であり、「形ある自然より上にあるもの」についての学問を指す。ハイデガーのいう形而上学も、基本的には、プラトンのイデアのような「自然を超えた」原理が設定されることで始まった「超-自然学 meta-physics」のことである。「生成消滅する自然」を超えた「不生不滅の世界」を探究する哲学と言ってもよい。

ただハイデガーのいう形而上学は、一般に考えられているような学問の一分野ではない。それは〈存在論〉とほぼ同じ意味で使われており、〈存在〉についての特殊な「知の形式」や「思考様式」のことを指している。

ハイデガーによれば、古代ギリシアの存在概念である〈ウーシア〉は「利用可能な形で事物的に眼前に存在しているもの」という意味をもち、「制作されたもの」を指していた（GA24,153:179）。すなわち、〈ある〉ということは〈作られてある〉こと、あるいは作られて利用可能な形で〈眼の前にある〉ことだと見られていたのである。このばあい自然はたんなる材料と見なされる。

そうした存在了解や存在論は、プラトンに始まり、アリストテレス、中世のスコラ哲学、近代のデカルト、カントといったように一貫して受け継がれてきた。およそこれがハイデガーの描く〈存在史〉にほかならない。この存在史にはいくどかの変容があり、おおまかにいえば「現前的にあり続けるもの」は、中世では「創造者によって創造されたもの」として表され、近代では「人間の表象」において現れる（GA79,39:52）。

ここで分かりにくいのは「人間の表象」についてだろう。近代において「表象 vorstellen」とは「前に－立てる vor-stellen」ことである。これをハイデガーは、「こちらへ向けて－立てる her-stellen」、すなわち「制作する herstellen」が変容したものであり、古代の存在概念を受け継いだものであると言う。

「こちらへ向けて－立てる」への変容は、デカルトの「我思う、ゆえに我あり cogito ergo sum」によって起こった。自己の存在に絶対的確信をもった人間理性が、表象し、すなわち前に立て、明晰な対象としうるものだけが「存在するもの」になった、ということである。ここに、理性的な主体を原理とする近代の「主体性の形而上学」が、すなわち「人間中心主義」が生まれた。

他にもいくつかあるはずの〈ある〉についての知の形式が、西洋ではもっぱら〈作られてある〉としてのみ捉えられ、それが哲学史のなかで問い直されることはなかった、とハイデガーは言う。つまり存在史は、「存在」への問いを忘れた〈存在忘却〉の歴史でもあるのであって、いってみれば「西洋哲学の根本問題」はそこにあるし、近代の、さらにはその先にある「現代の病」もそれを病原としている、とハイデガーは診《み》るのである。

われわれがよく耳にするのは、近代の形而上学的思考が「人間中心主義」を生み、自然をたんなる材料とみる「物質的自然観」と合わさることで、自然破壊を引き起こしてしまった、という指摘だろう。しかし、ハイデガーが西洋の哲学、あるいは形而上学的な思考に見てとっていた問題は、必ずしも自然破壊につながるものだけではない。

「あるとは何か」という根源的な問いが忘却されたことによって、とくにロシアとアメリカでは「延長（空間的な量）と数という次元」が支配的になり、深みのない平面的な世界が広がった、とハイデガーは言う。算定しうるものだけが「ある」とされることによって、「世界にかかわるすべての精神的なものを攻撃的に破壊し、それらを嘘だと言いふらすようなものが来襲」した、と言うのである（GA40,50:83）。

ハイデガーは、それを「悪魔的なもの das Dämonische」と呼んだ（GA40,50:83）。ふつうであればデカルト的な近代人は、理性的な主体を惑わす怪しいものを「悪霊 malin génie」とみなす。それに対してハイデガーは、数と量が優位となった精神、すなわちコギトの原理を「デモーニッシュなもの」と見るのである。[20]

数と量が支配的な時代では、思考が平板になり、精神が脱力化し、世界は暗黒化する、とも言う。そうしたヨーロッパの近代を引き継ぎながら、世界の暗黒化の先端に出現し、現代文明を象徴するものが「アメリカニズム」なのである。

こうした議論は、「合理化」や「鉄の檻（外枠）」という概念によって表されるウェーバーの近代化論にも通じていると言えよう。しかし、あとで見るようにハイデガーは、そうした近代世界をさらに進展させた「現代世界」を示すものとして「アメリカニズム」を考えている。

アメリカニズムと技術

では、アメリカの現代は、ヨーロッパの近代と何が違うのだろうか。

まずハイデガーはアメリカニズムを、途方もない「巨大性」として規定した。しかし、それはたんに、大量なものであるとか大規模なものということではない。アメリカニズムは、「量の優位」そのものが一個の質として評価されるようになり、それがさらに極端になったものとされる（GA5,95:115、GA53,86:102-3）。これは「大量生産」「大量消費」に見られるように、圧倒的な「物量」が現代文明の本質になった事態を指していると考えられよう。そして、そこに「技術の支配」をみることにハイデガーの主眼がある。

しかし、では、ここで言われている「技術」とは何を意味し、アメリカニズムとはどのようにかかわっているのだろうか。

ハイデガーが「技術」を重く見た背景として、原子力時代の到来のことがよく指摘される。それは間違いないが、ここで留意しておきたいのは、すでに一九三五年には技術をアメリカニズムと結びつけて激しく批判するようになっていた、ということである。実際、ハイデガーは、原子爆弾が爆発するよりも恐ろしいことがある、と言っている。たしかに原子爆弾は、地球上のすべての生命を絶滅させかねない。しかし、「戦慄すべきもの」は、その爆発よりも先に起きている、と言うのである。「原子爆弾とその爆発といえど、せいぜい、この本体から吐き出された最後の噴出でしかない」(GA79,4:6)。にもかかわらず、人はそれを見ようとしない。一切が技術によって染め抜かれようとしている現代にあっても、人は技術による危機を見ていないし、そもそもの危機が何であるのかを理解していない、とハイデガーは言う。

ハイデガーがこう言うのは、自動車や情報技術、生命科学、ＡＩ技術などの技術革新がなされれば産業がおこり、経済が成長し、社会は進歩するだろうといった、技術を万能視する楽観主義を指してのことではない。

あるいは逆に、原子力発電や遺伝子工学、ゲノム編集、人工知能などの技術支配が自然を汚染し、生命を冒瀆し、機械を暴走させるといった、技術を危険視する悲観主義を指してのことでもない。そうしたたぐいの危険については、原子爆弾が開発される前から警告され、いまも大きな声で叫ばれている。

　また技術を、進歩をもたらす善として礼賛するでもなく、破滅をもたらす悪として忌み嫌うでもなく、あくまで中立なものと見なす「技術中立説」という見方もある。そもそも技術には、善も悪もない。技術は、善にも悪にもなりうる。ナイフ、自動車、原子力……、なんであれ豊かさのために使うこともできるし、テロに使うこともできる。すべては人間が何をつくり、何をおこなうかにかかっており、重要なのは人間が技術を制御できるかどうかだ。それは、ヒロシマやナガサキ、そしてチェルノブイリやフクシマの後も変わらない。変わらないというより、「技術が人間の支配から逃れてしまいそうに思われるなら、なおさらのこと、それだけいっそう、うまく使いこなそうと――意志することが切実になる」(GA7,8:10)。

　技術中立説からは、「人間の意志」を重視し、そこに文明の存亡を賭ける英雄的な姿勢が出てくる。さらには、本質的な問題は技術ではない、という見解も出てくる。本質的な問題は、人間が、技術を正しい方向に導けるかどうかであり、何を目的とするかにある。そうした正しさや目的を考えるには価値基準が必要であり、であるからには価値の源泉である文化や道徳、宗教こそが重要になる。にもかかわらず技術は、より高次の「文化」をたんなる「文明」に「引きずり降ろす」(GA79,58:74)。つまり、技術に必要な価値の源泉を枯らしてしまう。とすれば、たとえ技術文明を停滞させることになったとしても、技術革新を抑制し、文化を保存し、道徳を回復し、宗教を見なおして、それに基づいた政治をおこなわなければならない、ということである。

ハイデガーは、そうした見解に、責任を引き受けようとする真剣さがあることは認める。しかし、そこには、技術を善や悪とみなす見解と同様の考え方が潜んでいる、と言う。ゆえに同じく「技術における危機」を見ていない、として斥《しりぞ》けてしまうのである。では、いずれの見解にも共有されている考え方とは、どのようなものなのだろうか。それは、技術を「道具」と捉えたり、道具を使う「行為」と見なしたり、目的をはたすための「手段」だとする考え方にほかならない（GA79,59：76）。

ハイデガーがみているのは、技術を技術たらしめている「技術の本質」なのである。技術の語源であるギリシア語のテクネーは、ポイエーシス（制作）を導く「知」を意味しており、もとは技術も「知の形式」の一つであった。ポイエーシスとは「前にもたらすこと」であり、隠れていたものが顕わになって現れることを意味する。技術とは、あらゆるものを目の前に現す、つまり顕現させる知の様式の一つなのである。

であるからには「技術は、文化のたんなる一産物でも、文明のたんなる一現象でもない」（GA79,67：84-85）。技術は、文化や道徳、宗教、政治などと同列にある、文明の構成要素の一つなのではなく、それらを規定する文明の根本要因なのである。ゆえに「技術の本質は、目的と手段の領域の外部で支配をふるって」おり、根本的な危機もそこに生じる、と考えなければならない（GA79,62：79）。

3 「総かり立て体制」——技術の自己展開

では、「技術の本質」や、そこから生じる「危機」とは何を指すのか。ハイデガーは、現代技術の本質を「〈Ge-stell〉ゲ-シュテル」という言葉で表す。ドイツ語で「Gestell」といえば、ふつう「骨組み」といった意味であるが、そこにハイフンを入れることで、「集合」を意味する接頭辞「ge」と、「立てる」という意味の動詞「stellen」が組み合わされた名詞であることが強調されている。ゆえに「集-立」という訳が当てられることが多いが、これだけではほとんど何もわからない。

ただ、さきにみた形而上学の歴史と重ね合わせれば、ハイデガーの技術論が、プラトン以来の存在史のなかに位置づけられるものだということが分かるだろう。現代技術の本質である「〈Ge-stell〉ゲシュテル」は、「制作する herstellen」や「表象する vorstellen」の延長線上に出現したものなのである。

現代の技術においては、この「立てる stellen」に、仕向けたり煽ったりするという意味での「挑発する」という性格が加わった、とハイデガーは言う。いわば現代の「stellen」とは、「仕立てる」とか「駆り立てる」ことなのである。挑発という性格をもった「stellen」は、あらゆる存在者からエネルギーそのものを引き出すように仕向ける。

かつては水車を「立てる」にしても、水の流れにまかせ、自然の一部になるような形で動力を得ていた。それに対して現代の水力発電は、流れを回転に仕立て、回転を電流に仕立てる。自然の一部となるのではなく、逆に河川を、発電所や変電所、送電線網のなかに組み込み、そのシステムの用材の一つに仕立てるのである。このような事例には枚挙にいとまがない。たとえば、大地を鉱石に仕立て、その鉱石をウランに、ウランを原子エネルギーに仕立てる。それと同じように、大気や海洋もエネルギー源として挑発され、開発されていくのである。

このような「stellen」は、さまざまな動詞を形成するが、なかでもハイデガーは「Bestellen」という言葉に象徴的な意味を見いだし、詳述することで現代技術を説明した。「耕《たがや》す」という意味をもつ「Bestellen」も、現代では「挑発する」という性格に乗っ取られてしまった。かつて耕すことは、種を蒔き、水をやって草を抜き、肥料をほどこすなど、少しの手入れはしても、基本的には土地の滋養と天候に穀物の生育をゆだね、成長を見守ることであった。それに対して現代の農業は、品種改良や遺伝子操作をおこない、農薬を散布し、土壌を化学肥料で変質させ、気温や日照時間までコントロールして、人間の思いどおりに作物をつくろうとする。

現代において「Bestellen」は、自然からエネルギーを取り出して「役立てる（用立てる）」ことになったのである。そして、そのように仕立てられたものは何であれ、固有性が忘れられる。ただの「Bestand」、つまり「役立つもの（用象）」と見なされ、「在庫」として扱われ、注文に応じて処理されるようになるのである。

人間も例外ではない。技術文明にあっては、人間も「役立つもの」として仕立てられる。役に立つ限りで使われ、役に立たなければ存在を認められず、害があれば排除されたり処分されたりすることになる。

このようなことを論じた講演でハイデガーは、次のように言い放った。

いまや農業は、機械化された食糧産業となっており、その本質においては、ガス室や絶滅収容所における死体の製造と同じものであり、諸国の食糧封鎖と同じものであり、水素爆弾の製造と同じものである。(GA79,27:37)

この講演は、戦後、表舞台での発言を許されなくなっていたハイデガーが、公の場への復帰をかけて入念に用意し、一九四九年にブレーメンでおこなったものである。にもかかわらず、農業と絶滅収容所がほとんど同列に論じられており、この一節はその後、激しい反発を巻き起こした。たしかに「その本質においては」と但し書きがされており、それらには通底するものがある、という主旨になっている。しかし、そうだとしても、ここでは食糧供給と、絶滅政策や殲滅兵器とのあいだにあるはずの差異が捨象されている。生命を支える産業と生命を奪う政策や武器の違いにたいして抱かれるはずの感覚も見あたらない。

そうしたハイデガーの感覚の欠如が、われわれには、どうしても気にかかるだろう。しかもこの講演は、周到に準備されたものであった。であるからにはそれは、無神経な失言などではなく、確信犯的な発言だった、ということになる。反発をまねくと分かったうえでなお、農業と絶滅収容所を並置できる感覚と視点に、ハイデガーの思索の恐ろしさがある。

しかし、だからといって、ハイデガーの思索をただ断罪し、無視するわけにもいかない。ここにハイデガーを論じる難しさがある。ナチスに加担した事実にもかかわらず、ハイデガーの思索は戦後も、哲学のほとんどの潮流に、さらには哲学を超えてあらゆる分野に、広範かつ持続的な影響を及ぼした。そのなかにはユダヤ人の思想家や芸術家もいたのである。その影響力を考えると、ハイデガーの思索は、ナチズムと関係があるから一顧だに値しないのではなく、関係するからこそいっそう検討する必要がある、ということになる。[21]ましてハイデガーの思索を、哲学というより文明論的な観点から考えるなら、なおさらである。

〈Ge-stell〉の文明論的意義

ブレーメン講演における、農業と絶滅収容所を並置するというおぞましい飛躍から垣間見えるのは、ハイデガーが、原子爆弾の爆発よりも戦慄すべきものがすでに起きている、としていた点だろう。では、「戦慄すべきもの」とは何なのか。

ハイデガーが現代技術の本質と見なした「〈Ge-stell〉」とは、世界も人間も歴史も、あらゆるものは〈作られて目の前にある〉と見なす存在史の果てに出現した知の様式であった。「〈Ge-stell〉」

とは、「制作する」や「表象する」を基本とし、「役立てる」や「追い立てる nachstellen」、「塞ぎ立てる verstellen」、「確保する sicherstellen」、「叙述する darstellen」といった、さまざまな「仕立てる・駆り立てる stellen」はたらきを、「Ge-」すなわち集めた総体なのである。ゆえに「集‐立」や「立て‐組み」と翻訳される。

しかし、そうした哲学的な意味だけでなく、そこに含まれる文明論的な意味を見逃すわけにはいかない。現代技術の本質である〈Ge-stell〉や「挑発 Herausforderung」には、「召集 Gestellung」や「徴発 Anforderung」といった戦時用語が重ねられている。〈Ge-stell〉は、戦時にあって物資や人間を狩り立て、人間の戦意を駆り立てるというように、総力戦のためにあらゆるものを仕立てていく「総動員」の意味を内包している。つまり「〈Ge-stell〉」とは、文明論の文脈においては「総かり立て体制」を意味するのである。[22]

それは、第一次世界大戦の頃から、すなわち原子爆弾の開発や爆発の前から起こっていた。ハイデガーの言う「戦慄すべきもの」とは、そうした事態をさす。またそれは、近代の問題というより、形而上学的ないしは存在論的な問題に根ざす事態であり、戦後も続いている。にもかかわらず、そうした意味での現代の危機は認識されていない。

「総動員」の恐ろしさは、なにもそれが戦争に結びつけられ、命にかかわるからだけではない。現代における組織や社会や国家は、戦時には戦争に勝つために、平時にはあらゆる競争に勝つために、一丸となって全精力を注ぎ込み、めまぐるしく変わる状況に合わせて変化しなければならない。

日本語で「動員」といえば、目的を遂行するために人や物を集めて動かすことであるが、ドイツ語の「Mobilmachung」は、人や物を動かしやすくすること、すなわち「機動性」を高めることでもある。つまり「総動員 total Mobilmachung」とは、基本的には「全体的な機動化」や「全体的な流動化」を意味している。

「総かり立て体制」は、全体を機動化するはたらきをもち、そのためにあらゆるものの固有な「位置」を奪っていく。かつて水車や橋は、それぞれの役割を果たしながら一定の位置に立てられていた。〈Ge-stell〉は、そうした「位置」の一切を除去する（GA79,35:46）。

総かり立て体制は、あらゆるものを「役立つもの」として顕現させるが、そのさい、全体を分かち合う「部分」ではなく、総量を構成する「断片」として画一的に仕立てるのである。ゆえに、あらゆるものは、容易に別の位置におかれるようになり、他の断片と取り替えられるようになった（GA79,36:48）。

かくしてハイデガーは、古代に始まり、中世を経て、近代まで変容してきた存在史に、現代という時代を書き加える。つまり、「現前的にあり続けるもの」は、総かり立て体制のなかで、「役に立つもの」の「断片」として存在するのである（GA79,40:52）。

人間も例外ではない。そしてそれは、たんに人間をモノとして扱い、取り替え可能な存在にした、というだけでない。総かり立て体制は、人間を含むあらゆる存在者を「役立つもの」として仕立て、「在庫」として管理し、効率よく利用するために循環させる。戦時であれ平時であれ、めまぐるしく変わる状況に合わせて変化しなければならない現代にあって「総かり立て体制」は、あらゆるモノを機動化させ、流動的に配置できるように仕立てるのである。

しかもそれは、人びとを強制的にではなく、自発的に動くように仕向ける。「総かり立て体制」は、人間を、合理化して固定的な「鉄の檻（外枠）」に閉じ込めるのではなく、能動的に動くように主体化し、流動的な「作為構造」のなかで循環させるのである。

たとえば人間は、教育機関によってもっぱら社会で役に立つ「人材」として仕立てられ、企業によって「雇用 anstellen」され、必要に応じて「派遣 abstellen」される。しかも「総かり立て体制」は、強制的にではなく、ヒトの「やる気」や「モチベーション」を駆り立て、自発的に動くようにさせるのである。就職活動のためのコミュニケーション能力であれ、昇任のためのスキルであれ、転職活動のための資格であれ、それらを主体的に身につけるのが、現代の「役に立つ人材」とされる。

そうした人材が、経済成長の競争から降りられなくなった現代社会のなかで、総かり立て体制によって、よりいっそう効率的に循環させられるのである。これが、第一次大戦の頃から現代にいたるまで続く「戦慄すべきもの」なのである。

ハイデガーは、こうした総かり立て体制を推し進めるアメリカニズムを、ヘルダーリンの言葉「デイノン（法外なるもの・休らいなきもの）」に重ねて、「無気味なもの」「故郷ならぬもの」と規定している（GA53,86-7:102-3）。そして、アメリカニズムは「ヨーロッパ、つまりその故郷を、そしてつまりは西洋的なるものの原初を破壊しよう」としている、と見た（GA53,68:82）。

これに対抗できるのはナチズムの運動しかない。当時そう考えたハイデガーは、ナチスに加担することにした。ただ、そのばあいのナチズムとは「実体としてのナチス」ではなく、あくまで「ハイデガーが理想としたナチズム」であった。そして「総かり立て体制」が戦後も続いているとすれば、「この運動の内的真理と偉大さ」に変わりはない、ということになる。かくしてハイデガーは、戦後に公刊された『形而上学入門』においても、その言葉を取り消そうとしなかった、と考えられるのである。

もちろん、だからといってナチスへの加担が免罪されるわけではないし、ましてアメリカニズムを克服するために、ハイデガーが理想としたナチズムを再構築しなければならない、というわけでもない。またハイデガーは後期に、技術論だけでなく芸術論を展開し、そこに何らかの可能性をみていたようであるが、本書で注目するのは、そこではない。アメリカニズムの問題については、それとは別の仕方で深く考えておかなければいけないことがあると思われるからである。

アメリカニズムとキリスト教文明

ハイデガーによるならば、二〇世紀のアメリカニズムの要諦は、フォーディズムではなく「総かり立て体制」ということになる。そして、そう考えたほうが、製造業が衰退した一九七〇年代後半以降もアメリカニズムが現代文明のモデルであり続けた理由を説明できる。「総かり立て体制」は、根本的には「知の様式」であって、工業社会を超えて広く現代文明を規定している。製造業だけでなく、金融業や情報産業をもその根底から規定し動かしているのが「総かり立て体制」だということである。

あらゆるものを「役に立つモノ」として仕立て、臨機応変に効率よく利用するために「固有な位置」を奪って機動性をたかめる。しかも、ヒトを強制的にではなく自発的に動く主体に仕立て、流動的な「作為構造」のなかで循環させる。ハイデガーが現代技術の本質と見なした「〈Ge-stell〉」とは、そういう体制であった。

こうした総かり立て体制の特徴は、ポストフォーディズムの時代にも、よくあらわれていると言えよう。ポストフォーディズムについては、イタリアの政治哲学者パオロ・ヴィルノが、次のように言っている。

ポストフォーディズムの社会が労働力の無制限の〈フレキシビリティ〉を特徴とすることは、すでに誰もが知っています（むしろ決まり文句になりました）。ある職務から別の職務へと移る柔軟性、特定の労働ポストの内部でさまざまな任務を負う柔軟性。（……）〈フレキシビリティ〉は、今日の労働市場のいくつかの顕著な性質、あるいは無駄のない（時間刻みの）生産の機能、といった側面に限られてはいません。それはもっと一般的な、生のかたち、メンタリティー、習慣の総体に深く関係しています。要するにフレキシブルであることは〈世界に生きる〉方法なのです。[23]

ヴィルノは、こうしたことをハイデガーの技術論と結びつけて論じているわけではない。しかし、労働や生産の場面だけでなく、「生のかたち、メンタリティー、習慣の総体」に〈柔軟性〉が浸透する事態は、自発的に動くヒトの流動性を高める「総かり立て体制」をよくあらわしていると言えよう。

目下のところ、新たな成長モデルを創るべく、医療や遺伝子工学、ＡＩ技術などの分野における技術革新が期待されているが、これも、たんに金融業や情報産業に代わるものとして挙げられたわけではなく、「総かり立て体制」を基軸とする二〇世紀のアメリカニズムによって出てきたものと考えられる。ヒトは、身体や遺伝子、そして知性レベルでも「徴発」されるようになった、ということである。

とするならば、アメリカニズムは、いまだに続いているし、その代わりになるような理念や文明のモデルはいまも見えていない、ということになる。その意味では、アメリカニズムは終わっていないのである。

「ポスト・アメリカニズムの世紀」の地平が啓かれるには、アメリカニズムを「総かり立て体制」とのかかわりで捉えなおしたうえで、あらためてアメリカの社会思想の諸問題とそれらの変容について考えておかなければならないだろう。

たとえば、製造業に代わってアメリカニズムを引き続き現代文明のモデルたらしめてきた金融業や情報産業、あるいはネオリベラリズムやポピュリズムなどと、「総かり立て体制」のかかわりについて考えておかなければならない。

ただ、このばあい重要でありながら、ほとんど見逃されている問題がある。ハイデガーは、アメリカニズムの危険性を次のように説明していた。


アメリカニズムは、無節制の本来的に危険なる形態である。なぜならそれは、民主的で中産階級的な考え方という形で、またそれとキリスト教精神が混ざって登場するからであり、そしてこのすべてが決定的な歴史喪失の雰囲気のなかで起こっているからである。(GA53,86:103)

ここで「民主的で中産階級的な考え方」と言われているのは、デモクラシーという政治組織が、たとえば経済成長をもたらす技術革新を際限なく追い求めるようなことだと考えられよう。しかしでは、それと混ざって登場する「キリスト教精神」や「決定的な歴史喪失の雰囲気」とは何だろうか。ハイデガーは詳しく論じてはいないものの、さきにアメリカ史の文脈で確認してきたアメリカニズムの要素を考えれば、そのことが理解できる。

ここで「決定的な歴史喪失」と言われているのは、たんにアメリカの歴史が浅いということではない。基本的には、アメリカがイギリスから独立するさいに、歴史や伝統に依拠することができず、ヨーロッパの思想を参照しながらも自らの力で新しい政治理念を創り出さざるをえなかった、ということである。そして二〇世紀には、数と量による思考を極端化させ、デモーニッシュなものとなって、「故郷」あるいは「西洋的なるものの原初」を破壊する、という事態をまねいてしまった、ということである。

さらにそこでは、自らの力で世界や人間、歴史を創ることができるとするアメリカニズムに、キリスト教の創造論が作用している、ということが見逃せない。「アメリカのアダム」にしろ、トーマス・ペインにしろ、フォードにしろ、アメリカで世界や人間や歴史を「前に立て」、創ったり、創りなおしたりできると信じられたのは、背後にキリスト教の創造論があったからなのである。

したがって、アメリカで「総かり立て体制」が極端なかたちで実現されているのは、アメリカがキリスト教に支えられた文明だから、ということになる。あるいは、アメリカが技術大国であるのは、宗教大国だからである、とも言えそうである。もちろん、そうしたことは、現代文明やアメリカニズムの問題として改めて考えなければならないが、もしそうだとすれば、「ポスト・アメリカニズム」の世紀が啓かれるには、リベラル・デモクラシーの問題を、「総かり立て体制」だけでなく、「キリスト教文明」ともかかわらせて論じていかなければならない、ということになるだろう。

第三章

テロリズムと公共宗教

1　グローバル・テロリズムの文明論的背景

先鋭的な問いかけ

現代文明を脅かしているもの、あるいは敵対しているものの筆頭にはテロリズムが挙げられる。実際、9・11テロ以降、テロリズムのグローバル化が進行している。二〇一四年六月の「イスラム国」の台頭をはじめ、二〇一五年一月のシャルリ・エブド襲撃事件や、「イスラム国」による日本人人質事件といった一連の惨劇は、グローバル・テロリズムの進展を痛感させた。[1]

よく言われるように、グローバル化とは、ヒト・モノ・カネがやすやすと国境を越えるようになる、ということである。しかし、そうであれば、必然的に、テロリスト・武器・テロ資金も、やすやすと国境を越えるようになる。ボランティアや医師などの市民団体だけでなく、テロ組織も国家を超えて連帯するし、人質や身代金も国境を越えて取り引きされる。テロは世界中に広がり、いつ、どこで起こるか分からない。グローバル化のそうした当然の成り行きが、今さらながら今世紀に入って認識されるようになってきた。

グローバル化の良い側面は推進して、悪い側面は規制すればよい。「イスラム国」のような存在は「国」と呼ぶべきではなく、単なる犯罪者集団として対処すればよい。そのような方針を唱える向きも多い。しかし、「イスラム国」の台頭や、それによって顕在化したグローバル・テロリズムの進展は、もはやそうした方針では対応できないのではないか、という懸念を抱かせる。「テロリスト」を過大評価すべきではないにしろ、「グローバル・テロリズムの発生」を矮小化すべきではないだろう。

国家観や歴史観、世界観などが西洋諸国とは大きく異なる「イスラム国」が、短期間とはいえ国際社会のなかに一つの政治主体として出現したことは否定できない。なにより、近代市民社会の秩序とは相容れないテロリストを、現代社会の内部に常時抱え込んでしまったことも間違いない。

そもそもグローバル化は、異なる文化や社会との交流を促進する。ゆえに、自分たちの政治制度や社会構造、経済思想、価値観などを総合的に捉えかえし、文明論的に問いなおすことが欠かせなくなる。しかも、すでに見たように、西洋近代文明は「世俗化」を建前とする。とすれば、「宗教」を掲げる人びとの存在がクリティカルな問いとして突きつけられるのは避けられない。グローバル・テロリズムの発生は、その最も先鋭化された形の、文明論的な問いかけだと考えざるをえない。

第一章で見たように、近代文明や現代文明のあり方を宗教的観点から見なおす試みは、遅ればせながら9・11以降にようやく社会哲学において本格化してきた。こうした観点からすれば、テロリズムのグローバル化や、それをめぐる議論のなかには、どのような課題が浮かび上がるだろうか。

異なる「国家」観の脅威

イスラム国やテロリズムのグローバル化については、中東情勢やイスラームの思想、国際関係など、さまざまな角度から背景や対応策が議論されている[2]。

イスラム国の特徴は第一に、一定の支配領域をもつ、ということであった。従来のイスラム過激派は、破綻国家を拠点にして世界各地を渡り歩き、当地の社会秩序を破壊しようとしてきた。それに対してイスラム国は、一定の領域、しかも既存の国境を超える領域において独自の社会秩序を形成しようとした。また第二に、カリフ制の復活を宣言したことが挙げられる。カリフとは、預言者ムハンマドの正統な後継者のことであり、この世における「神の代理人」のことである。カリフ制を宣言したということは、国家の枠を超えて全世界のムスリムを、近代法ではなくイスラーム法によって指導する立場を主張した、ということである。

以上二つの特徴をもつゆえに、第三として、グローバル・テロリズムの拠点となった、という特徴がある。イスラム国には、推計で八〇カ国以上の国々から一万五〇〇〇人以上の人びとが加わった。多くは、チュニジア、サウジアラビア、ヨルダンなど、イスラーム圏の国々からである。しかし、フランス、イギリス、ドイツ、アメリカなど、欧米諸国からの参加者も少なくなかった。しかも、世界中どこにいても、カリフに従うという誓いさえ立てれば、イスラム国の一員とされる。ゆえに、シリアとイラクに支配領域をもちながら、この領域に限定されず、世界中に構成員をもつことができたのである。

要するにイスラム国は、「主権」を人ではなく神にゆだね、「国民」という概念にしばられず、一定の領域を支配しながらも「領域」に限定されない。ゆえに、それら三つを要件とする「近代国家」の側からすれば、存在そのものが脅威となるのである。

そのようなイスラム国が出現した理由としては、イラク戦争後に顕著になったシーア派とスンニ派の対立や民族対立、シリアの内乱、それらに背後から介入してくるアラブ諸国や欧米各国の思惑といったことが挙げられる。あるいは、欧米列強による植民地主義や、第一次世界大戦時の英仏によるサイクス＝ピコ秘密協定などが、根深い要因として指摘される。

欧米諸国からも戦闘員が参加している理由としては、ムスリムへの偏見や差別、疎外、その結果としての貧困や格差の拡大といった社会的要因が挙げられる。また、「自由からの逃走」といった思想的要因も挙げられる。自己決定を迫られ、その結果への責任が求められる「自由」を重荷に感じ、わかりやすい権威に盲目的にすがろうとしている、という指摘である。

「対テロ戦争」と「テロ対策」の限界

これらの分析に応じて提出されている対処法は、大きく二つに分けられるだろう。

一つは、基本的に、軍事力や警察力を強化する方法である。テロリストは、理解不能な狂信者であり対話のできない無法者なのだから、力の行使は避けられない。国際社会においては、有志連合による空爆（できれば地上部隊の投入）によって外部から攻撃を加え、またテロ資金の流入を防ぐことによって内部から崩壊を誘う。国内においては、戦闘員の出入国を管理し、警察力や諜報活動の強化によって警備を徹底する、ということである。

こうした対処法は、イスラム国やテロリストが、欧米の国家概念や法秩序から逸脱するばかりか、イスラーム法を過激に解釈し、多くの犠牲者を出している状況では、仕方のないものとして是認されるだろう。もちろん、力を行使するばあいの方法や限度については、法とはまた別の視点から慎重に検討されなければならない。しかし何より、そうした方針だけでは、グローバル・テロリズムの進展に対応できるものではないと思われる。

そのことは、今世紀に入ってからのテロの進展をふりかえれば明らかだろう。

9・11テロを受けて開始された「対テロ戦争」は、「戦争」と称されたものの、相手は従来のように主権をもった「国家」ではなくテロ「組織」であり、それゆえ何をもって勝利とし、いつになれば終結とされるのかが分からなくなった。

アフガニスタンやイラクなど、テロリストを匿《かくま》う（とされた）国を壊滅させ、各地に潜伏するテロリストを見つけ出しては掃討することで、たしかにテロ組織は弱体化した。しかし、それでも組織を根絶やしにはできないし、新たな芽を摘むこともできない。

実際、テロリストは、世界各地に分散して息を潜め、ゆるやかに連帯しながらテロを繰り返し、また次第に仲間を増やしていった。そうした者たちが、イラクの混乱やシリアの内乱の間隙を突いて集結し、形成したのがイスラム国なのである。

グローバル化は、ヒト・モノ・カネだけでなく、情報の次元でいっそう進む。インターネットなどのメディアを通じてテロの理念や手法などが伝播されれば、世界各地の組織と組織、組織と個人、個人と個人が簡単に結びつく。しかも、諜報活動や監視活動によって発見されるような明確な結びつきはなくとも、理念に共鳴し、手法を模倣し、共闘を宣言しさえすれば連帯できるようになった。かくして、二〇一四年一〇月のカナダ議会銃乱射事件や、二〇一五年一月のシャルリー・エブド襲撃事件、それに連携したとされるユダヤ系食品店人質事件のようなテロが起こることになったのである。

このようにグローバル化は、テロリズムの形態を「組織」から「ネットワーク」に変えてしまった。テロリストは、世界を覆うテロリズムの網の目を通じて散発的に行動し、権力の空白地帯が生まれれば、そこに集結して「国家」を形成し、それが近代国家の武力によって打倒されれば、また分散して潜んでいればよい。

二〇一九年三月、アメリカは、シリアにおけるイスラム国の支配領域を完全に奪還し、同年一〇月には最高指導者のアブー・バクル・アル＝バグダーディーを死に追い込んだ。しかし、これと同様の「国家」が再び台頭してくる可能性は否定できないし、世界各地でテロの芽が育っているのは間違いないだろう。

市民社会の理念の盲点

以上のことからも分かるように、軍事力や警察力だけでは、互いに犠牲者を積み上げていくだけで、いわゆる「憎しみの連鎖」は断ち切れない。したがって、もう一つの対処策が講じられることになる。

中東地域における貧困を解消するための人道支援や、欧米諸国における偏見を是正するための啓蒙活動、格差を縮小するための政策立案、「自由からの逃走」を防ぐための教育活動といった方法である。最低限度の生活を保障し、差別をなくし、平等を実現し、「自由の重荷」を引き受けうる個人を育てる、という意味で、市民社会の理念を広く定着させようとする方法であると言えよう。

こうした方法は、即効性はないものの、テロリズムをその原因から解決するためには欠かせないし、多くの人から推奨されるに違いない。しかし、そこにこそ、グローバル・テロリズムの文明論的背景とでもいうべき問題が隠れている。

代表的な例としては、風刺画をめぐる「表現の自由」の議論が挙げられるだろう。おおよそこの問題については、一方に「表現の自由は民主社会の根本原理であり不可侵のものだ」という主張があり、他方に「それでも節度や規制はあるべきだ」という主張があって、この二つの立場のあいだで議論がされている。しかし、そうした議論では、隠れた問題は見えてこない。

もとよりフランスでも、人種や民族、性的志向にたいする差別や中傷、あるいは暴力の煽動やテロの擁護は規制されている。ところが、それにもかかわらずこの規制は、宗教にはほとんど適用されない。なぜなら、「宗教を批判する自由」を最大限に確保してこそ「信教の自由」は守られる、と考えられているからである。この逆説めいた信念は、長く続いた教会の支配を批判し、そこから逃れることではじめて自由を獲得した、という西欧の歴史に基盤をもつ。

とくにフランスには、ライシテという極めて厳格な「政教分離」の理念があり、宗教性は私的領域に限定され、公的領域に持ち込んではならない、とされる。[3] しかしこの理念は、いわゆるスカーフ禁止法などを生み、ムスリムとの衝突を激化させているのである。風刺画事件も、この文脈に位置づけなければ、建設的な議論は始まらないだろう。

「表現の自由」と宗教の対立など、市民社会の理念が引き起こす問題は、9・11以降のヨーロッパでも顕著になり、社会哲学の領域でも議論されるようになってきた。さきに見たように、リベラル派の知識人を代表する社会哲学者であり、「公共性」論の第一人者でもあるドイツのハーバーマスでさえ、宗教を見下し敵視する科学中心主義の考え方を「世俗主義」として批判するようになった。具体的には、ライシテのように厳格な政教分離を批判して、その修正を試みている。

そもそも、当の欧米諸国が政教分離を厳格に果たしているかといえば、実際には、後で見るように国教や公認宗教をもつ国のほうが多く、しかもシュミットやレーヴィットが指摘したように、世俗的に見える近代のヨーロッパ社会も、その根には宗教をもっている。言いかえれば、西洋起源の市民社会の理念は、宗教を排除する世俗主義を主張しながら、その背後にキリスト教をもっているのである。

ゆえにたとえば、「表現の自由」を徹底すれば、ムスリムはさらに疎外感と不満を募らせることになる。結果、テロリストを増やしかねないし、少なくとも同情する者を増やすことになる。ある意味でテロリストは、一五〇万人が参加した二〇一五年一月一一日のパリの大行進を喜び、歓迎したことだろう。世俗主義を建前とする市民社会の理念は、その徹底が叫ばれ、普遍化が進められるほど、グローバル・テロリズムを深刻化させてしまう。事実、たとえばフランスでは、二〇二〇年九月からの一カ月あまりの間に、風刺画を原因としたテロ事件が三件も起きた。

「グローバル・テロリズムの発生」という、先鋭化された問いかけに応じるためには、自由をはじめ、近代市民社会の基盤となる理念に潜む「世俗主義」を再検討しなければならない。そうした試みが広がらなければ、「世俗主義と過激主義の連鎖」に嵌《はま》り、そこから抜け出すことは到底のぞめないと思われる。

2 「公共宗教論」の進展

第一章では、すこし先どりするかたちで「ポスト世俗化」論について見たが、ここであらためて近代市民社会と宗教の関係について詳しく考えておかなければならない。以下では、公共性と宗教にかんする議論の軸とも言うべき、ベラーからカサノヴァ、そしてハーバーマスへの展開を見ていくことにする。

ベラーの「市民宗教」論

一般に宗教は、近代化が進めば衰退していくだろう、と考えられてきた。たとえ存在するにしても、それは個人の心のなかに限ってのことであり、宗教は私的領域に位置するものだと考えられてきた。宗教社会学では、「個人化／私事化（privatization）」説と呼ばれる考え方である。個人の信仰が、前近代社会のように、公的領域で支配的な宗教によって決定されるのではなく、個人の選択に委ねられており、宗教は私的領域に限定される、ということである。したがって、衰退しているにせよ個人化しているにせよ、近代において宗教は、公的領域には存在しない、と考えられてきた。しかし、一九六七年にロバート・ベラーが「アメリカの市民宗教」という論文を発表してから、この通説の見なおしが始まる。[4]

ベラーは、歴代の大統領の演説や公教育、祝日、記念日、国立墓地などを取りあげ、明確には見えないにせよ、アメリカの公的領域には宗教が存在しており、アメリカ人の大多数が共有する宗教的志向性が存在する、ということを明らかにした。そうした事例は枚挙に暇がない。たとえば「独立宣言」には、「すべての人間は神によって平等に造られ、一定の譲り渡すことのできない権利を与えられており、その権利のなかには生命、自由、幸福の追求が含まれている」とある。創造主としての神の存在が前提とされ、そこからアメリカの基盤や正統性が導き出されているのである。あるいは、よく知られているように、大統領は聖書に手をおいて就任式の宣誓をするし、議会や裁判では宣誓のさいに「神に誓いますか？ So help you God?」と問われ、「誓います I do」と答えることが慣例となっている。また、アメリカの紙幣や上院の議場には「In God We Trust（われら神を信ず）」と刻まれている。この言葉は、アメリカの公式な標語として認定されているのである。

それらは、たんに慣例的で儀礼的なものではなく、アメリカ人の宗教的志向性の表れであり、社会生活や政治行動に大きく影響を与えている、つまり公的領域において機能している、というのがベラーの主張であった。世俗化がすすみ、宗教が私的な事柄になったとしても、それとは別に、社会全体を覆い、文化体系の一部となっている宗教的象徴体系が存在している。ベラーはこれを、ルソーの『社会契約論』における言葉を借りて「市民宗教」と名づけたのであった。[5]

市民宗教は、特定の宗派に属するものではなく、特定の教義をもつものでもない。ゆえに、特定の信仰を国民に強制することもない。多様な信仰が存在することを当然としながら、国民が共有する最大公約数的な宗教的志向性を表すもの、それが市民宗教という概念なのである。したがって市民宗教は、公的領域にかかわりながらも「政教分離」に抵触することはなく、むしろその理念を前提として成立している。その点で、憲法や法律などによって認定される「国教 established religion」とは区別しなければならない。

市民宗教と私がいうのは、どの民族の生き方にも見いだされるはずの宗教的次元のことであり、民族はそれによって自らの歴史的経験を、超越的リアリティに関わらせて解釈するのである。[6]

つまり市民宗教とは、民族や国民が「われわれは何ものなのか」「われわれはどこから来てどこへ行くのか」というように、自分たちの集団的アイデンティティや存在意義を問うばあいに拠りどころとなる「価値の体系」のことなのである。

かくして市民宗教は、アメリカ国民に共有される最大公約数的な宗教的志向性を示し、多様な文化的背景をもつアメリカ国民に共通の感情と集団的目標を与え、連帯感や倫理観の源泉となってきたのであった。

「市民宗教」なるものが存在しているというベラーの主張にたいしては、賛同や反発の入り混じったさまざまな反応が起こり、有意義な論争もおこなわれた。しかし、「市民宗教」という用語が多様な背景をもっていることもあって、多くの誤解を受け、それに基づく批判を生じさせた。ベラーは、「不幸なことに、わたしを支持する者でさえ混乱していた。そのため、市民宗教という用語は、まったく首尾一貫せず、少なくともわたしの意図とは違ったものとして広がっていった」とふりかえっている。[7]

結局、「市民宗教」という概念は、研究史のうえで大きな意義をもつものとなったが、ベラーはその後、この言葉を使わなくなってしまった。[8] しかし、だからといって、「公的領域における宗教」の存在を否定したのではない。かれは、市民宗教という言葉を、「聖書的伝統」と「市民的共和主義」という二つの用語によって言いかえ、それらをアメリカ人の「心の習慣 habits of the heart」のなかに探るようになったのである。[9] この「心の習慣」という言葉は、アメリカ論の古典『アメリカのデモクラシー』の著者アレクシス・ド・トクヴィルに由来するもので、デモクラシーと宗教の重要なかかわりを示唆するものにもなっている。[10]

カサノヴァの「公共宗教」論――リベラリズムの補完／修正

「市民宗教」についての議論を、ベラーのように「心の習慣」として展開するのとはまた別の仕方で、批判的に継承していったのがカサノヴァであった。かれは「ベラーによるアメリカの市民宗教論は、経験的な根拠に基づくという利点をもっている」と評価する。しかし同時に、「市民宗教」概念は更新されなければならないと主張し、代わりに「公共宗教」論を展開した。

市民宗教が、政治共同体の規範的な統合力として、国家レベルで政治学的に考えられたものであれ、あるいは社会共同体の規範的な統合力として、社会レベルで社会学的に考えられたものであれ、そのように概念化された市民宗教は、近代社会には、とてもふたたび現われそうにない。さらに、もし市民宗教のようなものがなにか残っているとしても、それは生活の伝統を、近代の諸条件に適応させたもののようである。いずれにせよ、近代社会がそのような市民宗教を「必要としている」という機能主義的な根拠に基づいて、市民宗教の存在を想定するのは、理論的には支持できないし、規範的には望ましくないことである。[11]

ここでは、市民宗教が三つのレベルで分類されており、最初の二つのレベルの市民宗教が否定されている。「「市民宗教」の概念は、国家あるいは社会共同体のレベルから、市民社会のレベルに移って、定式化しなおさねばならない」とカサノヴァは言う。[12]「市民宗教」は、近代社会を前提にすれば、もはや理論的には支持できないし、規範的にも望ましくない。それを市民社会のレベルで更新したものこそ、カサノヴァが主張する「公共宗教」ということになる。しかし、それはいったいどういうものなのだろうか。

一九九四年に発表されたカサノヴァの『近代世界の公共宗教』は、理論研究と事例研究の両者から成っている。最初の二つの章では「近代において公共宗教が可能となる条件は何か」という問いに答えるべく、世俗化論を問いなおし、「脱私事化」という概念を提示している。[13]続く五つの章では、スペイン、ポーランド、ブラジル、福音主義プロテスタンティズム、そして合衆国におけるカトリシズムの事例を分析し、近代社会における公共宗教の諸相を描き出した。最後の章では、それらの事例研究によって「脱私事化」の理論が実証されたことを確認し、それをさらに一般的でグローバルな視野のなかに位置づけている。

ここで言われる「脱私事化」は、従来の世俗化理論を修正し、現代でも公的領域における宗教が存在することを証明するための概念にほかならない。カサノヴァは、各地で宗教が公的な役割を果たしていることを検証することによって「世俗化理論」の誤りを指摘しようとする。ただし、世俗化論の全てを否定するわけではない。カサノヴァは、世俗化論を、宗教の分化、衰退、私事化という三つの命題から成り立つものとして整理した。そのうえで、次のように見なおしを進めていく。

第一の「分化説」とは、近代化が進むにつれ、それまで宗教に包摂されていた政治や経済をはじめとする公的制度が、それぞれの機能を合理化させ、自律化を強め、分化していく、という説である。社会システムを覆っていた宗教が、社会の機能分化によって国家や市場、法律、教育などの他のサブシステムと並ぶシステムの一つにすぎなくなり、公的な領域における影響力を減少させていく、ということである。第二の「衰退説」とは、近代化がすすめば宗教は少しずつ衰退していき、極端なばあい、最終的には消滅するだろう、とする説である。そして第三の「私事化説」とは、すでにみたように個人の信仰が、前近代社会のように、公的領域で支配的な宗教によって決定されるのではなく、個人の選択に委ねられ、宗教は私的領域に限定される、という説である。

以上の三つのうち分化説が、世俗化論の中心命題であり、これは現在でも有効である。しかし、その下位命題である衰退説と私事化説はもはや支持できない。まず、世界的な宗教復興を見れば、衰退説が支持できないことはもはや明らかだろう。そして、イランにおけるイスラーム革命やアメリカにおける宗教保守など、一九八〇年前後から顕著になった宗教現象、あるいはカサノヴァが取りあげた各地の事例をふまえれば、私事化説も支持できないことになる。[14]もちろん、西ヨーロッパで見られるように、宗教の私事化が進んでいる地域もある。しかし、それはあくまで歴史的なオプションの一つに過ぎないのであって、むしろ世界の宗教は「脱私事化 deprivatization」している、とカサノヴァは言うのである。

私が「脱私事化」というのは、世界中の宗教的諸伝統が、近代化論や世俗化論によって当てがわれてきた周縁的で私的な役割を受け入れることを拒否しつづけている、という事実を指してのことである。[15]

このようにカサノヴァは、宗教の分化説を認めながらも、衰退説と私事説を退け、「脱私事化」がグローバルな現象であることを明らかにした。

しかし、脱私事化が見られるとしても、この現象は、近代社会にたいする反動ではないのか、という批判がすぐに出てくる。カサノヴァも、現代に復興している宗教のなかには近代への反動というほかないものがあることを認める。しかし、それとは異なる宗教の形態もありうるのであって、カサノヴァのもくろみは、まさしく「現代の規範から見て存立可能でかつ望ましい近代的な公共宗教の形態を考察すること」にある。ここで言われる「存立可能」とは、システムの機能分化を特徴とする近代の社会構造と本質的に両立不可能ではないという意味であり、「望ましい」とは、近代の市民社会の公的領域を強化することに貢献するかもしれない、ということである。

その目的を果たすためにカサノヴァは、近代の政体polityを、国家、政治社会、市民社会の三つのレベルに区分し、それぞれのレベルと宗教のかかわりによって、「公的領域における宗教」を類型化した。カサノヴァによれば、国家レベルには、国教のように強制力をもった宗教をはじめ、国家によって公認された宗教、あるいはその公認を目指す宗教などがある。政治社会のレベルには、他の宗教や世俗主義に対抗するために政治的な動員をかけたり、制度的に政党や団体を結成したりする宗教などがある。市民社会レベルの宗教は、さらに二つに区別される。一つは、一九世紀のアメリカにおける福音主義プロテスタンティズムのようにヘゲモニーをにぎった市民宗教である。もう一つは、市民社会の公的領域に公的なかたちで介入する宗教団体である。これには、妊娠中絶反対運動のように闘争的なものもあれば、社会問題についてカトリック教会が提示する公文書のように討議的なものもある[16]。

国家、政治社会、市民社会というこの三つの区別こそ、先に述べた市民宗教の三つのレベルに対応している。そして、「近代の普遍主義的原則、および近代の分化した諸構造と矛盾しないのは、究極的には市民社会レベルの公共宗教のみである」というのが、カサノヴァの主張である。

さらには、いくつもの箇所で「市民社会の開かれた公的、合理的な言説を通して、それを正当化しなければならない」といったことが強調されているように、市民社会レベルのうちでも二つめの宗教、すなわち討議的アリーナという意味での公的領域に参加する宗教こそが、現代においては存立可能で望ましい「公共宗教」ということになる。先にふれた「市民宗教」の更新とは、こうしたことである。

以上をふまえて「脱私事化」は、次のように規定しなおされる。

私が近代宗教の「脱私事化」とよぶのは、宗教が私的領域のなかに割り当てられた場所を放棄して、論争や討議による正当化や、境界線の引きなおしなど、進行中のプロセスに参加するため、市民社会の未分化な公的領域に入っていく、そのプロセスのことである。[17]

公的領域に入っていく宗教は、さまざまな問題について公的議論を巻き起こし、近代社会にたいして自らの規範構造を熟慮するように迫る。おもにそれは、国家や市場に対抗し、伝統的生活世界を守るためのものとして公的領域に現れる。もちろん、伝統的価値観が原理主義的なものになる危険性はあるが、道徳的な問題を熟慮するためには宗教の役割を否定することはできない。[18]つまり公共宗教は、近代社会における「共通の規範構造＝共通善」を問題にし、熟議し、再構築するにさいして重要な役割を担いうるのである。

こうした議論をみれば、「市民社会」や「公共」と言うばあいにカサノヴァがモデルにしているのは、ハーバーマスの理論であることが分かるだろう。そして、ここにこそ、カサノヴァの公共宗教論が広く支持された理由がある。「公的領域における宗教」という考えは、近代への反動と見なされるゆえに、どうしても近代化論やリベラリズムを支持する研究者からは忌避されざるをえない。カサノヴァの研究は、アメリカ以外の国々への事例研究の拡充や、それに基づいて世俗化理論を丁寧に修正していったことなどが評価される。しかし、それが多くの研究者に受け入れられるようになった最大の原因は、現代の公共性論の中心的理論家であり、リベラル派の代表的思想家でもあるハーバーマスの議論をモデルにしたことにある、と言えよう。カサノヴァの「公共宗教」論は、リベラル・デモクラシーに反するものではなく、むしろ、それを補完するものなのである。

ただし、ここに看過されがちな問題があることに留意しなければならない。たしかにカサノヴァは、市民社会と矛盾しない公共宗教のあり方を模索した。その点では、公共宗教のあり方をリベラリズムの枠内に収めようとしたと言えるかもしれない。しかし、市民社会のレベルに限定したとはいえ、公的領域における宗教を積極的に認めるからには、リベラリズムの側も無傷ではいられない。実のところカサノヴァは、世俗化論を見なおすためには「政治と公的領域に関するリベラルな概念への偏向」を修正しなければならないと明言していた。それは「特殊な歴史的背景をもつ自民族中心主義的な先入観」なのであり、リベラリズムは修正されなければならない、と繰り返し主張しているのである。[19]

したがってカサノヴァは、リベラルの代表的思想家でもあるハーバーマスの近代化論も「世俗主義的」であるという理由で批判することになる。「ハーバーマスのモデルにおいては、宗教に未来はない。因襲的な宗教は、その後に出てきた世俗道徳に、取って代らなければならない」とされているからである。そしてカサノヴァは、世界的な宗教復興と公共宗教論をふまえて次のように問いかける。「ハーバーマスの近代的分化に関する厳密な理論が、そのような（宗教運動あるいは宗教が公的領域の再構築に際して演じる役割についての）関心を入れるだけの余地を残しているだろうか」と。[20]

かくして、この問いかけに答えるようにハーバーマスは、今世紀に入ってから実際に、その「余地」について取り組む論文を次々に発表し始めるのである。

ハーバーマスの宗教的転回？

「公的領域における宗教」をめぐる議論がベラーからカサノヴァへと展開されたその時期に、世界的な現象として「宗教の復興」が観察されることが多くなっていった。すでにふれたように、そうした流れにあってハーバーマスは、「ポスト世俗化」について論じるようになる。そして、科学中心主義的で、宗教を「古代の遺物」とみなし、非合理的と見下す思想を「世俗主義」とよんで批判し始めた。[21] そうした「世俗主義」が、フランスのスカーフ問題をはじめ、現代の公共性と宗教をめぐる問題を引き起こしている、と考えてのことである。しかし、そうだとすると「公共性」の概念や理論は、宗教との関係から大きく見なおされなければならない。なぜなら、現在の公共性の理論は、世俗主義に基づいて組み立てられているからである。

救済への希望と恩寵への期待は、もはやすでに教会的ではないにせよ、つねにまだ内面化された信仰の伝統によって支えられてきたが、産業的に発展した社会においては、このような希望や期待の喪失が、こんにちはじめて、一般的な現象としてわたしたちに気づかれるのである[22]（傍点原文）。

これは、宗教が衰退し、それが現代社会の一般的な特徴である、とする従来の世俗化論と同様の認識であり、世俗主義の見解だと言えよう。しかし、これはほかならぬハーバーマスが一九七一年、四一歳の時に示した認識なのである。こうした認識のもとハーバーマスは、コミュニケーション行為の理論や討議倫理を組み立て、現代における公共性の可能性を追求していったのだった。ところが現在では一転して、それらを宗教的観点から改めて問いなおそうとしているのである。この点からすれば、ハーバーマスは転向したと言ってもよいかもしれない。あるいは、カサノヴァが問いかけたリベラルな理論の「余地」に踏み込み、その可能性と限界を探究しはじめた、と言ってもよいだろう。

3　公的領域の「中立性」と「非宗教性」

リベラルな国家への問い

ただし、ハーバーマスが宗教の存在を見なおさざるをえなくなったのは、「ポスト世俗化」の時代が到来したことだけが理由なのではない。そこには、政治的リベラリズムにまつわる根深い問題がかかわっている。リベラルな国家の基盤をめぐる疑念と言ってもよい。

英米圏の社会哲学や政治哲学の領域では一九七〇年代後半から八〇年代にかけて、いわゆる「リベラル－コミュニタリアン論争」があり、九〇年代には多文化主義をめぐる論争があった。こうした中で、リベラル・デモクラシーと文化とのかかわりが見なおされるようになっていく。それまでリベラル・デモクラシーにおける政治制度や公的領域は、あらゆる文化にたいして中立であり、普遍的なものだとされてきた。ところが、そうした理論では対応できない事態が起こってきたのである。

一つは、リベラル・デモクラシーの国家のなかで、文化や伝統を背景にして各集団の権利や承認を求める運動や思想が大きくなってきたことである。代表的な例としては、カナダにおけるケベック州の問題が挙げられよう。ケベックの人びとは、自分たちの歴史や民族の独自性にもとづく政治的自治を求めている。これは、歴史や民族にもとづく政治といっても、リベラルに反対するものではない。ケベックの文化を反映させたリベラル・デモクラシーの政治が目指されているのである。ケベックだけではなく、とくに冷戦が崩壊して以降、世界各地でマイノリティ集団による文化的な主張がなされており、リベラル・デモクラシーと文化とのかかわりが焦点となっている。

もう一つの事態は、リベラル・デモクラシーによる政治の実現には欠かせないモティベーションや連帯感の問題である。いうまでもなく、立憲民主政治には人びとの参加が欠かせない。共通の課題を見いだし、自分の利害関心や信条をもちながらも、異なる他者と協議し、妥協しなければならない。まして、再分配政策を実現するには、自分の利益の一部を断念することに納得しなければならない。しかし、政治に関わる動機、あるいは他者と課題を共有し、討議し、場合によっては痛みを分かち合うための連帯感は、価値中立を前提とするリベラル・デモクラシー自体からは出てこない。少なくとも、現代のリベラルな社会に見られる政治的無関心や投票率の低下からすれば、連帯感が大きな課題であることは間違いないだろう。ゆえに「文化」についての中立性を見なおす議論が出てきているのである。

もちろんリベラリズムが、公的領域を文化的に中立なものとするのは、多様な文化的背景をもつ人びとを平等に処遇し、共生を可能にしようとするからこそ、である。しかし実際は、いずれのリベラル・デモクラシーの国でも、公的な制度のなかに多かれ少なかれ文化的要素が含まれている。公用語や祝祭日、慣習的儀礼をもたない国などありえない。そうしたものをないことにして、公的領域への形式的な参加資格を保障するだけでは、「内的排除」を見逃してしまう[23]。いかなるリベラルな国家の公的領域であっても、領域内の有力集団がもつ文化の影響は避けられない。そのことを認めたうえで、主流文化を共有しないマイノリティ集団の声をいかに公的領域に反映させるか。同時に、いかに主流文化を政治参加のモティベーションや連帯感の手がかりにするか。そのように問いを立て、諸問題に取り組むほうがよいのではないか、ということである。

もちろん、こうした考え方に統一された見解があるわけではない。しかし、現代政治論の代表的理論家であるウィル・キムリッカは、一九九〇年代以降、このようにリベラル・デモクラシーと文化との関係を重視するようになった立場を「リベラルな文化主義」と称している。「リベラルな文化主義」にもとづく主張は、「リベラルたちにごく最近まで長らく無視、あるいは公然と非難されてきた」。しかし、その情勢も変わってきている。

リベラルな文化主義は、ほぼ間違いなく、最近の学界では優勢となった。大部分の論争は、リベラルな文化主義をそもそも受けいれるべきか否かではなく、この立場をいかに発展させ洗練していくかに関するものとなっているのである[24]。

もちろん、「リベラルな文化主義」に与《くみ》しない論者はいるし、仮にその立場にたつとしても、検討すべき問題は少なくない。とはいえ、そこで焦点になっていることが大きな課題であることは間違いないだろう。

ハーバーマスも、「ベッケンフェルデ・ジレンマ」と言われる問題を取りあげ、リベラリズムと文化、さらには「ポスト世俗化」社会とのかかわりを検討している。このジレンマとは、「世俗化された自由な国家は、その国家自身がもはや支えることのできない規範的前提に依拠しているのではないか」という、リベラルな国家に突きつけられた問題である。ハーバーマスは、政治的リベラリズムを当然の前提とするのではなく、それ自体の基盤とのかかわりで検討すべき問題として、現代の宗教を考えていることに注意しなければならない[25]。

そこにはまず、「果たして政治支配を、世俗的に、非宗教的に、ポスト形而上学的に、正当化することはできるだろうか」という認識レベルの問題がある。これにたいしては、大きく分けて二つの見解があると言えよう。一つは、人びとが、ある政治支配や憲法秩序を妥当なものと認めるためには、その基盤に、文化的あるいは宗教的信念など、多少なりとも同質な、共同体のエートスがなければならない、とする考え方である。

それに対して、もう一つは、リベラルな国家の憲法や法秩序は、宗教的および形而上学的な伝統とは無関係に、デモクラシーのなかで生み出される法の手続きのみから自己還帰的に、つまり自給自足で正当化しうる、というハーバーマスに代表される見解である。これは「デモクラシーの手続き」を、「合法性にもとづく正当性の産出の方法」と捉える考え方である。リベラルな国家の憲法は、民主的な手続きを通じ、自分たち自身で理性的に熟議し、合理的なものとして互いに合意したうえで制定したものである。しかもそれは、絶えず反省され、再解釈され、更新されていく。そのように、民主的な手続きを経た憲法によって政治がおこなわれるからこそ、民主的な立憲国家は正当なものだと見なされるのである。一般的には、これがリベラル・デモクラシーによる国家観であると言ってよいだろう。

ハーバーマスの「憲法愛国心」

しかし、そこにはまだ、リベラルな国家の根本問題として、動機や連帯の問題が残されている。選挙に参加する法的義務を課したり、連帯を法的に強制したりすることは、民主的な法治国家にはなじまない。しかし、この点でもハーバーマスによれば、リベラルな国家は、モティベーション的前提を自己の世俗的なありようから再生産する能力をもっている、とされる。民主的立憲国家においては、憲法をはじめ法律によって国民のさまざまな権利が保障されている。それらの権利を実際に行使し、その実効的な価値が実感されれば、憲法や法律を制定したり再解釈したりする不断の営みに参加する動機をもつことが出来る。そして、このデモクラシーのプロセスそのものが「統合的紐帯」となり、人びとの連帯感を生むことにもなる、とされるのである。これは、ハーバーマスの言う「憲法愛国心」を、集合的あるいは政治的アイデンティティの核にして、そこに動機や連帯の契機を見いだそうとする仕方であると言えよう。

ところがハーバーマスは、それでもデモクラシーのプロセスだけで動機や連帯が成立するとは言わない。この点に留意しておかなければならない。たとえば、公共の福祉のための犠牲を引き受けることには、投票行動などの政治参加よりも、さらに高度な道徳的モティベーションを必要とする。ゆえに、デモクラシーの存続のためには「政治的美徳」が欠かせず、そうしたばあい市民たちの動機は実のところ文化を資源としている。「シヴィル・ソサイエティは、そう言ってよければ、「政治以前の」生き生きとした源泉からそのエネルギーを得ている」。このことを、ハーバーマスは認めるのである。かれは、ブルーメンベルクのように近代社会が自立しているとは考えない、と言ってもよいだろう。[26]

そして次のように言う。

「憲法愛国心」については広く誤解がまかり通っているが、その本当の意味は、市民たちが、憲法の抽象的な内容を体得するというだけのことではなく、それぞれのナショナルな歴史のコンテクストに即して憲法を身につけるということなのだ。基本権の道徳的内実がメンタリティに定着するためには、知的学習過程だけでは足りない。（…）国家公民のあいだで、それがいかに抽象的で法によって媒介されたものであろうと、連帯が成立するためには、まずは正義の諸原則が、文化的な価値志向の濃密な網の目のなかに根づく必要があるのだ。[27]

この文章からは、「リベラルな文化主義」とハーバーマスの国家をめぐる理論の重なりを見てとることができるだろう。そして、その先にこそ、「ポスト世俗化」社会の問題がある。かりに動機や連帯を、「憲法愛国心」でまかなえるとしても、文化のなかにある連帯の源泉が、社会全体の「行き過ぎた」世俗化の結果として枯渇しかねないという懸念があり、こうした診断は簡単には否定できない、とハーバーマス自身が考えているからである。

現代では、グローバル経済が進展するなか、市場メカニズムが拡大、浸透していき、政治の（制御）機能は低下している。またそれにともない、多くの責任が個人に帰せられ、成果志向が強まっている。こうなると人びとは、私生活中心主義に陥り、自己利益のみを求めて権利を主張し、争うようになってしまう。こうして連帯が切り崩されてしまうのである。

ゆえにハーバーマスは、「規範意識および市民の連帯がエネルギーを汲んでいる文化的源泉のすべてと大切につきあうこと」を重視しはじめる。[28] なかでも宗教は、独特の可能性をもっているとして、その意義を新たに評価するようになった。宗教的伝統は、人びとが共生するばあいに重要でありながら、なかなか表現したり伝達したりするのが難しい道徳的直観をわかりやすく説明し、納得させる力をもっている。たとえば、公民権運動におけるキング牧師の演説を思い起こせばよいだろう。

実際問題としても、信仰のあつい地域からの移住者あるいは「隣人としての異教徒」を、かれらの宗教を無視して西洋社会に統合することなどできない。これは、ヨーロッパにおけるムスリムを想定すれば理解できるだろう。ところが、たとえばフランスの一部の知識人は、啓蒙主義の伝統をあまりに普遍主義的に理解しようとする。その伝統を守っていこうとするあまり、「硬直した宗教批判」に陥って、宗教は私的領域にとどまるべきだと言い続けているのである。第二章で考えたように、これが過激主義を刺激する。そうした態度や考えをハーバーマスは、世俗主義の一形態である「政教分離主義」として批判するようになった。

普遍主義的な法秩序と平等重視の社会モラルは、その内部の論理からして宗教的共同体のエトスに接続可能でなければならない。しかも、前者が後者から、また後者が前者から、筋の通ったかたちで出てくるように接続されねばならない。[29]

「国家と教会の分離」は、この二つの領域のあいだの「橋渡し」を、あるいはある程度の相互浸透を可能にするフィルターを必要としている。「ポスト世俗化」社会となった現代では、その橋渡しが課題になるのである。そして、その社会が世俗的市民と宗教的市民の共存する「ポスト世俗化社会」であるからには、その双方に橋渡しの役割を期待することになる。しかも、その橋は、ある種の「フィルター」を備えていなければならない、という点にハーバーマスの宗教論の特徴がある。

ハーバーマスによれば、宗教の政治的役割をいちはやく熟考した功績は、ジョン・ロールズにある。次の章でもふれるが、ロールズは現代リベラリズムを代表する政治哲学者でありながら、後期には公的領域における宗教の役割を再評価していた。ただかれは、宗教的市民が公的領域に参加するばあいには「適切な政治的理由」を提示しなければならず、同時に世俗的言語を使用しなければならない、としていた。[30] しかし、その「付帯条件」は、宗教のポテンシャルを潰《つぶ》してしまう、とハーバーマスは言う。信仰は、教義や儀式だけでなく、生活や人生すべてに結びつくことで意味やモティベーション、あるいはエートスの源泉となる。その源泉から生じた倫理的直観や道徳的洞察は包括的な世界観に裏打ちされており、それらは宗教的言語によってしか十全に表現できない。ロールズのように、世俗的言語の使用を市民の義務とすることは、不公平な負担を課すことになる。

もちろん宗教的市民が用いる言葉は、他の宗教を信じている人びとや世俗的市民には理解されにくい。ゆえに宗教の言説を、あらゆる熟議の場にそのまま持ち込むことはできない。ここに「フィルター」が必要となる。そこでハーバーマスは、政治的公共圏が二つに分けられることを確認し、「ポスト世俗化」社会における宗教の場所を特定しようとするのである。

まず、活字メディアなどで形成されるインフォーマルな政治的公共圏では、宗教的言語の使用を認める。たとえば新聞や雑誌、あるいは街頭演説などでは、大いに宗教的言語を用いてもよい。ただし、議会や裁判所、官庁、行政機関などの制度化された審議決定機関では、世俗的言語を用いなければならない。宗教的市民は、フォーマルな公共圏においては普遍的で中立的な言語で、言いかえれば、誰にでも分かる世俗的言語を用いて、「筋の通ったかたち」で理性的に語られなければならない。つまり、政治的決定のプロセスにおいては、「世俗的理性」を用いなければならないという「制度的付帯条件」を課すのである。これは、一定の条件を課してはいるものの、ロールズが宗教的市民に課した負担を軽減するものと言えよう。

もちろん、フォーマルな公共圏だけだとしても、宗教的洞察を世俗的言語を用いて表現するという負担はやはり大きい。ゆえに世俗的市民には、宗教的市民の負担を軽減すべく、宗教的言語を世俗的言語に翻訳する役割を分担することが期待される。政治的公共圏のなかで世俗的市民と宗教的市民の双方が、自己反省的に啓蒙された態度をとり、相互補完的に学習することをハーバーマスは要請するのである。目指されているのは、両者の負担の公平化であると言えよう。ただし、意図されているのは、政治的公共圏を宗教的市民に開きながらも、最終的な決定機関においては文化的中立性あるいは非宗教性を確保することである。

こうしたハーバーマスの提案には、翻訳の実現可能性をはじめ、すでに多くの疑問が投げかけられている。[31] しかし、本書の課題からすれば、ハーバーマスの議論によって明らかとなる「世俗主義」の問題に注目しておかなければならない。すでに確認したように、ハーバーマスの言う世俗主義は、近代化が進めばやがて宗教は消滅するという前提で組み立てられた思想であった。そして、「宗教はもっぱら私的な事柄にとどまるべきだ」とする「政教分離主義」を、世俗主義の一形態として批判している。宗教が公的領域に参加する道を開こうとしているのである。

ただしハーバーマスは、公的領域で「筋の通ったかたち」を整えるためにコミュニケーション的理性が必要だという。しかし、であるとするならば、それもやはり、世俗的理性を強要するという意味で世俗主義ではないのか、という疑問が出てくることになる。この疑問にたいしてハーバーマスは、控えめに次のように言う。

むしろ私は、アンビヴァレントな近代《モデルネ》は果たしてコミュニケーション的理性の世俗的な力のみで安定化しうるであろうか、という問いを、理性批判のようなかたちで先鋭化するドラマチックな議論を避けて、未解決の経験的な問いとして論じる方がいいと思う。[32]

ここで「理性批判のようなかたちで先鋭化するドラマチックな議論」と言われているのは、シュミットやハイデガー、レオ・シュトラウスのように近代を批判する議論のことである。それに対してハーバーマスは、民主的な手続きと、それを合理的なものにするコミュニケーション的理性や実践理性を拠《よ》り所にする姿勢を崩さない。フランクフルト学派の第一世代が嵌まり込んだ理性批判を、「コミュニケーション的理性」として再生したハーバーマスからすれば、理性批判の議論は、再び混乱を生み出すものと見えるにちがいない。[33]

しかし、理性や近代の問題を見なおしているのは、先鋭的なポストモダニストだけではない。理性や近代を疑うからといって、近代の成果を全面的に批判しているとは限らないのである。そこで次に、カサノヴァにふたたび戻って、公共宗教論を自己批判の形で更新した論文を見てみよう。ハーバーマスは、カサノヴァが指摘したリベラリズムの理論の「余地」に取り組み、自らが構築した壮大な理論を一部修正するかたちで宗教論を取り込んでみせた。しかし、その頃カサノヴァは、また新たな課題を発見し、公共宗教論の別の可能性を探っていたのである。

カサノヴァの自己批判

カサノヴァは二〇〇八年、すなわち『近代世界の公共宗教』が出版されてから十年余を経て発表した論文で、時代の進展と研究の深化をふまえ、自著の短所を自ら指摘することになった。自分の公共宗教論に修正を加え、今後の課題を明らかにするためである。

かれはまず、自著の意義を次のように特定することから始めている。世俗化論に反するプロセスが世界的に進んでいることが自著の刊行後にも確かめられてきたが、この書の意義は、そうした先見性にあるのではない。そのもっとも重要な貢献は、「脱・世俗化」という新しいグローバルな傾向をいち早く経験的に観察したことではなく、「分析的にも理論的にも、そして規範的にも「私事化（Privatization）」というリベラルな理論にたいして挑戦していった」点にある、と強調している。[34]ここからも、世俗化論がリベラルな理論の一部であり、カサノヴァの公共宗教論が、「リベラルな理論」の一角を占める世俗化論を修正するものだったことが分かるだろう。

しかし、だからこそというべきか、「宗教の脱私事化」の理論が、ヨーロッパで大きな反響を引き起こすことはなかった。ヨーロッパでは、私事化という現象が通常の事実として、あるいは近代におけるヨーロッパ社会の規範として、あまりに当然のことと考えられてきたからである。しかしそれでも、「今日のヨーロッパでは、旧来の私事化の理論が改訂されないまま、簡素なかたちで単純にくりかえされることはほとんどなくなった」[35]。カサノヴァは、自分の「脱私事化」論を、そのように着実に浸透しているものとして意義づけている。そのうえで、改めて自論の短所を挙げ、さらなる課題を明らかにしていく。

短所としては、次の三つが挙げられている。第一に、西洋中心主義。第二に、近代の公共宗教を少なくとも規範的には、市民社会の公的領域に限定しようとしたこと。第三に、教会、国家、国民、市民社会の関係性を、グローバルな次元を見ずに、ナショナルな枠組みでの比較や展望という経験的なフレームによって研究したこと、である。この三つの短所を検討することで、公共宗教論のさらなる課題が探られていく。この探究が、自論の「修正」のためのものであるからには、前著からの流れを視野に収めて大きく捉えておかなければならないだろう。『近代世界の公共宗教』では、次のような課題が挙げられていた。

世俗化論は、特殊な歴史的背景をもつ自民族中心主義《エスノセントリック》的な先入観のうち、三つの点を再考する必要がある。まず、プロテスタント的な主観的宗教形態への偏向、つぎに政治と「公的領域」に関する「リベラル」な概念への偏向、そして分析の組織単位としての主権的国民国家への偏向、この三つである。[36]

新しく提示されたものを、これら前著で掲げられた三つの課題と比較してみれば、それぞれが関連のあるものだと分かるだろう。

第一の西欧中心主義については、タラル・アサドによる批判を受けて反省を迫られた点であり、端的には「宗教」概念の見なおしが迫られていることと関連している。宗教をグローバルな観点から観察しようとすれば、そして公的領域における宗教をとらえようとすれば、「プロテスタント的な主観的宗教形態への偏向」を反省しなければならない。プロテスタントをモデルにすれば、人間の内面を中心にしてしか宗教をとらえることになり、そうなると「主観的な宗教形態」、すなわち私事化論を中心に宗教を考えられなくなるからである。そのように前著でも、「宗教」概念を見なおすことは課題として挙げられていた。しかしその後、「宗教」概念にふくまれる偏向の問題はさらに深まっていく。それを指摘したのがアサドであった。

近年の宗教学ではよく知られるようになったが、「宗教」という概念は、キリスト教の神学上の言説の一部に「世俗」という概念が先にあり、そのなかで構成されたものであった。「宗教」は、キリスト教の文脈のなかで形成された概念だったのである。これまで世界の「宗教」を分析するさいには「宗教／世俗」という二分法が用いられてきたが、実のところ、それは極めて西洋中心主義的な概念図式だったのである。[37] そうした概念図式を用いて、たとえばムスリムの人びとを（中立的とされる）国家に統合しようとしても、説得力をもたないばかりか、イスラーム世界から反発をまねきかねない。

カサノヴァによれば、「西洋を越えて世俗化を再考する」ためには、まずその概念図式を自明なものとは考えず、「宗教」や「世俗」といった概念を文脈化することから始めなければならない。そのためには「西欧の発展の特殊キリスト教的な歴史性を認識」し、「ヨーロッパの植民地の拡大によって始まったグローバリゼーションの世界史的プロセスとともに、これらすべてのプロセスがどこにあってもダイナミックな相互関係にあり、たがいに構築しあっていた」という認識を持つ必要がある。[38] こうした要請の背後に、植民地主義への反省があることは言うまでもないだろう。

さらにカサノヴァは、近代のグローバルな傾向を概念化し、プラグマティックに見るためには、「S・N・アイゼンシュタットが初めて展開した多様な複数の近代性 multiple modernities という概念」のほうが、「世俗的なコスモポリタニズム」や「文明の衝突」などよりも適切であろう、と言っている。

多様な複数の近代性という見方は、近代が根本的に伝統を破壊したという見解もとらないし、本質的な近代が伝統とともに続いていくという見解もとらない。すべての伝統と文明は、近代化のプロセスにおいて根本的に変容したが、それらはまた特別な仕方で「宗教的」かつ「世俗的」な特徴をもった近代の制度を形成する可能性をも持っているのである。[39]

カサノヴァは前著において、「近代」を単数形で語っていた。しかし、西洋中心主義を反省し、「多様な複数の近代性」という見方にたてば、「多種多様な世俗化」が存在することを認識することになる。そうしてはじめて、「グローバルな比較のための展望」を持つことができるのである。[40]第二に短所とされているのは、近代の公共宗教を、少なくとも規範的には市民社会の公的領域に限定しようとしたこと、である。

グローバルな比較の展望を採用するやいなや、市民社会の公的な領域や国民国家の領域的な境界線のなかにとどまるならば、そして国教の廃止と法律上の政教分離を引き続き前提とするのであれば、そこに宗教の脱私事化が入り込む余地はなさそうだ、ということを認めざるをえなくなる。世界中の民主政治における現実的な問題に取り組むためには、世俗主義者がもつ区別の言説や、市民社会の公的な領域といったものを越えていく必要がある。[41]

ここでは「政教分離」までもが検討の俎上にのせられている。たしかに、前著では「政治と「公的領域」にかんする「リベラル」な概念への偏向」が、特殊な歴史的背景をもつ自民族中心主義的な先入観として挙げられていた。ただ、それでも「宗教の公認廃止にかんするリベラルな理論的根拠は、昔も今もかわらず妥当なものであり、論難できない」として、この見解を否定し

されていなかった。[42]ところが、二〇〇八年の論文では、宗教にかんするそのリベラルな理論が問題とされているのである。理論上の問題としては、やはり「宗教／世俗」概念が鍵となる。この概念図式からは、「宗教」は個人の内面という私的領域に限定されたものであり、公的領域は「世俗」の要素で構成される、という考え方が導かれる。この「宗教＝私的領域／世俗＝公的領域」という前提が、公的領域に「宗教」を持ち込んではならない、とする政教分離の理念を支えているのである。

政教分離のイデオロギー性は、こうした理論の次元だけでなく、現実の次元からも明らかになる。世俗主義者の言説とは異なり、「実際に存在している」ヨーロッパの民主国家は、ほとんどのばあい厳格な意味で世俗的ではないし、「世俗的中立性の神話」に従って行動しているわけでもない。ライシテの原則を掲げるフランスを含め、自分の領土のなかで全ての宗教に平等に接し、平等に距離を保ち、平等に敬意を示し、平等に援助をおこなう――。このような、世俗的な中立国家の基準を満たしているヨーロッパの国家は存在しない。逆に英国国教会、長老派教会、ルター派、ギリシア正教などの主要なキリスト教の宗教は、デモクラシーを危うくすることなく、ヨーロッパのいずれかの国で公式的に国教化されている。この点は次章で詳しく考えるが、このような事実からカサノヴァは、「厳格な教会と国家の分離は、デモクラシーにとって十分条件でもないし必要条件でもない、というように結論しても差し支えないだろう」と明言している。[43]

そして、多様な背景をもった人びとが共生するにあたって重要なことは、世俗化が進んでいることではなく、「自分の領域で異議を唱えるセクトの活動にたいして進んで寛容になる」ことだと言う。こうした中立性や（文化的な）他者についての課題の設定の仕方は、すでに見た「リベラルな文化主義」のそれと比べてみれば、その長所にせよ短所にせよ、理解が深まるだろう。もちろん、こうした考え方に立てば、ヨーロッパにおけるムスリムへの処遇の仕方も変わってくるにちがいない[44]。

第三の短所として挙げられているのは、教会、国家、国民、市民社会の関係性を、グローバルな次元を見ずに、ナショナルな枠組みでの比較や展望という、経験的なフレームによって研究したこと、である。ただし、前著の課題のなかでも「分析の組織単位としての主権的国民国家への偏向」が留意され、「グローバル」な視野の重要性が強調されていた。しかも、「われわれはみんな、好むと好まざると、単一の人類的市民社会の市民になったのである」として、グローバルな共通善までもが展望されていた[45]。であるからには、反省をへて設定された新たな課題は、「グローバルな次元」そのものにあるわけではない、ということになるだろう。むしろそれは、「単一の人類的市民社会」を否定する構想になる、ということに注意しなければならない。

近代世界においては、二つの基本的な原則のあいだで緊張が生じている。これまでは、国家主義者や全体主義者から良心の自由や信教の自由を守るために、普遍的人権としての個人の権利が重視されてきた。しかし近年では、帝国主義者や植民地主義者から、自分たちの伝統や文化を守るための集団的な権利についての意識が高まってきた。そこで生じた緊張は、やがて世界中の人びとが「たがいの伝統や文化を尊重するための相互の権利と義務」という一般的な原則へと結実しうるだろう。そして、それは「グローバルなデノミネーショナリズム」の出現とでも呼ぶことができるようなものの基盤を構築しつつある、とカサノヴァは言う。

「グローバルなデノミネーショナリズム」の出現とは、端的には「脱領土化された、国境を超えるグローバルな想像の共同体」が増えていることを指す。世界的な広がりを見せるペンテコステ派に見てとれるように、グローバルに展開している宗教は、多様な源泉をもって普及し、各地で同時並行的に発展している。すなわち、特定の中心地をもたず、領土に埋め込まれることによる限界をもつこともない。こうしたことが、「グローバルなデノミネーショナリズム」の背景となっている。そして、その思想的な含意は「denominationalism」という用語によって示されている。

デノミネーションとは、アメリカに固有な教会の形態にほかならない。ヨーロッパでは原則として、一つの社会に一つの教会しか存在しない。人はその社会に生まれれば、自動的にその社会の教会に所属することになる。したがってヨーロッパでは「一つのチャーチ（公定教会）とそれを批判する複数のセクト」という形態しかありえないのである。

それに対してアメリカでは、複数の「教派 denomination」が存在する。多くの宗派やグループが流入したり発生したりしたアメリカでは、それぞれが存立していくためには、公定教会を否定し、かつ他の教派の存在を認めなければならなかった。ゆえに、一つの宗教が分派していき、それら複数の教派が並列的に共存する形態、すなわちデノミネーショナリズムが発展していったのである。そこでは、カサノヴァの言うように、「たがいの伝統や文化を尊重するための相互の権利と義務」が認識されていたと言えよう。このようなアメリカのデノミネーションを支える思想や世界観のモデルが、「グローバルなデノミネーショナリズム」という言葉によって示唆されていると考えられる。[46]

かくしてカサノヴァは、自分の公共宗教論を再検討したうえで、「宗教」や「世俗」といった概念の文脈化や、政教分離の修正、「グローバルなデノミネーショナリズム」といった課題や展望を挙げることになった。

テロリズムのグローバル化は、近代市民社会と宗教の関係を鋭く問いなおしており、ハーバーマスやカサノヴァのようなリベラルな論者も、世俗主義や政教分離を再編しようとし始めたのである。こうした課題の設定に賛同するかどうかは別にして、少なくともリベラリズムに含まれる問題が、宗教的観点から提起され、実際に検討されはじめていることは間違いない。そこで次に、リベラリズムと政教分離の問題を詳しく考えてみよう。

第四章

リベラリズムと政教分離

ジョン・ロールズと「政教分離」

かつて宗教的教説は、社会の公的な基盤professed basis of societyとなっていた。しかしそれは次第に、いかなる宗教的見解をもっているかにかかわらず、すべての市民が支持することのできる立憲政体の諸原理に道を譲りつつある。同じように、包括的な哲学的・道徳的教説も、一般的には市民から支持されなくなっており、もはやかつてのように、社会の公的な基盤として機能しえなくなっている。[1]

これは、社会哲学者ジョン・ロールズの言葉である。ここには、いささか難解ながらも、現代のリベラリズムと宗教の関係が端的に示されている。これを少し敷衍すれば、次のように説明できるだろう。

近代以前は、ほとんどの人びとによって信仰が共有されていたので、社会の基盤は、宗教的な教えによって「公言＝告白profess」されていた。つまり社会の基盤は、宗教によって正当化および正統化されていたのである。しかし、中世のキリスト教的価値体系が崩れるなどして、多様な価値観や世界観が生じてきた近代以降、宗教は、むしろ対立の火種となり、自由や共存をおびやかすものとなっていった。ゆえに近代にあって全ての市民が共存できる社会を形成しようとすれば、宗教のみならず哲学や道徳など、善悪の基準を示す包括的あるいは形而上学的な教説は、政治や社会から切り離しておかなければならない。

それらの代わりに、現代社会を担うようになりつつあるのが「立憲政体の諸原理」である。これは、「個人の自由」を尊重するために近代国家の権力を制約する「近代立憲主義」の思想と言いかえてもよいだろう。現代では、多数者支配としてのデモクラシーが成立しているが、それも無制限なものではない。民意によって成立した権力や法律であっても、「個人の自由」を侵害するばあいには、憲法の根本原理に基づいて審査される。デモクラシーの導入によって政治参加の平等をはかりつつ、立憲主義によって多数者の支配を制限し、「個人の自由」を守る、ということである。その意味でこれを「リベラル・デモクラシー」と言いかえてもよいだろう。

かくして宗教的教説が「社会の基盤」を形成していた時代から、立憲主義やリベラル・デモクラシーが「社会の枠組」を形成する時代へと発展してきた、と考えられているのである。

そうした歴史認識や理路にこそ、「政教分離」の理念が生じてくることが分かるだろう。あとで詳しくみるように、実際の政教分離についての理解や形態は多様であり、一概には規定できない。しかし、社会哲学における「政教分離」は、ロールズが描いたような歴史や理路を前提として、次のように規定できる。

近代の立憲主義にせよ、リベラル・デモクラシーにせよ、その理念に不可欠なのは「公私の区別」にほかならない。私的領域においては、各個人がそれぞれの価値観や世界観を信じ、それにもとづいて生きる自由が保障される。公的領域においては、社会で共有される関心や利益について討議し、決定をくだすことが求められる。この二つの領域を区別し、多様な考え方を保障しながらも共存する枠組みを構築しようとするのである。この場合、宗教のありかは、私的領域に限定される。調停不能な対立を生みかねない宗教は、討議や決定をおこなう政治過程としての公的領域には存在してはならない、とされるのである。

ただしロールズのばあいは、公的領域から宗教を完全に排除するわけではない。なぜなら、たとえば、奴隷廃止運動や公民権運動など、アメリカの政治運動にあっては、理念にせよ教会の活動にせよ、宗教が大きな役割を果たしてきたからである。ゆえに後期のロールズは、公共性と宗教とのかかわりを改めて問いなおす作業に入っていった。[2]

すでに見たように近年では、ハーバーマスが、その試みを批判的に継承する形で考察を進めている。[3] ハーバーマスがこの課題に取り組み始めたのは、ロールズが提示した問題意識を共有するからだけでなく、フランスのスカーフ論争のように公的領域から宗教を排除することによって生じる問題などを考慮したからでもある。これは、公私の区別を前提にした政教分離の理念が疑われる代表的な例と言ってよい。

また、アメリカのリベラル派を代表する社会哲学者であり、憲法学者でもあるマーサ・ヌスバウムは、次のように言う。

現在の議論のなかで、そのままの「分離」の理念に目立つのは、それが混乱の源になっている、ということである。なぜといって「分離」は、他の概念を通してさらに解釈されないばあいには、宗教を過小評価し、それを人びとの生活の周縁に押し込めるという理念を示唆しかねないからである。[4]

ヌスバウムは、「分離」の理念よりも「自由」や「平等」の理念の方を優先すべきである、と論じている。このように現在では、リベラル派の主要な社会哲学者によっても政教分離の見なおしが始まっている。そうした課題は、近代社会の成立やリベラリズムの根幹にかかわるものであって、多様な観点からの深い思索が求められるし、論点も多岐にわたる。本章では、日本と欧米における「政教分離」を確認したうえで、とくにアメリカのそれについて論じる。そうすることで、リベラル・デモクラシーと宗教の関係など、現代の国家と宗教にかんする思想的な問題点を明らかにしたい。

1　日本と欧米の政教分離

日本の「政教分離」

一般に「政教分離」は、政治と宗教の問題を判断するさいの基本的な原則と見なされている。欧米諸国をはじめとする近代社会では普遍的な理念とされており、日本国憲法にも謳われている、と考えられているのである。ところが「政教分離」という言葉は、日本国憲法には明記されていない。

たしかに日本国憲法には、「信教の自由」を保障し、国の宗教的な活動を禁止する第二〇条と、宗教団体への公金支出を禁止する第八九条の前段がある。しかし、「政教分離」という語は、そこには明記されていない。それは、二つの条項を一語で指示するための概称であり、もとは憲法規定を説明する便宜のために用いられ始めた。初出は、昭和二三（一九四八）年に刊行された田上穣治の『憲法学概論』であり、宮澤俊義《としよし》の『憲法』に登場したのは昭和二七年版以降である。つまり「政教分離」という語は、本来は学問上の概念であって、日本国憲法の法源ではないのである。[5]

ゆえに現在でも、「政教分離」には明確な見解がない。もとより憲法には「解釈」がつきものであるが、憲法学のテキストを読み比べてみても、多くの点で説明が異なり、議論が紛糾していることが分かる。[6]

第一に、それは「何と何の分離」を指しているのか。一般には、「政治と宗教」の分離と考えられているだろう。しかしその他にも、「国家と宗教」「政府と宗教」「国家と宗教組織」といったように説明が乱立している。

第二に、それは「どれほどの分離」なのか。一般には、なるべく厳格にしたほうがよいと考えられているかもしれない。しかし、「絶対分離」「完全分離」などの「厳格分離」説だけでなく、

「相対分離」「協調分離」といった「限定分離」説もある。

第三に、それは「信教の自由」とどうかかわるのか。一般には、両者は明確には区別されていないだろう。しかし一方には、政教分離は信教の自由を保障するための制度だとする「制度的保障説」があり、他方には、それに対抗する形で、政教分離それ自体が人権規定だとする「人権保障説」がある。前者では、政教分離を手段とみなし、目的である「信教の自由」が守られる限り、制限をもうけることを認めることになる。それに対して後者では、間接的にも圧迫を受けない権利を保障するものとして理解される。以上の三つをみるだけでも、「政教分離」をめぐる理解の難しさが分かるにちがいない。

ただし最高裁においては、すでに一九七七年の津地鎮祭事件の判決において「政教分離」のおおよその規定が示されている。これは、三重県津市が、市立体育館の建設にさいして地鎮祭に公金を支出したことをめぐって争われた裁判である。判決では、「元来、政教分離規定は、（…）国家と宗教との分離を制度として保障することにより、間接的に信教の自由の保障を確保しようとするものである」と示された。

ここでは、分離されるものが「国家と宗教」と特定され、また「制度的保障説」が採られていることが分かる。もちろん、ここで言う「宗教」とは何か、という大きな問題は残るが、それでも、この判決文には続けて次のような宗教のとらえ方が示されている。

宗教は、信仰という個人の内心的な事象としての側面を有するにとどまらず、同時に極めて多方面にわたる外部的な社会事象としての側面を伴うのが常であつて、この側面においては、教育、福祉、文化、民俗風習など広汎な場面で社会生活と接触することになり、そのことからくる当然の帰結として、国家が、社会生活に規制を加え、あるいは教育、福祉、文化などに関する助成、援助等の諸施策を実施するにあたつて、宗教とのかかわり合いを生ずることを免れえないこととなる。したがつて、現実の国家制度として、国家と宗教との完全な分離を実現することは、実際上不可能に近いものといわなければならない。[7]

ここでは、宗教が「信仰という個人の内心的な事象」だけでなく、「極めて多方面にわたる外部的な社会事象」としても捉えられていることが分かる。そして、それをふまえるならば、「完全分離」は実際上不可能だとされているのである。

たとえば、宗教系の私立学校への助成や、宗教的な文化財への補助金などが許されないとなれば、宗教によって差別が生じてしまうことになる。また、刑務所における教誨《きょうかい》などが認められなければ、受刑者の「信教の自由」は制約されることになる。これらのことをふまえるだけでも、国家と宗教の関わりを一切認めないとするわけにはいかない、と分かるだろう。

あとは、「どの程度」の関わりであれば認められるのか、ということが問題になる。この判決では、いわゆる「目的効果基準」が示された。そこではまず、「わが国の社会的・文化的諸条件に照らし信教の自由の保障の確保という制度の根本目的との関係で相当とされる限度を超える場合を許さない」とされ、国家の「行為の目的が宗教的意義をもち、その効果が宗教に対する援助、助長、促進又は圧迫、干渉等になるような行為」は政教分離原則に違反する、とされた。[8]

この基準には、目的や効果の捉え方によって厳格にも緩やかにも適用される余地がある、という批判があったし、すべての裁判で採用されているわけでもない。しかし、この津地鎮祭判決は、その後の政教分離訴訟のリーディング・ケースとなっている。[9] つまり、判例の主流は、完全分離を不可能とし、限定分離を採用しているのである。

ところが、それに対して学説では、「完全分離」「厳格分離」が多数説となっている。そのさいの理論的根拠はアメリカの憲法や判例に求められ、比較憲法学においても、日本国憲法の規定はアメリカと同様に厳格分離型に属する、とされている。[10] そして、アメリカをモデルにしながら、日本の判例を批判したり目的効果基準の厳格化を主張したりする、というのが戦後憲法学の通説的な議論になっていた。[11]

欧米における国家と宗教

すでに見たように、「政教分離」は、もとは戦後になって用いられ始めた学問上の概念であった。しかしもちろん、さらに遡れば、明治五(一八七二)年に島地《しまじ》黙雷《もくらい》が「三条教則批判建白書」において「政教ノ異ナル、固《もと》ヨリ混淆《こんこう》スベカラズ」と言ったように、近代日本の大きな課題であったことも間違いない。[12] そして、そのばあいは、欧米諸国の政教関係や信教の自由がモデルとされていた。

ゆえに、「政教分離」については、欧米諸国との比較のなかで考えなければならない。またさらに、日本国憲法の規定は厳格分離型に属するというが、そうした分類についても確認しておく必要があるだろう。

世界各国における国家と教会の関係については、これまでも類型化が試みられてきた。[13] 古くは一八六三年にフランスで『国政辞典』が出され、国家と教会の関係は四つに分類されている。これは、日本の政教分離制度の第一歩と考えられる一八八四（明治一七）年の「神仏教導職廃止令」にも影響を与えた。一九三五年には、日本で『法律学辞典』が出され、田中耕太郎による類型が示されて現在の学説にも大きな影響を与えた。それは、統一主義（融合主義）、折衷主義、分離主義という類型である。

一九四五年にはアメリカで、エム・ソール・ベーツの『信教の自由に関する研究』が出された。ベーツは、一九四二年から四四年にかけて世界の主要七二カ国について調査し、五類型を示している。[14] これは戦後の日本でも、政教関係の基本類型として参考にされてきた。そして現代のフランスでは、憲法学者であり憲法院判事でもあったジャック・ロベールが、『国政辞典』を参照して、融合型、同盟型、分離型という三類型を提示している。

それらをふまえ、また現代日本で採用されている類型を参照しながら、ここでは、現代の欧米諸国に焦点をあてて、日本とアメリカの位置づけを確認しておきたい。

現代の欧米における国家と宗教の関係は、とりわけ国家と教会という制度的な関係に注目して、おおよそ次のように分類される。[15]

第一に、国家が、特定の教会を保護し支援する「国教」制がある。代表例として挙げられるイギリスでは、現在でも国王が英国教会の首長をつとめ、また大主教や主教ら二六名は貴族院に議席をもち、国政に参加する。この類型に入れられるのは他に、フィンランドやアイスランドなどの北欧諸国、デンマークやギリシャなどである。

第二に、国教制は採らないものの、一つあるいは二つの教会を公認して特権を与え、優遇したり監督したりする「公認宗教」制がある。国家と教会それぞれの独立性を認めたうえで「政教条約」を結び、宗教教育や公共施設での宗教活動、教会墓地など、それぞれの担う領域が重なる共通事項にたいしては協調して取り組む。代表例として挙げられるドイツでは、カトリック教会とプロテスタントの福音教会が公認され、運営資金となる教会税の徴収が国によって代行されたり、公立学校において宗教が正規の科目として定められたりしている。他にはイタリア、スペインなどが、ここに分類される。

第三に、国教を廃止するだけでなく、政治と宗教の関係を一切認めない「厳格分離」制がある。その代表格であるフランスでは、公共領域から宗教を排除する「ライシテ」の原則が掲げられている。他には、アメリカや日本、トルコなどが、ここに分類される。

これらの類型は、あくまで「国家と教会」という制度上の関係に注目したものに過ぎない。より広い「国家と宗教」、さらには「政治と宗教」の関係となれば、また違った分類をしなければならない。

しかし、この分類を公平にみるだけでも、欧米に「厳格分離」制の国はほとんどないと分かるだろう。しかも、大半の国には、キリスト教を理念とする政党が存在し、政権につくばあいもある。ヨーロッパにおけるキリスト教政党は、アイルランド、イギリス、イタリア、オランダ、スイス、スウェーデン、デンマーク、ノルウェー、フィンランド、ベルギー、ルクセンブルクなどに存在する。ドイツで二〇〇五年から長期政権を担っているメルケル首相は、「ドイツキリスト教民主同盟」の党首にほかならない[16]。

以上のように、国教制や公認宗教制などの制度によって政治や公共領域と宗教の関係を規定していたり、宗教政党が政権についたりしている国でも、「信教の自由」が侵されているとは考えられていない。逆に、ライシテを掲げるフランスでは、スカーフ問題に見られるように、ムスリムの「信教の自由」が侵されている、という強い批判が生じている。つまり、「信教の自由」は共通して目指されているが、その実現にさいして厳格な「政教分離」は必要条件とされていないし、両者が衝突する場合さえある、ということである。

ここで改めて注目せざるをえないのは、日本やアメリカが、フランスと同様に厳格分離型の国として分類されていることである。とくにアメリカは、日本国憲法の成立時に参照され、その後も、主な理論供給国となってきた。それでは、アメリカにおける国家と宗教の関係はいかなるものなのだろうか。

2 「分離」原則の誕生

エヴァスン判決とその影響

アメリカは、世界で初めて憲法に「政教分離」を謳った国であり、長い歴史がある、と言われる。しかし、こうした認識や説明には、誤解が含まれているし、少なくともミスリーディングだと言わざるをえない。

アメリカの憲法においては、一七九一年に追加された修正一条で次のように規定されている。「連邦議会は、国教を樹立する法律、あるいは自由な宗教活動を禁止する法律を制定してはならない」。このうち前半は「国教禁止条項」と呼ばれ、後半は「自由活動条項」と呼ばれる。ここに「政教分離」という言葉はない。これは、政治と宗教を分離する規定がない、ということだけでなく、その原文とされる「separation of church and state」という言葉もない、ということである。[17]

しかし、それでは、現在の政教分離の理念が登場したのはいつだったのだろうか。

アメリカの憲法史において政教分離の理念が登場し、その後の判例を大きく規定したのは、二〇世紀も半ばになった一九四七年のエヴァスン判決においてであった。[18]そこでは、教区学校（宗教団体によって営まれる私立学校）に通う児童の親に公金を支出する州法は適法かどうか、をめぐって争われた。[19] その判決においては、修正一条の「国教樹立禁止条項」が、次のように規定された。

州も連邦政府も、いずれも教会を樹立することは出来ない。また、いずれも、一つの宗教あるいは全ての宗教を援助し、一つの宗教を他の宗教に優先させる法律を制定してはならない。（…）ジェファソンの言葉を借りれば、法律によって宗教の樹立を禁止する当該条項は「教会と国家を分離する壁 a wall of separation between church and State」を築くことを意図したものである。[20]

このエヴァスン判決の歴史的な意義は、まさしく画期的なものであり、その後さまざまに大きな影響をもたらした。

第一に、修正一条の「国教禁止条項」が、アメリカの歴史のなかで初めて州にも適用された、ということである。実のところ修正一条は、この判決までは、あくまで連邦政府を拘束するものであって、州にも適用されるとは解釈されていなかった。

そもそも、憲法制定会議が始まった一七八七年当時、一三州における政治と宗教の実態は、それぞれ全く異なっていた。完全な宗教上の自由を保障する州はロードアイランド、ニューヨーク、ヴァージニアの三つしかなく、それ以外では、公認宗教をもつ州が三つ、キリスト教の優位を宣言している州が三つ、プロテスタントの優位を宣言している州が四つ、とさまざまであった。多種多様な歴史をもつ独立一三州は、政治と宗教のかかわりについても各種各様だったのである。

そのように多様な一三州が、一つの国家を創設しようとするさいに最も恐れたのは、国家によって自分たちの州の独自性が奪われることであった。そこで必要になったのが「権利章典」にほかならない。つまり権利章典は、基本的には連邦政府が州政府に介入するのを制限するためのものだったのである。国家の専制に対して地方の自治を守るためのものだった、と言ってもよい。

ゆえに、権利章典の一部である修正一条も、あくまで連邦議会の立法を制限するための規定であった。連邦政府は、州が宗教を公認することにたいして、賛成してもいけないし反対してもいけない、というのが修正一条の本来の意味だったのである。[21]

ところが、南北戦争を契機として、そこに変化が生じる。戦争終結後の一八六五年、奴隷制を廃止するために修正一三条が追加された。これは、州政府が恣意的に権力を行使することにたいして連邦政府が制限をかけるものである。こうした経緯のなかで一八六八年、さらに追加された修正一四条には、次のような文言が組み込まれた。「いかなる州も、法の適正な手続きによらずに、何人からも、生命、自由または財産を奪ってはならない」[22]というものである。もしこのなかに示されている「自由」に「信教の自由」が含まれるならば、修正一条は州にまで適用されなければならない。ここに、その可能性が開かれることになったのである。ただし、とはいえ、それでもこの段階ではまだ、連邦政府の権限を抑制する志向性のほうが強かった。

しかし、それから七〇年以上が経過した一九四〇年、キャントウェル判決において連邦最高裁判所は、修正一四条にある「自由」には「信教の自由」も含まれる、と判示したのである。この判決には、修正一条は「自らが選んだ形で宗教的活動をおこなう自由を保護する」ものだとする、「主意主義 voluntarism」の思想が表明されていた。[23]

そして、いよいよ一九四七年のエヴァスン判決において、州にも修正一条の「国教禁止条項」が適用される、という解釈が示されることになったのである。この修正一条の「編入」は、現在にも根深い論点を残すことになった。

第二に、エヴァスン判決の意義は、それによって修正一条が、一般的には「教会と国家を分離する壁」という言葉で表されるようになった、ということである。この言葉は一八〇二年、ジェファソンがバプティスト派の団体に送った有名な書簡の中にあるものにほかならない。「教会と国家を分離する壁」という言葉は、すでに一八七八年、モルモン教徒の一夫多妻制があらそわれたレイノルズ判決において用いられていた。[24]しかし、連邦最高裁判所の解釈として定着し、修正一条の一般的な認識として拡大していく契機は、このエヴァスン判決だったのである。

しかも、そこで代表意見を書いたブラック判事は、ジェファソンの言葉を引くだけでなく、次のような解釈を付け加えた。「修正一条は、教会と国家の間に分離の壁をうち立てた。その壁は高く、しかも難攻不落なものとして保たれなければならない。われわれは、わずかな裂け目も認めることはできない」。[25]

ここには「分離の壁」にたいする厳格な思想が表明されていると言えるだろう。ただ、この裁判では同時に、合衆国憲法が宗教教育や宗教行事のもつ価値や必要性を否定するものではない、ということも確認された。むしろ憲法は、そうした自由な宗教活動を保障する。しかし、そのためにこそ「国家・政府 state」は、みずからが宗教的な「機能」をもったり、宗教を「援助」したりしてはならない、とされたのである。そして、ここで言われている二重の禁止が、宗教を「完全に私的なもの altogether private」にさせる、と規定されたのであった。

そして、この判決の第三の意義として、これ以降、一つの概念が、国家と教会の関係を審査するための原理として用いられるようになった、ということがある。エヴァスン判決において修正一条は、「州に、宗教的信仰をもつグループともたないグループとのかかわりにおいて中立であることを要求している」と解釈された。[26] つまり、「宗教と非宗教の間」の「中立 neutrality」という原理によって修正一条を判断する方針が定められた、ということである。この「中立」原理は、明確なものではなく批判も多かったが、「分離」原則が動揺するようになった後でも受け継がれ、審査基準の軸として採用されるようになっていく。[27]

「レモン・テスト」

以上のような意味でエヴァスン判決は、国教禁止条項の解釈や適用における大きなターニング・ポイントとなった。判例法の国、すなわち先例に拘束されるアメリカの裁判においては、その後の修正一条の判断を大きく左右することになる。

エヴァスン判決が出た翌年（一九四八年）、マッコラム判決において最高裁は、エヴァスン判決や「分離の壁」という言葉を用いて、公立学校における「解放時間制」に違憲判決をくだした。[28] 解放時間制とは、聖職者を公立学校に招き、学習時間の一部を免除して、校内で宗教教育を受けさせる制度である。植民地時代以来、宗教団体は教育の中心を担っており、解放時間制はその一環として設けられていた。この判決までは、州の最高裁判所においてもそれは認められていたのである。[29] ゆえに、それが違憲であるという判決が示されて、国民は衝撃を受けた。

一九六二年のエンゲル判決では、それまで州の裁判所において合憲とされていた「公立学校での祈り」を、連邦最高裁が違憲とした。その判決理由は、公立学校における祈りが、「宗教的な少数者を、公式に承認され普及している宗教に従うよう、間接的に強制する圧力」をもっているから、というものであった。[30]

これに対するアメリカ国民の反応は、マッコラム判決の時よりも大きかった。建国以来、宗教教育によって支えられてきたアメリカのアイデンティティの根幹が崩れてしまう、というように危ぶまれたのである。この判決にたいする批判は広範囲で巻き起こり、判決を覆すために憲法を改正しようとする活動まで活発化した。こうした動きが、「福音派」を中心とする「宗教保守」を伸長させ、やがて「宗教右派」を生み出していく。[31]

翌一九六三年には、シェンプ判決において、公立学校で授業が始まる前におこなわれていた「聖書朗読」も違憲とされた。これでほとんどの宗教教育が、公立学校から追放されることになる。ただし、見逃せないのは、それまでと違って「分離の壁」という表現は一度も用いられなかった、ということである。代わりに強調されたのは、「中立」であった。修正一条は「政府が、宗教に援助することも敵対することもないように、厳格な中立性を維持すること」を命じている、という解釈を強調したのである。後の時代からふり返るにあたっては、スチュアート判事の反対意見が注目されるだろう。

宗教的活動の許可を拒否することは、国家の中立性を実現するものとはみなされず、世俗主義という宗教 religion of secularism を国教化することであり、少なくとも宗教的活動は私的領域のみでおこなわれるべきだと考える人びとを政府が支援することになるとみなされる。[32]

スチュアート判事は、「世俗主義」に注目している。しかも、その問題を公私の区別という観点から指摘しているのである。

ただ、ここで反対意見の根拠として採用しているのは、やはり「中立」であった。「中立」原理は、その曖昧さゆえに批判もあったが、この判決では一応の判断基準が示され、一九七一年のレモン判決で定式化されていく。この「レモン・テスト」における基準についてバーガー首席判

表4－1　厳格分離説の開始と後退

	判決	争点	結果	理由
1947	エヴァスン	教区学校の保護者への公金支出	違憲	「政教分離」＊初採用
1962	エンゲル	公立学校における祈り	違憲	宗教的少数者への圧力
1963	シェンプ	公立学校における聖書朗読	違憲	「分離」ではなく「中立」
1971	レモン	教師の給与や教材への公費支出	違憲	＊便益供与説を一部容認

事は、①問題の法令が世俗的な「目的」を持ち、②その主たる「効果」が宗教を促進も禁止もせず、③政府が宗教と過度に「関与 entanglement」しないこと、と規定した。このいずれかに反する場合は、違憲とされるのである。

レモン判決でも「分離の壁」という表現は用いられていない。のみならず、絶対的かつ全面的な分離は不可能である、と明言された。言いかえれば、国家と教会はどこかで「関与」せざるをえないし、「過度」でなければ便益を供与することもある、ということである。これは、「便益供与 accommodation」説と呼ばれるもので、主流ではなかったものの、修正一条を解釈するばあいに、厳格分離説に次いで有力な説として主張されてきた[33]。日本の限定分離説に対応するものと言ってよいだろう。しかしながらレモン・テストは、便益供与説を認めつつも、目的、効果、関与という三つの点で境界線を引くことを定めたものであるゆえに、厳格分離説を強調したものだと言われている。

レモン・テストは、一貫して用いられたわけではないし批判もあるが、その後の裁判における判断基準として定着していった。さきにみた日本における「目的・効果基準」も、レモン・テストを参考に考案されたものにほかならない。そして、「関与」の規定がないことを理論的な根拠として、日本の基準を批判するのが学説の主流となってきたのである。

以上のように、一九四〇年代に入ると、国家と宗教は分離され、公教育からは宗教が排除されて、公的領域は中立的な空間として整備されていった。この流れを詳しくみれば、厳格分離説は「後退」しているとも考えられるが、大きくみれば、ロールズが言うように、宗教的教説によって社会の基盤が形成されていた時代から、立憲主義やリベラリズムによって社会の枠組みが構成される時代へと移行してきている、と言えるだろう。

ところが、一九八〇年代以降には、そうした時代認識には必ずしも収まらない潮流が確認されるようになっていくのである。

3 「中立」原理の強調

便益供与説の復調と「是認テスト」

一九八〇年代の変化は、便益供与説の巻き返しとして起こっていく。まず一九八三年のマーシュ判決では、チャプレンへの公費支出が合憲とされた。チャプレンとは専属牧師のことであり、このばあいは、州議会に専属し、議会の開会前に慣例の祈りをとりおこなう牧師のことである。ネブラスカ州では一六年にわたって、一宗派の牧師がチャプレンをつとめ、手当は公金から支出されていた。また、そこでの儀式は「ユダヤ－キリスト教 Judeo-Christian」の伝統に従っており、それらの点が争われたのである。

首席判事であるバーガーは、レモン・テストを用いず、次のような理由で合憲判断をくだした。祈りは、植民地時代から連邦議会や連邦裁判所でもおこなわれており、その慣行はアメリカ社会の一部となっている。そうした歴史や伝統からすれば、祈りが一宗派の牧師によっておこなわれ、「ユダヤ-キリスト教」的なものであることも違憲の根拠とはならない、と[34]。この判決は、レモン・テストによる厳格で画一的な判断基準を緩和し、そこに歴史的な配慮を加えた、と言えるだろう。

翌一九八四年のリンチ判決では、市が所有していたクレッシュの展示を合憲とした。クレッシュとは、キリスト降誕の場面を描いた画像のことであり、それがクリスマスの期間中、公費を使って公園に飾られたことをめぐり争われたのである。バーガー首席判事の法廷意見は、次のようなものであった。

憲法は、教会と国家の完全分離を要求してはおらず、全ての宗教にたいして単に寛容であるだけでなく、積極的に便益を供与するように命じており、いかなる宗教にたいしても敵対することを禁止している。

（…）多元社会にあっては、多様な動機や目的が含まれている。しかしながら市は、連邦議会や大統領のように、主として、西洋社会で長いあいだ祝われてきた重要な歴史的宗教行事に配慮してきた。クレッシュの展示は、長く国民の休日として認識されてきた伝統的行事の歴史的起源を表現している。（…）市がその展示に資金援助したのは、休日を祝い、その休日の歴史的起源を表現するためであり、これらは、正当な世俗的目的であると言えよう。[35]

このリンチ判決では、レモン・テストを定式化したバーガー首席判事みずからが、その一般的な適用に疑問を表明した。代わりに「歴史的慣行」を強調し、宗教にたいする「便益供与」の必要性を示したのである。またブレナン判事やオコナー判事は、国のモットーである"In God We Trust"や「忠誠の誓い」にうたわれる「神」などのシンボルは、国教禁止条項の審査からは免れるという「儀礼的理神論」を主張した。[36]

これら一連の裁判では、クレッシュなどに示される宗教的象徴が対象とされ、「ユダヤ－キリスト教的伝統」や「歴史的慣行」、「儀礼的理神論」などの諸概念について論じられた。ここには、ベラーに始まる「市民宗教」論の考え方が含まれているといってよいだろう。[37] 実際、裁判のなかで「市民宗教」という言葉が用いられることもある。[38]

すでに見てきたように市民宗教とは、特定の宗教や宗派とは別の次元に位置し、国民に共有されてきた最大公約数的な宗教的志向性のことである。多様な文化的背景をもったアメリカ国民が分裂しないように、共通の感情や集団的目標を醸成し、社会参加への動機や連帯のための紐帯、道徳観の源泉となってきた。一九八〇年代の判例においては、「宗教的価値」のみならず「社会的価値」にもかかわる「市民宗教」論の考え方が参照されるようになったのである。

表4－2　便益供与説の復調

	判決	争点	結果	理由
1983	マーシュ	専属牧師への公費	合憲	ユダヤ－キリスト教的伝統
1984	リンチ	クリスマスでの公費	合憲	歴史的慣行、儀礼的理神論
1985	ジャフリー	自発的祈り	違憲 ＊黙想は合憲	主意主義
1989	アレゲニー	メノラーへの公費	合憲	主意主義、多元主義

とはいえ、それらが、その後の判断基準として定着していったわけではない。オコナー判事は、同意意見のなかで、レモン・テストを改めるために「是認」という概念を提示した。これは、政府が宗教を、是認あるいは否認するメッセージを発することになれば違憲である、とするものである。政府が、ある者を政治社会の部外者とし、別の者を部内者とするようなメッセージを発することが問題視されたのであった。[39]

この是認テストは一九八五年のジャフリー判決で精緻化され、八九年のアレゲニー判決で法廷意見として採用されることになる。

ジャフリー判決では、州法で定められた公立学校における「黙想あるいは自発的祈りの時間」をめぐって争われた。この「時間」は、エンゲル判決で違憲判決が出された公立学校における祈りを、なんとか別のかたちで継続させようとして考案されたものである。当初の一九七八年には「黙想meditation」のみが定められていたが、それが定着すると、八一年に「または自発的祈りor voluntary prayer」という文言が追加された。[40]

法廷意見では、「是認」という概念が説明され、次のように分析されている。是認とは、特定の宗教を好ましい、あるいは優先しているということである。「あるいは自発的祈り」という文言の追加は、州政府が「祈り」を好ましい行為として特色づけようとしていたことを示していると言わざるをえない、と。こうして違憲判決がくだされた。

ところが、それ以降、「自発的祈り」をおこなうことのできる公立学校が全米各地に増えていくことになる。このジャフリー判決では、生徒が「黙想」する時間を設けることは州の自由裁量に任されるべきだ、という点で裁判官全員が一致していた。[41] したがって、「黙想」の時間に「自発的祈り」をおこなうことまでは妨げられなかったのである。

ここでは、キャントウェル判決以来の主意主義の思想が強調されていることが確認できるだろう。法廷意見においては、「尊重に値する宗教的信念とは、自由かつ自発的な選択 free and voluntary choice によって生み出されたものであるという確信」が表明され、判決はそれを根拠にしている、と説明されている。[42]

一九八九年のアレゲニー判決では、市によって展示されたクレッシュと、ユダヤ教の祭で用いられるメノラー（燭台）について争われた。法廷意見では、クレッシュが宗教性をもち、かつ単独で展示されていたので、キリスト教を是認するものとみなされ違憲とされた。それに対してメノラーは、クリスマスツリーとともに展示されており、「宗教的信念」を是認するものではなく「文化的多様性」を承認するものであるとみなされ合憲とされた。

オコナー判事は、法廷意見がメノラーの宗教性を否定していることには異議を唱えながらも、その展示は「多元主義 pluralism」と「信仰を選択する自由 freedom to choose one's own beliefs」を是認するメッセージであると解釈し、同意意見を述べた。[43]宗教性を否定するのではなく、それを多元的なかたちで認める多元主義と、宗教の自由な選択を根拠とする主意主義が主張されていることが分かるだろう。

このような観点の違いはあったものの、アレゲニー判決においては、是認テストが法廷意見として採用された。レモン・テストは、国家と教会がどれほど「関与」しているかを重視しており、「分離」を目指す思想であると言える。それに対して是認テストは、特定の宗教について是認あるいは否認のメッセージを発しているか否かを重視しており、「中立」を目指す思想であると言える。

したがって一九八〇年代には、便益供与説が復調するとともに、審査基準も「分離」から「中立」へ重心を移してきた、と考えられる。[44]一九九〇年代以降の中心的な課題は「中立」原理にあると言ってよいだろう。

ただし、ヌスバウムは次のように言う。「市民社会におけるリベラル派のグループは、いままも分離主義の原則に圧倒的に力を傾けて」おり、分離主義が「いまだに本物の公平さを妨げる役回りをしている」と。法廷では「関与」にばかり焦点があてられたために、「中立」や、それにかかわる「選択の自由」といった論点が深められていない、というのである。[45]

たしかに「中立」は、エヴァスン判決の頃から、多くの判決で用いられてきたにもかかわらず、安定した審査基準にはなっていない。[46]「中立」は、「分離」とともに用いられ、また便益供与説とともに前面に出てきたからには、それらと関係すると考えられる。もちろん、そうした概念どうしの関係や論点は複雑で多岐にわたっている。そこで次に、これらの背景にある思想的問題に焦点をしぼって、また一九九〇年代以降の判例も参照ながら考えてみたい。

政教分離の是非をめぐる思想的背景

一九八〇年代における変化は、まず便益供与説が復調してきた点に見られるが、それはなぜ生じてきたのだろうか。

その理由としては、たとえば、最高裁判事の任命権を大統領がもつ、ということが挙げられる。[47]実際、一九八〇年にレーガン政権が発足して以降、共和党政権に選ばれた判事が多い「レンクイスト・コート」が形成され、便益供与が増えていった。この見方によれば、便益供与説の復調は、社会の「保守化」による反動化現象に過ぎない、ということになる。しかし、とするならば逆に、一九四〇年代に厳格分離説が誕生したのも、ニューディールの支持者であるブラック判事をはじめ、民主党政権に選ばれた判事が多い「ルーズベルト・コート」の所産と言える。[48]このような見方に立てば、厳格分離説は、急進的なリベラル化によって生じたアメリカ史における一時的な例外に過ぎない、ということになる。

たしかに、こうした説明は、政権党が変われば最高裁判事の構成も変わるという事実が確認できるゆえに有力で分かりやすい。しかし、すべての判事がいつも政権に親和的というわけではないし、この観点だけでは「リベラル派vs.保守派」という見方に大きく制約されかねない。一九八〇年代の変化は、政教分離にかんする原理原則や、その背後にある思想の問題からも考えておかなければならないだろう。

それは第一に、「分離」原則と、その背後にある世俗主義の問題である。「分離」は、修正一条のうち「国教禁止条項」に重心をおいた理念にほかならない。国家と教会を分離することによって、国教の樹立はもちろん、それに道を開くような関与を、ことごとく禁止しようとするのである。

しかし、エヴァスン判決において「分離」の現実性には留保がつけられ、その後の判決でも不可能性が明言されていた。何より問題なのは、国家の宗教への関与や便益供与をいっさい認めなければ、もう一つの「自由活動条項」を著しく制限することになる、ということである。これは、修正一条に含まれるジレンマの問題と言ってよいだろう。

そのジレンマの根底には、一九六三年のシェンプ判決でスチュアート判事が指摘した「世俗主義」の問題がある。すなわち、国教樹立を完璧に防ごうとして「国家の非宗教性」を確立すれば、逆に「世俗主義という国教」を樹立することになる、という問題である。

シェンプ判決と同じ一九六三年のシャーバート判決では、セブンスデー・アドヴェンティスト教会の信者を支持する判断がくだされた。この信者は、安息日である土曜日に働くことができず解雇され、申請した失業保険も州当局に却下された。これに対して連邦最高裁は、この信者の

「自由な宗教活動」に州政府が不当な負担をかけている、と判断したのである。州政府がなんらかの「公共性」を理由として宗教行為に負担をかけるばあいには、そこに「やむにやまれぬ利益」があるか否を厳密にテストし、それが存在することを証明しなければならない、とした。[49]

同様に一九七二年のヨーダー判決では、アーミッシュにたいして、第八学年以降の義務教育を拒否する権利を認めた。[50] これらの事例は、分離主義がまだ主流であった時代ですら、失業保険や義務教育といった公的領域において、「自由な宗教活動」を保障するために、特定の宗教に便益が供与されてきたことを示している。

ところで、そうだとすれば、「公立学校における祈り」が認められないのは不公平だと言わざるをえない。たしかに、このばあいの「祈り」は多数者の活動である。少数者の保護を重視する立憲主義やリベラル・デモクラシーにおいては、保護の対象とはなりにくい。しかし、だからといって即座に、多数者の「自由な宗教活動」を制限してよい、とは考えられないだろう。であるからには、多数派の宗教にたいしても一定の便益供与を認めざるをえなくなる。しかし、では一体いかなる「関与」であればよいのか、という点が課題になる。かくして、国家が宗教にたいしてとるべき姿勢は、「分離」よりも「中立」のほうが適切だとされるようになった、と考えられるのである。

そこで第二に、「中立」原理と、それを支える主意主義や多元主義の問題が出てくる。そもそも「中立」原理も、「分離」原則と同様に、単独で用いられれば混乱を招くことは避けられない。

実際、一九九〇年のスミス判決では、シャーバート判決以来の判例が覆され、多方面から大きな批判をあびることになった。

　この判決は、ネイティヴ・アメリカン教会の信者が聖餐式で、幻覚剤であるペヨーテを使用したことをめぐって争われたものである。この信者は、民間の麻薬依存症リハビリセンターに勤めていたが、そこを解雇され、その解雇理由が、州の薬物法違反だったために失業保険の申請も却下された。

　法廷意見では、この信者の信仰が真摯なものであると認められたにもかかわらず、薬物法が中立な法律であるからには、自由な宗教活動を侵害したことにはならない、とされた。特定の宗教をねらって負担を課すような法律でなければ「やむにやまれぬ利益のテスト」を適用しなくてもよい、とされたのである。

　たしかに、中立を「宗教と非宗教の間」の中立だと解釈すれば、宗教的理由を特別扱いして、一般的な法律を免除するわけにはいかない。しかし、そうなると、「信教の自由」は大幅に制限されてしまう。

　この判決には、宗教団体はもちろん、市民的自由を重んじる団体も強い反発を示し、多くの国民が反感をもった。そこで一九九三年、連邦議会では、「宗教的自由回復法 Religious Freedom Restoration Act（RFRA）」が制定された。これは、政府の「やむにやまれぬ利益」が証明されない限り、自由な宗教活動に負担を課すことを禁ずる、という法律である。一九九七年には、州政府レベルでのＲＦＲＡの適用は違憲とされたが、二〇〇六年には、連邦政府レベルでの適用が容認された。[51]

この経緯において改めて確認されたのは、「信教の自由」が、一般の自由とは異なる独特の意義をもつものとして重視されている、ということである。でなければ、憲法にも、表現の自由などと区別されて謳われている意味がない。しかし「中立」原理だけでは、「信教の自由」は十分には保障されないのである。

もちろん、「中立」原理による判決でも宗教の意義が認められる場合があるし、実際、一九八〇年代には便益供与も増えた。しかし、それは「自発的に選択された宗教」を尊重する主意主義によるものであった、ということに注意しなければならない。実のところ、それは宗教そのものではなく、「世俗的な個人の選択の自由」を尊重しているのである。であるからには、シャーバード判決やヨーダー判決、スミス判決で対象になったような宗教を必ずしも保護することはできない。なぜなら、これらの裁判で対象とされたのは、個人の選択以前にアイデンティティの構成要素となり、自由に選択することが難しい宗教だったからである。[52]

連帯と市民宗教

しかし、さらには、たとえ宗教の独特の意義を認めたとしても、まだ大きな問題が残る。スミス判決の法廷意見では、判決理由として、すべての宗教行動に「やむにやまれぬ利益のテスト」

を適用すれば、宗教の多様性が増していくのに比例して「無政府状態」に陥る可能性が増していく、という危惧が表明されていた。これは、宗教の多様なあり方を尊重する多元主義は、それら多様な宗教が連帯し共存する基盤への配慮を欠いていれば、「無秩序状態」を招いてしまう、という問題である。

ここで第三の問題、すなわち、「連帯」などの社会的価値と、その背後にある市民宗教論の問題が出てくる。これまで、多様性を保障しながら連帯を実現するという課題については、リベラル・デモクラシーや立憲主義によって対応できると考えられてきた。すなわち、公私を区別し、中立的な公的領域を形成することで、社会の枠組みを構築する、という方法である。しかし、すでに見てきたように、近年の政教分離にまつわる問題では、まさしくその「公私の区別」や「中立」が深く疑われるようになっているのである。

分離主義による判決が出るたびに多くの国民が反発したのは、祈りや宗教的シンボルによって醸成される集団的アイデンティティや道徳心、連帯の紐帯といった社会的価値が崩れていくことを危惧したからなのである。これは、「少数者の自由」の保障というリベラルな課題とは別の、政治参加や連帯というデモクラシーの課題であると言ってよいだろう。つまり、それは、リベラル・デモクラシーと宗教とのかかわりの問題であり、第三章でみたように、ハーバーマスなどが社会哲学の領域で今世紀に入って本格的に論じるようになった問題なのである。

この問題に関連する判例として連邦最高裁は、二〇〇四年にニュードウ判決を出した。これは、公立学校における「忠誠の誓い」についての最終判断を示したものである。[53]そこでは、「忠誠の誓い」に含まれる「神の下に」という表現をめぐって争われた。この「誓い」の斉唱は任意であったが、参加しない生徒もそれを聞かざるをえない状況にあり、これを無神論者である父親が違憲だとして訴えたのである。結果は意外にも、その父親には保護者としての資格がないとして、訴えを無効とするものであった。しかしその結果、「違憲」という訴え自体が無効とされ、「忠誠の誓い」は実質的に合憲とされたのである。

レンクイスト首席判事は、独立補足意見という形で、合憲の理由を次のように説明した。アメリカでは、歴代の大統領が神について言及しているし、裁判所でも宗教的な宣言がなされている。「神の下に」という表現は、こうしたアメリカの歴史に基づいた「公的な宗教的慣行」なのである、と。またオコナー判事は、この問題については「是認テスト」を採用しなかった。代わりに、「儀礼的理神論」を展開して合憲と判断したのである。

儀式的理神論などについては整備が進んでおらず、基準として依拠できるものまでにはなっていない。しかし、「忠誠の誓い」が合憲とされるにあたっては、それら「市民宗教」にかかわる概念や思想が採用されたのである。

リベラル派の変容

こうした市民宗教の位置づけは、最高裁における憲法解釈に限ったことではない。ハーバード大学大学院で公共政策講座を担当し、アメリカ政治学会会長もつとめたロバート・D・パットナムは、さまざまな実証データにもとづいた共同研究で、アメリカは「宗教的な観点からしていっそう多様化してきているが、国民が結束するさいに、神への訴求力は今でも儀礼上必須である」と言う。そして「無数の信仰、教義、教派そして宗教系統が人口の内部に見いだせるにもかかわらず、アメリカの市民宗教は持続している」と述べている。[54] パットナムは、一九九五年に書いた論文「孤独なボウリング」で、「社会関係資本 social capital」という概念を世界に知らしめたが、市民宗教はこの観点から支持されているのである。社会関係資本とは、「社会的ネットワークと、そこから生じる互酬性や信頼性の規範」のことであり、親戚、近所、地域、学校、職場、あるいは趣味のグループといった「(顔の見える) つながり」と、そこに生じる持ちつ持たれつの人間関係や、共有された価値観のことである。[55] ソーシャル・キャピタルは、コミュニティやボランティアなどで人びとが協調するための資源であり、市民活動を活性化させ、ひいてはデモクラシーに資する。アメリカでは、そうした社会関係資本の半分は、教会などの「宗教的なもの」を基盤としており、こうした点で、政治と宗教は結びつくし、そこに「市民宗教」が存在するのである。

国家と宗教についての基本理念とされてきた「政教分離」は、思想的には、リベラリズムによって理論化されてきた。そして、その理論の背景には、一つの歴史観があったと考えられる。すなわち、社会を支える基盤は、かつては宗教的教説であったが、現代では立憲主義やリベラル・デモクラシーへと変わりつつある、というものである。そこでは、ある種の「世俗化」論が前提にされていたと言えるだろう。

ところが、アメリカ憲法史における一九八〇年代以降の流れは、「すべての市民が支持できる立憲政体の諸原理に道を譲りつつある」という歴史観には収まらない。もちろん、かつてのように、宗教的教説がそのまま社会の基盤になるとは考えにくい。しかし、「政教分離」の見なおしは、立憲主義やリベラリズムが提供するとされた「社会の枠組」にも問いなおしを迫るものになるはずである。それは大きな課題であるが、少なくともここでは、国家と宗教についてのリベラルな考え方を問いなおすばあいに欠かせない世俗主義や多元主義、主意主義、市民宗教といった諸思想のかかわり、あるいはそれらの基本的な問題点については指摘できたと思われる。

それらの問題点については見解が分かれるばあいが多く、ヌスバウムが言うように、「リベラル派のグループは、いまでも分離主義の原則に圧倒的に力を傾けて」いる。しかし、リベラリズムや立憲主義と宗教の関係についての問題が、大きな課題となっていることは間違いない。リベラル派あるいは民主党のなかにも、本章でみてきた流れを受け、政教分離についての考え方、ひいては宗教についての政治理念を構築する政治家も出てきている。

信仰者が公共の場に入るときには玄関先で宗教を脱ぎ捨ててから入るようにと世俗主義者が求めるとき、彼らは間違っている。(…)〝個人的な道徳の問題〟を公共政策の討論に差し挟むべきでないと言うことは、実際的には不合理である。わが国の法律は本質的に道徳を法典化したものであり、その多くは「ユダヤ－キリスト教的伝統」が土台になっている。[56]

これは、決して特異な政治家の個人的な政治理念ではない。この言葉は二〇〇六年、バラク・オバマが、政策論のなかで示した政治信条である。オバマは、一九九二年から二〇〇四年にかけ、シカゴ大学ロースクールで合衆国憲法の講義をもっていた。このロースクールの同僚にはヌスバウムがいる。

アメリカの政治思想史研究を牽引してきたジェイムズ・クロッペンバーグは、オバマの「政治哲学」に流れ込んだ多様な政治思想の水脈として、ロールズとともにベラーやパットナムを挙げている。

オバマは、多くの民主党員によくみられる主張、すなわち、政教分離は宗教的議論が公的領域から排除されなければならないことを意味するという主張を、断固として退ける。彼は、アメリカ史におけるもっともすぐれた改革家たちの多く――ダグラス、リンカン、ウィリアム・ジェニングス・ブライアン、ドロシー・デイ、キング師――は、「信仰に動機づけられていただけではなく、自分たちの大義を主張するために宗教的な言葉を繰り返し使ってもいる」と、正確に指摘している。宗教的観念に訴えることは、尊ぶべきアメリカの伝統であり、民主党員がそれを省みなくなったのは、近年のことにすぎない。オバマは、別の道をたどるように説く。[57]

本書でもプロローグなどでふれているが、オバマは、大統領就任後も、そうした宗教にかんする政治理念にもとづいて具体的に行動していった。一九八〇年以降のアメリカ憲法史の潮流は、今世紀に入ってからは、いよいよ大統領の政治信条にまで流れ込み、世界に影響を及ぼしていく。これも「ポスト世俗化」の潮流といえるだろう。

第五章　ネオリベラリズムと福音派

1　社会思想としての新自由主義

「新自由主義」という存在

二〇〇八年のリーマンショックは、世界恐慌を招きかねないとして大いに危惧され、グローバルな資本主義の流れに大きなブレーキをかけた。そこで問題とされたのが「新自由主義」である。しかし新自由主義は、はたして存在しているのかいないのか、実のところ、よく分からない。ポール・クルーグマンの言葉を借りれば「ゾンビ」ということになるだろうか。すでにいくつもの反証があがり、もうとっくに死んでいるはずなのに、まだこの世界を徘徊している、ということである。しかし、生死とは別次元で、「いたるところに在ると同時にどこにも無い」などとも言われる。[1]

ひとまず「新自由主義」を、資本主義の発展的な形態とみなせば、それはむしろ現代の代表的な思想ということになるだろう。冷戦終結以降、新自由主義は、リベラリズムやデモクラシーとともに、グローバルな展開を見せている。しかし、それらのうち新自由主義は、攻撃されることが圧倒的に多い。とくに二〇〇八年のリーマンショック以降は、世界恐慌を招く思想として、ますます批判を浴びるようになった。

にもかかわらず新自由主義は、今なおこの世界を徘徊している。何故なのか。一般的にはその理由として、政界にたいする金融資本の影響力や、経済学における「新古典派」の支配、そしてそこから輩出される人材が、各国の大学や研究機関、官界、財界、メディア、国際機関にあまねく存在している、という事情などが挙げられる。

しかし、それだけでなく、「新自由主義」をめぐる言論や思想の問題もあるだろう。基本的には、よく言われるように、統一された定義が存在せず議論が嚙み合いにくい、という問題がある。最大公約数的な定義としては「市場中心主義」が最も適当だと思われるが、もう少し説明が必要だろう。

あるいは、新自由主義批判を即座に、「共産主義者による現代的な資本主義批判」とみなし、時代遅れの思想として片づけてしまう冷戦思考も引きずられている。もちろん、定義上の困難やイデオロギーによる短絡思考は、主要な思想にはたいてい憑きまとうが、新自由主義には固有な問題もある。

ロンドン・スクール・オブ・エコノミクスの政治経済学者ラジェシュ・ヴェヌコパルは、いまやほとんどの分野で用いられる「新自由主義」概念の使われ方を分析して次のように言う。[2] 新自由主義という概念は、一九八〇年代から使用が増えるとともに、経済学の学術用語としては使われなくなっていった。二〇〇八年のリーマンショック以降は、従来の経済学を批判する経済学者も増えてきたが、主流派の経済学者は、この概念を使わない。

新自由主義と呼ばれる理念や原理はあらゆる領域に入り込み、各分野で問題になっているにもかかわらず、発生源とされる経済学では、その存在が認められていないのである。この言葉を用いるのは経済学者以外の論者であり、批判はおよそ経済学には届かない。

もちろん、だからといって、現在の経済学を批判しても意味がないと言うのではない。確認しておきたいのは、経済学や経済政策を足下で支えている地盤に焦点をあてる必要がある、ということである。現実的な政策判断の背後にある大きなヴィジョンと言ってもよい。歴史的にみれば新自由主義は、経済学を越えて拡大するとともに、時代状況に応じて変化してきており、矛盾するような変容すらともなっている。

そこで、いくつかの側面から新自由主義の変遷を素描し、そこに通底する、またそれを支える社会思想としての新自由主義（市場中心主義）を浮かび上がらせたい。

新自由主義の起源

新自由主義 Neoliberalism という言葉は、一九三八年、パリで開催されたウォルター・リップマン会議でドイツの経済学者アレクサンダー・リュストが提唱したことに始まる。その後、新自由主義は、ドイツのオルドー学派や、ハイエク率いるオーストリア学派などにより発展させられていく。これらの源流は、必ずしも統一されたものではなく、現在ではさほど参照されない。

ここで確認しておきたいのは、一九六〇年代までの新自由主義が、その後とは違い「計画経済」のみならず「自由放任」にも反対していた、という点である。一九二九年の世界恐慌は、古典的自由主義が提唱する自由放任に原因があるとされた。以後、経済思想の主流は、ニューディール政策のようにケインズ主義を取り入れた「大きな政府」になっていく。

ただし、その一方で政治的には、ナチズムにせよコミュニズムにせよ全体主義の脅威が高まり、自由主義の防衛が求められていた。ドイツでナチズムに追われたリュストは、「自由主義」防衛の必要性を痛感しながらも、自由放任はカルテルや独占企業を生み、市場の競争や効率性を阻害すると考えた。ゆえに「新・自由主義」を提唱したのである。

社会主義批判の代表的思想家でもあったF・ハイエクも、「計画への反対」と「自由放任」を混同してはならない、と言う。

> 自由主義者の主張は、人間の努力を調和させる手段として、競争がもつ諸力を最大限に活用すべきだ、ということであって、ただありのままを放っておけばいい、ということではない。自由主義者の主張は、どんな分野であれ、有効な競争を創り出せるなら、それが個人の努力を導く最良の方法だ、という確信に基づいている。[3]

ハイエクは、計画主義者が言うような「経済的心配からの自由」ではなく、「経済活動の自由」があればこそ、実際に自由が意味をもつと説く。市場は、資源配分を最も効率化するだけでなく、諸個人の自発的な活動を保障し、適性を見極め、能力を開発し、自由を実現させる場でもあるのである。

自由放任を否定するハイエクは、介入が必要だとも言っている。ただそれは、公共投資や社会保障といったケインズ主義的、福祉主義的、社会（民主）主義的な介入ではない。民間企業では提供できないような、「競争を維持し、できるだけ効果的に機能させるようにデザインされた法制度」を整備するための介入である。

新自由主義は、全体主義と独占を回避するために、「計画経済による共産主義」にも「自由放任による資本主義」にも距離を置く市場社会を構想したのであった。

このような市場社会を形成するために、リュストはカルテルや独占企業に対抗できる「強い国家」の必要性を説き、ハイエクは「法の支配」を提唱した。

ハイエクが想定した法制度は、自生的秩序に基づく慣習法や不文憲法、コモンローなどを重視したもので、保守思想の側面を持っていた。と同時にそれは「競争を促進するもの」という側面を持っており、そのためには介入を厭《いと》わない思想でもあったのである。

政策志向による思想の平板化

ところが一九七〇年代に入ると、フリードマンを代表とするシカゴ学派が「自由放任」を強く打ち出すようになる。一九八〇年代、レーガンやサッチャーによって新自由主義が採用されると、その傾向はさらに強まる。

そこには、製造業の生産性低下や福祉国家の行きづまりを打破するため、という経済的理由のみならず、社会主義との対決路線を強化するため、という政治的理由があったからである。一九八〇年代には、現実政治の力学が作用して、新自由主義のなかでも計画経済批判の側面が強調されるようになった、と言えよう。

かくして、それ以降の新自由主義は、自生的秩序など、市場社会を支える条件には配慮せず、政府などの介入をほぼ否定する自由放任の思想として流布されていく。「小さな政府」を基軸とし、規制緩和、民営化、減税、社会保障や公共投資の削減などが日本をはじめ各国に広がっていった。新自由主義が経済政策、あるいは経済運営の思想になったこの時期に、認識や理解に変化があったことが分かる。

続く一九九〇年代には、新自由主義のグローバル化が本格化していく。アメリカ財務省、IMF、世界銀行などのあいだで形成された政策合意「ワシントン・コンセンサス」によって、途上国にも新自由主義が輸出されていった。

そして九〇年代後半には、二つの変化が生じる。一つは、一九九七年に誕生したイギリス労働党のブレア政権をはじめ、ドイツ社会民主党のシュレーダー政権など、欧州で相次いで社会民主主義政権が成立したことである。日本でも一九九八年にセーフティネット論が注目されたように、格差是正などを求める潮流が各国で生じたのである。

新自由主義の時代が終わり、新しい社会民主主義の時代がやってきた、という見方も少なくなかった。それらの政権に共通するのは、新自由主義ではなく、従来の社会民主主義でもない中道路線であり、その内容はおよそA・ギデンズの「第三の道」に示されていた。福祉主義の行きづまりを認め、市場の効率性を活かしつつも、結果の平等ではなく機会の平等を、所得の再分配ではなく可能性の再分配を、といったように平等や公正を重んじた。「できる限り人的資本に投資する」というように、各個人の潜在能力を引き出すポジティヴ・ウェルフェアが基本理念である。[4]

アメリカのクリントン政権も、ブレアがニューレイバーと言われたのと同様に、ニューデモクラットとして中道路線を採った。そうした中道路線の指導者は、自分たちは部分的に新自由主義を取り入れたと主張したが、実態は逆だったと言えよう。大きな流れとして捉えれば、新自由主義のほうが、不満や批判をかわすべく、都合に合わせて社民的政策を取り込んでいったのである。

この力関係は、もう一つの変化、つまりクリントン政権時代に、金融化・情報化したグローバルな市場が本格的に形成されたという事実をふまえれば理解できるだろう。九〇年代後半のアメリカでは、デリバティブなど、金融工学を駆使した利潤機会の高い金融商品が作られ、合わせて技術革新としてのIT革命が仕掛けられ、世界中から投資が呼び込まれた。アメリカの産業構造の中心が、製造業から金融・情報部門に移され、ポスト工業化社会への転換がなされたのである。

留意したいのは、この変化が、自由放任によるものではなく、冷戦後の世界を見すえたアメリカの戦略によるものだった、ということである。アメリカ主導のグローバル市場を作りだすための「対外戦略としての新自由主義」と言ってもいいだろう。つまり、九〇年代後半には社民的政策が取り込まれるのと並行して、各国がグローバル市場で本格的に競争を強いられるようになったのである。これによって、平等や公正を実現するにも、まずはグローバル市場で勝たなくてはならない、という考え方が生まれた。

これ以降、各国の為政者の第一の課題は、次のように考えられるようになる。すなわち、九〇年代後半のアメリカのように、グローバルな競争力を備えた「強い国家」にならなければならず、そのためにもいっそう、あらゆる領域において競争原理を最大限に活用しなければならない、という考え方である。

市場競争を促進するために「強い国家」が介入すべき、という側面だけを見れば、一九六〇年代までの新自由主義に回帰していると言えよう。ハイエクをみても分かるように、より重要なのは競争である。自由を阻害する介入は最小限にすべきだが、競争を促進したり補完したりするような介入は許容され、場合によっては要請されたのである。

改定された新自由主義

かくして新自由主義は、いくつかの転換や変容を経ながら、次のように改定された。

グローバルな競争力を備えた強い国家になるためには、また個人の能力を開発して自由を実現するためには、あらゆる領域で市場競争を最大限に活用すべく介入し、それによって生じる種々の弊害にたいしては二次的な介入で対処するしかない。

このように考える「市場中心主義」が、各領域に広がっている「改定された新自由主義」であると言えよう。その後、ブッシュ政権は「思いやりのある保守主義」を打ち出し、オバマ政権は金融危機を省みて、社会民主主義的志向を見せたが、結局のところ新自由主義路線に戻っていった。

改定された新自由主義は、共和党も民主党も、その枠内におさえ込むのである。しかも、格差や貧困、世界経済の不安定化など、経済的観点からの批判はたいてい呑みこんでしまう。それらは織り込みずみの問題として受けとめられ、深い次元での反省材料とはされなくなったのである。しかし、社会思想の観点からすれば、その最も基本的な「自由」の理念が、実のところ破綻寸前になっていることがわかる。新自由主義における「自由」が、逆説的にも自由を抑圧するシステムを生んでいる、ということである。

新自由主義の背後にある理念

改定された新自由主義は、個人の自由を実現するという理念に支えられ、推進されている部分が大きい。ところが、あらゆる領域で競争原理が導入されると、自己管理はもちろん、自己を投資の対象とし、マネージメントすることまでが要求される。ワークライフバランスをとろうにも、

「ワーク」で内面化された競争原理は「ライフ」を浸食し、同僚、友人、家族などとの人間関係全般を不安定にする。為政者を含め誰もが、競争システムに隷属させられ、抜け出せなくなってしまったのである。

では、社会思想の観点からは、ネオリベラリズムの何が問題だと考えられるだろうか。端的にいえばそれは、新自由主義における「自由」が独特な世界観に支えられている、という点である。そこでの自由は、個人主義、自助努力、フロンティアスピリット、能力主義、競争主義、自己責任、私有財産の尊重など、アメリカの歴史的価値観やエートスに支えられてきた。だからこそ新自由主義は、アメリカでは保守主義とも手を結び、他国に比べて一定の成功をおさめ、格差が拡大した後もしばらくは不満が抑えられていたのである。

しかし、新自由主義者は、「個人の自由」や「市場競争の効率性」は世界中どこでも普遍的に受け容れられるはずだ、と考える。このような考えは、冷戦終結をリベラル・デモクラシーと市場経済の勝利とみなすF・フクヤマの「歴史の終わり」テーゼに支えられている、と言えよう。

ここで見落とせないのは、さらにそのテーゼがある種の宗教性に支えられている、という点である。たとえば、アメリカの政治学者W・R・ミードは、『神と黄金』で「歴史の終わり」について論じ、「自由民主的資本主義」は、たんにアメリカ文化が表出しただけのものではなく、キリスト教に深く根ざしている、と言う[5]。

また、新自由主義に対抗しようとしたフランスの哲学者J・デリダは、『歴史の終わり』を極めて緻密な分析が必要な書物だとして、次のように言う。

リベラルな民主主義と「自由市場」との同盟、これこそが、またしても著者（フクヤマ：引用者注）の言葉によると――しかも単なる機知の言葉ではなく――、この四半世紀最大の「よろこばしき知らせ」なのである。この福音の形象＝文彩《フィギュール》の執拗さは、注目に値する。それが地球－政治的スケールでもって優勢であり、もしくは優勢であるかのように主張されているのだから、少なくともそれは強調するに値するだろう。[6]

フクヤマの論述には「福音」という言葉が散りばめられており、その文彩は、「単なる修辞学的な紋切り型をこえた役割を果たしている」とデリダは言う。フクヤマが提唱したテーゼは、「歴史の終わり＝目的（end）」に向けて展開されてきた形而上学的でキリスト教的な「終末論」である、というのである。こうした見方は、シュミットやレーヴィットなどの政治哲学における「世俗化」論に通じるものがあると言えよう。キリスト教的世界観にもとづくネオリベラリズムに対抗するものとしてデリダは、そこからはみ出る「亡霊」が、しかも「マルクスの亡霊」が召喚される、という議論を展開した。

ミードやデリダたちの指摘は、資本主義やネオリベラリズムがキリスト教と深くかかわっていることを示している。いうまでもなく、これはウェーバーの議論を想起させる。しかし、それとのかかわりを考える前に、もう少しアメリカの宗教の実態を確認しておくのがよいだろう。たしかにアメリカは、その起源からキリスト教と不可分であったし、ネオリベラリズムが隆盛した一九八〇年代には「福音派」が大きな存在感をもつようにもなっている。また福音派は、広くアメリカニズムにかかわる問題を表わしてもいる。そこで次に、福音派について詳しく見ておこう。

2 Evangelicalsの台頭

Evangelicalsの分裂

もともと、福音派の原語であるEvangelicalは、ドイツ語のEvangelischeに対応するものであり、カトリックに対するプロテスタントを意味していた。つまりEvangelicalは、基本的にプロテスタントと同義語なのである。聖書の権威を第一とし、キリストの十字架によって人類の罪は贖《あがな》われた、という「よろこばしき知らせ」すなわち「福音」を信じる。そして、そうした信仰のみを根拠にして魂の救いを求める。それがEvangelicalの基本であると言えよう。

そのうえでアメリカでは、一八世紀前半から繰り返し起こっているリヴァイヴァル（信仰復興）運動を経て、ヨーロッパのプロテスタントとは違った特徴をくわえていく。ヨーロッパとは異なりアメリカには、これといってプロテストすべき教会組織もなければ反抗すべき教義体系もなく、ただ聖書に拠って個人の信仰心を省みればよかった。何度も押し寄せてきた「世俗化」の波に対しても、そのつどリヴァイヴァル運動が起き、そこでは神に背いていた状態から、その罪を深く自覚し、そうすることで神のほうへ向きなおる体験、すなわち「回心」がとくに重視されるようになる。なによりもまず回心を体験すること、そして、そのきわめて個人的で私的な体験を人びとの前で、つまり「公」に告白してはじめて「ほんものの聖徒」とみなされた。それこそピューリタンの真の在りかたであると考えられるようになったのである。回心体験は、人びとに神と一対一で向き合うことで「個」を自覚させ、また平等意識を増進させたのである。「宗教的個人主義」を生じさせたと言ってもよいだろう。

　すでにふれたように、ヨーロッパでは原則として、一つの社会には一つの教会しか存在しない。人はその社会に生まれれば、自動的にその社会の教会に所属することになる。したがってヨーロッパでは「一つの教会（公定教会）とそれを批判する複数のセクト」という形態しかありえない。それに対してアメリカでは、会衆派や長老派、バプテストなど複数の教派denominationが存在する。ここに「デノミネーショナリズム」、すなわち複数の教派が並列的に共存する形態が生じてくるのである。[7]

　そして、デノミネーショナリズムが発達してきたにもかかわらず、回心体験が決定的なものとなったがゆえに、基礎的な次元にあっては教派間の相違が相対化され、果てはそれぞれの教派の独立性を超えた連帯感が生じることになった。これが独立革命の原動力となる。つまりアメリカでは、宗教的個人主義とともに「宗教的ナショナリズム」が併存することになったのである。

ところが南北戦争が終わった頃から、すなわち一八七〇年代頃から、アメリカのプロテスタント教会は分裂していく。

その頃のアメリカは、近代科学が具体的に応用されて工業化がめざましく進展し、誰もが努力次第で輝かしい未来を手に入れられる、という希望を抱ける時代に入っていた。もちろん、カーネギーやロックフェラーのような大金持ちになるのは難しいにしても、産業文明の恩恵を享受できる中流階級がうまれ、そこに仲間入りするチャンスは増えていったのである。

ただし、その陰では、工場で過酷な労働を強いられ、スラムで困窮した生活を送る人びとを生み出した。このように、まばゆい光にあふれる層の下に、暗い陰を負わされた層があることを指して、マーク・トウェインは「金めっき時代」と呼んだのであった。

そうした時代にあってアメリカのプロテスタントは、文明の進展の基礎となった科学的思考をはじめ、おしよせる近代思想の波をどう評価するのか、あるいはその波に翻弄される一般信徒にたいしてどのような姿勢でのぞむのか、という点をめぐって次第に分裂していったのである。

これは、リベラル派（モダニスト）と保守派（のちのファンダメンタリスト）の対立であり、当時は、圧倒的な文明の進展を背景にして、リベラル派が「主流教会」となっていく。

その対立は、当初はおもに神学の内部で生じた。神学校ではリベラル派のグループが、近代科学をはじめ、聖書を科学的に解釈しようとする「聖書批評学」を認めるようになっていく。「聖書批評学」とは、聖書を客観的にとらえ、批判的に研究する学問であり、聖書は「神の言葉」ではなく、歴史的な文献・資料の一つであると考える研究である。また、この時期の主流教会すなわちリベラル派の教会では、献金で豪華な教会が建てられ、席料を払わなければ礼拝に出席できない、というように中流階級化が進んでいった。

このようなリベラル派に対して保守派は、聖書批評学を認めず、「聖書無謬説」を基本としていた。[8]聖書無謬説とは、あくまで聖書を「神の言葉」として理解し、聖書に誤りはない、と主張する。そして、「前千年王国思想」を採用するようになっていく。前千年王国思想とは、終末論の一種であり、千年王国が実現する前にキリストが再臨して、「この世」を改革する、という思想である。この思想によると、社会改革は再臨したキリスト自らによってなされると考えられた。ゆえに一般信徒は、積極的に社会を改善しようとはしなくなる。これは、「金めっき時代」における大きな格差を目の前にして、人間の無力を痛感したことが作用していると言えよう。保守派は、社会改革を目指さず、もっぱら聖書と魂の救いを第一として、主流教会からあぶれた大衆に伝道していったのである。

主流教会のなかには社会改革の必要を訴える「社会的福音 social gospel」の動きも出てきていたが、この時期にはまだごく小さなものでしかなかった。つまり両陣営ともに、社会改革の情熱を失っていたのである。リベラル派は世俗に埋没し、保守派は世俗と隔絶していった、と言えよう。

そうした点を共有しつつもアメリカのプロテスタント、すなわちEvangelicalsは、近代思想への対応の仕方によって、リベラル派と保守派に分裂していった。これが、現在まで続く「宗教リベラル」と「宗教保守」の対立の源流なのである。実のところまだこの時点では、両陣営がともに「自分たちこそ真のEvangelicalsだ」と考えていたのであるが、Evangelicalsの分裂は二〇世紀に入るとさらに顕著になっていく。[9]

Evangelicalsのパラチャーチ化

一九一〇年、保守派は、*Fundamentals*というパンフレットを発行し、自らをファンダメンタリストと名のるようになる。一九二五年頃からは、それまでほとんど神学や教会内部の対立であったものが、広くアメリカ社会に拡大していくことになる。進化論教育をめぐってスコープス裁判、いわゆる「モンキー裁判」が起きたのである。「進化論」は、聖書に反するだけでなく、聖書を教育の拠《よ》り所としているキリスト教徒からすれば、家族の絆を引き裂き、家庭を壊すものでもある。ゆえに、神学だけでなく教育や家族の問題となり、裁判にまでなって全米の関心を集めた。また、それによってファンダメンタリストの存在もアメリカ国民に広く知られるようになる。しかし、これ以降アメリカで「原理主義」といえば、科学などの近代的な考え方を認めない「時代錯誤で反動的な考え方」のことだという見方が広まっていった。

そうしたイメージを払拭すべく、一九四〇年代には保守派内部で刷新運動が起こり、保守派のなかでも比較的穏健な人びとが、協力してグループを結成することになる。一九四二年には、ミズーリ州のセントルイスに一〇〇〇人を超える牧師や神学者が集い、「全米福音派連盟 National

Association of Evangelicals（NAE）」を結成した。そこに集った人びとが、ファンダメンタリストと自分たちは違う、という意味を込めて、New Evangelicals と名のり始めたのである。その名前には、もう一度 Evangelicals の伝統に帰ろう、という目標も込められていた。そして一九五〇年代には、NAEの理念に賛同する人びとの輪が広がっていく。[10] この拡大はのちに「アメリカの牧師」とも言われ、絶大な影響力をもつことになるビリー・グラハムの活躍によるところも大きかった。

一九六〇年代になると、性の解放やドラッグなどのカウンター・カルチャーによって、アメリカ社会は荒廃していく。一九六二年には、すでに述べた「公立学校における祈りの非合法化」（エンゲル判決）が、七三年には「中絶の合法化」（ロー判決）が示され、急進的なリベラル化が進んだ。福音派は、そうした道徳的荒廃や世俗的人間中心主義への反感を背景として七〇年代から勢力を伸ばし、教会を超えて社会にまで影響力をもつようになっていく。そうした過程で「New Evangelicals」から「New」が外され、現代の「Evangelicals ＝福音派」が形成されていったのである。

ただし、この勢力は一枚岩ではない、ということに留意しておかなければならない。

第一に、そのあり方からして、まとまりのある組織ではない。デノミネーショナリズムが発達したアメリカではさまざまな教派があるが、福音派は、諸教派を横断した集団なのである。それぞれの教派のなかに、信仰理解を共有するグループが出来て「サブチャーチ」が形成され、そのサブチャーチが他の教派のサブチャーチとゆるやかに連帯して「パラチャーチ」が形成される。そのようにして形成された教派横断的集団、それが現在の福音派なのである。

第二に、勢力を拡大する過程で、その理念にも多様性が生まれることになった。かれらは、ファンダメンタリストとの差異化をはかるべく学術性の向上、社会的関心の回復、そのための前千年王国思想の放棄などを打ち出していった。ところが、その過程で世代間対立が起きる。新しい世代は、刷新をさらに進めようとして、聖書批評学にさえ歩み寄っていった。しかしそうすると、ファンダメンタリストとの差異はより明確になるものの、今度は逆にリベラル派との差異が曖昧になってしまう。こうした問題を抱えつつ、福音派の理念は多様で幅のあるものになっていった。[11]

また福音派のなかには、社会にかかわっていくといっても、政治や国家とのかかわりには慎重なグループもある。代表的なのは、のちに「宗教左派」などと呼ばれることになる「サジャナーズ」のジム・ウォリスである。かれは、貧困や平和の問題に積極的にかかわっていくべきだと主張しながらも、自分たちは「神の国の民」であり、現代のアメリカにおいては「寄留者Sojourners」であるがゆえに、国家からは一定の距離をとらなければならない、とした。ゆえに、たとえば、ビリー・グラハムをはじめ、多くの福音派がベトナム戦争を支持したさいにも、ウォリスはそれに反対した。そうした立場をウォリスは「Radical Evangelicals」と称し、独自の主張を展開していったのである。[12]

かくして福音派は、勢力を拡大しつつ多様な側面をもつようになり、確固とした組織にはならなかった。しかも、福音派には明確な条件もない。一つの特徴としては、宗教的な体験に基づいて精神的な生まれ変わりをする経験、すなわち「ボーン・アゲイン born again」の経験をもつことが挙げられる。[13] これは、アメリカ史のなかで繰り返されてきたリヴァイヴァル運動における「回心」体験に連なるものであり、アメリカのキリスト教の特徴と言えるものである。

現在では、リベラル派に分類される教派や、さらにはカトリック信者のなかにも福音派を自称するものが出てきた。これは、Evangelical の元来の規定から大きく逸脱していると言わねばならない。Evangelical の意味が「リベラル派とは異なる、敬虔で保守的なクリスチャン」というぐらいに拡大してきた、と言ってもいいだろう。[14]

以上の歴史的経緯を踏まえると、福音派については次のような点に留意しておかなければならないことが分かる。福音派は第一に、必ずしも原理主義者とは同一視できない。第二に、所属する教会や教派、組織によって規定するのは難しい。第三に、一枚岩ではなく多様な理念をもっている。この三つである。現代の福音派とは「保守的な信仰理解を共有する多様な教派横断的集団」のことだと考えるのがよいだろう。

したがって、統計調査などによっては明確に把握しがたく、研究史においては、福音派など存在しない、あるいは有効な分析概念ではない、などと言われることもあった。言ってみれば、新自由主義と同様に、存在しているか存在していないのか分からない存在なのである。しかし、捉えどころのない存在でありながら、一九七〇年代以降のアメリカでは、大きな存在感を示し続けていくことになる。

福音派の政治化と多様化

一九七六年、民主党のジミー・カーターは、大統領候補として初めて「ボーン・アゲイン」を公言した。これによりカーターは福音派から支持をうけ、下馬評を覆して勝利したので、『タイム』誌はこの年を「福音派の年」と呼んだ。

一九八〇年の大統領選挙では、この時、共和党が福音派を取り込むことに成功し、レーガンの勝利に大きく貢献することになった。この時、教会の礼拝によく出席する人は共和党に投票し、あまり出席しない人は民主党に投票する、という「ゴッド・ギャップ God Gap」が生じ始めている。これ以降、共和党内では、福音派を味方につけなければ大統領候補になれない、という制約が生じた。

しかし、こうした宗教勢力については、一般には理解しがたい状況が続いていく。

なぜなら基本的には、福音派が多様な特徴をもつからであるが、くわえて福音派にかかわる宗教勢力が、さまざまな名称で呼ばれたからでもあった。研究者もさまざまな呼称を用いたし、メディアでは、過激な政治勢力を「原理主義者」とも呼び、混乱が深まったのである。

これまでも見てきたように、アメリカの宗教勢力を理解するには、福音派のなかでも政治活動に積極的な一部を「宗教右派」とし、逆に、福音派だけでなく他の宗教の保守派にまで広がる勢力を「宗教保守」とするのがよいと考えられる。しかし、それでも、以下でみていくように、とりわけ注目を集めやすい「宗教右派」がめまぐるしく盛衰を繰り返し、理解を混乱させていく。

一九八〇年代には「モラル・マジョリティ」という最大の組織が活躍する。指導者のジェリー・ファルウェルは、テレビで福音を伝える「テレヴァンジェリスト」であり、ラジオやテレビを通じて伝統的な家族の重要性を説き、反中絶、反同性愛、公立学校における祈りの復活などを強く主張した。

当時は、一〇代の妊娠や、貧困にあえぐシングルマザーが増えていたこともあって、道徳的健全さを取り戻すべきだ、という主張には広く共感が集まるようになる。支持者は、福音派を中心に、カトリック、ユダヤ、モルモンの保守派にも広がっていった。このような広がりが「宗教保守」である。

ところが、モラル・マジョリティは過激な主張をくりひろげるようになり、ロビー活動の経験やスキルに乏しかったこともあって、一九八〇年代後半になると支持者を減らしていった。それもあって一九九二年の大統領選では、民主党のビル・クリントンが勝利し、「宗教右派は終わった」と言われることになる。

しかし、その後、やはりテレヴァンジェリストであるパット・ロバートソンが率いる「クリスチャン連合」が勢力を拡大していった。中央政界に働きかけるロビー活動よりも、各地でセミナーを開催して政治活動家を養成し、地方選挙や教育委員会の選挙で大きな影響力を発揮するようになったのである。

クリスチャン連合は、選挙ガイドを配布し、争点にかんする候補者の見解を明らかにして、誰に投票すべきか、ということを分かりやすく示した。公立学校における祈りの復活や反中絶、反同性愛といった点では他の宗教右派の主張と変わらないが、強硬路線はとらず、家族の絆や教育の向上、治安の維持や減税など、他の保守層でも共感できる主張を前面に押し出した。かくしてクリスチャン連合は、一九九四年の中間選挙で共和党を大勝に導いたのである。

ただ、その頃には共和党でも中道化の流れが生まれて穏健派が勢力を拡大し、クリスチャン連合からは距離を置くようになる。一九九六年の大統領選挙と九八年の中間選挙では民主党が勝利し、再び「宗教右派は終わった」と言われた。二〇世紀の末にあらためて死亡宣告がなされたのである。

しかし福音派は、今世紀に入ってからも再び息を吹き返し、存在感を示していく。二〇〇〇年の大統領選で勝利したブッシュは、就任後に宗教色を鮮明にし、宗教右派の再組織化をもくろんだ。これが功を奏し、二〇〇四年の大統領選に貢献したので、ブッシュの再選は「福音派の勝利」と呼ばれた。ところが、イラク戦争に疑問がもたれるようになる頃からは、宗教右派は次第に一体感を失い始め、二〇〇八年の大統領選挙においては、自分たちが応援する大統領候補を一本化することができなかった。こうした事態をふまえ、またもや宗教右派は瀕死の状態になった、と言われた。このように、宗教右派はめまぐるしく盛衰を繰り返し、それはその後も続くのである。

「宗教左派」とは誰か？

ただ、二〇〇八年の大統領選では、それまでとは少し異なる点があった。福音派のなかで「宗教左派」と呼ばれる勢力が注目されたのである。[15] 今世紀におけるアメリカ宗教の動向は、宗教右派から宗教左派へ変化しつつある、と見なされたと言ってもよい。

福音派の影響力の大きさを痛感していた民主党は、その取り込みを課題としていた。そうしたなかで登場したのがバラク・オバマであった。オバマは、一九九七年から二〇〇〇年にかけて、パットナムが主催する研究会に参加していたが、この時のメンバーのなかに、先にみた「サジャナーズ」のウォリスがいた。この研究会で福音派の多様性について理解を深めていたオバマは、大統領選にあたって旧知のウォリスに声をかけ、信仰アドバイザーとして協力をえることになる。かくして福音派のなかの「宗教左派」と呼ばれるグループが、民主党に近づいていくことになった。

宗教左派のリーダーとしては、他にリチャード・サイジックが挙げられる。かれは、さきにみたＮＡＥの副会長職を二八年にわたってつとめ、とくにワシントンでのロビー活動に従事してきた。二〇〇八年には『タイム』誌で、「世界で最も影響力のある一〇〇人」にも選ばれている。かれはもともと宗教右派の中心人物だったのである。

ところが二〇〇八年の一二月、サイジックは長年つとめてきたＮＡＥの副会長職を辞した。他の宗教右派の指導者たちとは違ったヴィジョンを強調し始めた、というのがその理由であった。

その後、サイジックは「New Evangelical Partnership for the Common Good（共通善のための新しい福音派パートナーシップ）」というグループを立ち上げた。そうした行動が、「宗教左派」の動向として注目されたのである。

サイジックによれば、かれらはおおよそ次のように考える。[16] 一つに、自分たちは社会にたいして、ひいては地球にたいして責任があり、社会や地球をケアしていく義務がある。ゆえにたとえば、現在使用しているエネルギーを、再生可能なエネルギーへと変革していかなければならない。二つに、科学と宗教は必ずしも対立するものではない。ゆえにたとえば、進化論と宗教は完全に矛盾するものではなく両立可能である。三つに、核問題に積極的にかかわる義務がある。ゆえに、もはや冷戦時代の世界認識に囚《とら》われていてはならず、進んで核廃絶の道へ歩みださなければならない。四つに、それまで「対立」していた相手であっても、個別の問題で同意できるものがあれば「協力」する必要がある。ゆえにたとえば、エイズ問題などでは、同性愛者の人びとと共闘することも厭わない。ちなみにサイジックは、同性婚 gay marriage を認めることはできないが、civil union であれば認めてもよい、と表明している。シヴィル・ユニオンとは、結婚と同様の法的権利を同性愛カップルに与える、というものである。

これらの考えが、おおよそ「宗教左派」と呼ばれるグループの特徴を表していると言っていいだろう。

宗教左派とは、従来の宗教右派がとくに進化論や中絶、同性愛などに激しく反発するグループであるのに対して、地球温暖化や貧困問題、エイズ問題、世界平和などにも積極的にかかわっていこうとするグループなのである。

宗教左派が広く規定されるばあい、ここには近代主義を認める宗教リベラルまでが含まれることがある。しかし、たとえ大きな見取り図が必要だとはいえ、歴史的展開をふまえれば、リベラル派と福音派を同じ勢力として「宗教左派」と呼ぶのはかなり無理があるということが分かる。そもそも、ウォリスやサイジックは信仰理解を変えたわけではなく、保守的な見解を維持しているし、中絶や同性婚を認めるようになったわけでもない。であるからには、「右派」とは逆の「左派」という呼称を用いるのは、不適切であると言わねばならない。事実、サイジックやウォリスは、リベラルや左派という呼称を拒否している。

個々のグループに注目すると、宗教の動向は右寄りになったり左寄りになったりしている、と見えなくはない。しかし、さきに確認した福音派の特徴を考慮すれば、現代の動向は、福音派の多様な側面が政治情勢によって前面に出たり背後に退いたりしている、と考えたほうがよいだろう。たとえばウォリスは、中絶や同姓婚に反対する福音派が前面に出ていた頃には背後にかくれていたが、オバマが登場した頃からは前面に出てきた。そのように見るのが適当だと考えられる。

あるいは、歴史のなかで同様のことが繰り返されている、と言えるところもある。たとえば、スコープス裁判後の保守派は、「反知性的で偏狭なグループ」というイメージを刷新し、新しい時代に対応するためにNew Evangelicalsを名のって、リベラル派に歩み寄った。現代の宗教右派も同様な課題に直面して、サイジックらのようにNew Evangelicalsを標榜するグループが出てきた、ということである。

もちろん、たんに歴史が繰り返されているというわけではない。変わりがたいアメリカのEvangelicalsの基調をおさえつつ、時代によって加味される変容を理解していかなければならない。

ティーパーティ運動と宗教

オバマが大統領に就任してまもなく、福音派の基調の一つが大きく前面に出てくることになる。それが資本主義とかかわるものにほかならない。当初オバマ大統領は、熱狂して迎えられたものの、次第に批判を受けるようになり、中間選挙では大敗を喫することになった。この流れを大きく後押ししたのが「ティーパーティ」運動である。この運動は、その呼称からも明らかなように、建国直前の一七七三年、宗主国イギリスの茶法に抗議して起きた「ボストン・ティーパーティ事件」に由来する。Tea は Taxed Enough Already!（税金はもうたくさんだ！）の頭文字でもあり、この運動が、基本的なところでは税制への抗議運動であることが分かるだろう。アメリカの建国の精神に立ち返って、国民の生活にあまり立ち入るな、というリバタリアン的要素が強いと言われている。[17]

ここで注目されるのは、この運動を担っている勢力が、従来の宗教右派の勢力とかなり重複している、ということである。二〇一〇年の中間選挙では、表立って宗教的な主張がなされることは少なかった。しかし、詳しくみていくと、それまで宗教右派として活動してきた人びとがこの運動に加わっており、また福音派からの支持も得ていたのである。

そのことは、ティーパーティ運動のシンボル的存在とみなされたのがサラ・ペイリンであったことからも推察できる。ペイリンは、中絶や同性愛、進化論教育に反対する思想の持ち主であり、二〇〇八年の大統領選挙では、宗教右派の支持を集めるために、共和党の副大統領候補に選ばれた人物であった。

二つの勢力の重なりは、世論調査によっても明らかにされている。それによると、「宗教保守」の七割がティーパーティ運動を支持している。[18] また運動の参加者のうち四七%が、「宗教右派あるいは保守的キリスト教運動」にも参加していると答えたのである。[19]

しかし、ではなぜ、福音派はティーパーティ運動に合流したのだろうか。それは、端的には、「富の再分配」が勤労意欲を削ぎ、増税は労働の成果の不当な徴収だと考えるからである。

宗教は、禁欲的で清貧を求めるものであり、金銭を遠ざけるものだ、と一般には考えられがちである。しかしウェーバーが『プロテスタンティズムの倫理と資本主義の精神』で指摘したように、プロテスタントの倫理にあっては、金欲ならぬ禁欲が資本主義の精神に親和的なこともあるし、経済的成功を神の祝福のしるしとする見方もある。現代の福音派も、労働を尊ぶ倫理観をもっている。さらには、アメリカのキリスト教徒の一七%は、富や成功、健康の獲得を強調する「富の福音」に共感している。[20]

こうしたことからすると、一九八〇年代に、時を同じくしてネオリベラリズムと福音派が興隆したことには、両者に何らかの「親和性」があるからではないのか、と思えてくる。そこで、そのことを考えるためにも、やはりウェーバーの『プロテスタンティズムの倫理と資本主義の精神』を手がかりとして考えを進めることにしたい。経済思想と宗教のかかわりは、後でトランプ現象について考えるさいにも欠かせない論点になる。

3 現代の魔術化——資本主義の駆動力

宗教による「脱魔術化」

一〇〇年前に刊行されたウェーバーの『プロテスタンティズムの倫理と資本主義の精神』（一九二〇年）は、『プロ倫』などと呼ばれ、ひと頃まで社会科学の古典として、長らく文系の学生の必読書とされてきた。プロテスタンティズムの「世俗内禁欲」という倫理が、一見して無関係に思われる「資本主義の精神」と結びつき、近代の資本主義を発展させた。「ウェーバー・テーゼ」と呼ばれるこの仮説を、宗教社会学、経済学、歴史学など、分野横断的な知見をもとに、壮大な西洋史のなかで巧みに説き明かしたのが『プロ倫』である。

その学問的貢献は、社会科学だけでなく、ひろく学問全般におよぶと言える。もちろん、ここ一世紀のあいだに、「資本主義起源論争」をはじめ数々の論争が繰り広げられ、歴史的事実や因果関係の間違いも多く指摘されてきた。にもかかわらず、『プロ倫』が第一級の古典の地位を保ってきたのは、たとえ専門的な「事実」に実証的な誤りがあっても、「近代の資本主義とはいかなるものか」「近代とはいかなる時代か」という根底的な問いに総体的なかたちで挑み、大きく「真実」に迫っている、と思われたからであろう。

第二次大戦後しばらくの間は、「近代化」を果たすための手がかりとして読まれることが多く、日本でも、プロテスタンティズムの精神性をもった西欧近代の人間像が理想として強調された。とくに高度成長期になると、ウェーバーに依拠しながら、プロテスタンティズムの倫理に代わる日本独自の宗教倫理を探究したロバート・ベラーの『徳川時代の宗教――近代日本の文化ルーツ』(一九五七年)が注目された。[21] 逆に、ヨーロッパでは一九七〇年頃から、日本では一九八〇年代から少しずつ、ポストモダニズムの潮流のなかで、「近代批判の書」として読まれることになった。

現在では『プロ倫』が読まれたり参照されたりすることは少なくなっている。[22] ただ、資本主義がいよいよ世界を覆い、得体の知れない力となって現代人の生活を支配している今世紀にも、「近代資本主義」についてのウェーバーの洞察は欠かせないだろう。近代以前の資本主義は、規範にしばられることなく略奪的に利益を追い求め、政治に寄生するものであった。それに対して近代資本主義は、経営においても労働組織においても、(西欧)近代に固有な「合理性」が「経済行為の方向性を決定する支配的な力となった」資本主義なのである(MWGI/18,175:55)。

近代資本主義、ひいては「合理化」という普遍的な力を「運命的な力」ととらえ、それについて探究することがウェーバーの生涯にわたる課題であった。この「運命的な力」が、古代から近代にかけて展開してきたことを示すのが、「脱魔術化」にほかならない。そして『プロ倫』があまり読まれなくなった現在も、「近代＝脱魔術化された時代」という考え方が自明とされている点では一〇〇年前からほとんど変わっていないのである。

にもかかわらず、「脱魔術化」については、しっかり理解されているとは言いがたい。ともすれば、宗教の力が衰えること、すなわち「世俗化」と同様の事態だと誤解されている。「脱魔術化」と「世俗化」は重なりながらも異なる事態であり、この点についての理解は、近代化や近代化以降の変化を考えるうえで欠かせない。

ウェーバーは一九〇四年から〇五年にかけて、『プロ倫』の原型である同名の「倫理」論文を書いた。しかし、この原論文に「脱魔術化」という用語はない。「脱魔術化」は、原論文が書かれてから一九二〇年に『プロ倫』が出版されるまでのあいだにウェーバーが彫琢し、深化させていった概念なのである。

ウェーバーは一九一〇年代に入って、研究対象を西洋社会からアジア社会へと広げ、それに集中的に取り組んでいった。その大きな理由の一つは、プロテスタンティズムの倫理をもたない社会で、果たして近代資本主義は発展しえたのか、を検討するためである。

一九一五年には中国を対象とした「儒教」を、一六年から一七年にかけてはインドを対象とした「ヒンドゥー教と仏教」をそれぞれ発表し、最終的には三部作となる『世界宗教の経済倫理』を書き継いでいく。[23] 両者はそれぞれ先ず、中国の貨幣制度、行政組織、農業制度、法律、職業選択の自由、移動の自由など、あるいはインドのカースト制度や交易、財政、数学などの学問、遠隔地貿易、金融業などを論じている。

いずれにおいても、資本主義に適合的な客観的要素は、西欧社会よりもアジア社会のほうに多かった、ということが先ず明らかにされ、強調されている。資本主義は、客観的条件からすれば、西欧よりむしろ中国やインドでこそ興隆するのが当然であった、ということである。

にもかかわらず、近代資本主義が興隆したのは、西欧社会においてであった。であるからには、その原因は、客観的条件とは違うところにあると考えなければならない。かくしてウェーバーは、経済的要素が宗教に与える影響に配慮しながらも、逆に世界宗教の倫理が経済生活に与える影響について解明していくのである。

焦点となるのは、資本主義を発展させる「合理化」であるが、さらに注目されるのは、たんなる合理的知性の発達というより、一般民衆が生活を合理的に組み立てていく過程である。言いかえれば「実践的合理主義」であり、それを支える精神的駆動力としての「エートス」が注目された。そしてそのエートスこそ、世界を「魔術の園」から解放していく過程、すなわちウェーバーの言う「世界の脱魔術化」を可能にしたものなのである。

一般に、脱魔術化を実現させたのは「科学的思考」だと考えられている。しかしウェーバーは、それに加え「宗教」が果たした役割に光を当てた。つまり、宗教的エートスによって果たされる「脱魔術化」に注目した、ということである。

ここで「宗教」は、「超感性的 übersinnlichen な力」を崇め祈ることとされ、対して「魔術（呪術）」は、超感性的な力に働きかけて「人間に役立つように」強いること、と規定される。そして超感性的な力は、宗教においては「神々」、魔術においては「デーモン」と呼ばれる（MWGI/22-2,153-7:35-9）。こうした区別のもと、宗教倫理が、脱魔術化に果たした役割を明らかにしていったのである。

たとえば、儒教の倫理は「現世肯定的」であり、神秘主義を排し、中国では合理的な行政組織である（家産）官僚制を生みだした。しかし同時に、現世を肯定するがゆえに世俗に埋没し、魔術的要素を含んだ伝統に適応してしまう傾向をもっていた。儒教はまた、国家をになうエリートの宗教であり、個人の救いを求める一般民衆は、道教に置き去りにされた。かくて儒教は、魔術を積極的に認めたわけではないものの、合理化を進展させることはできず、結果的に中国では資本主義が発展しなかった。ここから分かるのは、「世俗内のもの」を肯定すれば、世俗の組織を合理化することはできるが、結局のところ非合理的な伝統主義に呑みこまれてしまう、ということである。

しかしもちろん、かといって「世俗内のもの」を否定すればよい、というわけでもない。たとえば仏教は、儒教とは逆に「現世拒否的」な宗教である。輪廻の教義は、欲望を捨てさせ、人びとを世俗から離脱させようとする。そうしてたとえば隠遁的瞑想と結びつき、世俗内における合理的行為を放棄させて魔術的な神秘主義に逃避させるようになるのである。また仏教は、一部の特権的知識人だけが理解し実践できる「達人信仰」であり、一般民衆はヒンドゥー教に置き去りにされた。かくて仏教は、結果的にカースト制度などの神秘主義的な伝統をうちやぶることはできず、インドでは合理的な資本主義が発達しなかった。

こうしたことから分かるのは、中国やインドのように、肯定であれ否定であれ、「世俗内のもの」についての宗教倫理だけでは、世界の脱魔術化は果たせない、ということである。それに対してプロテスタンティズム、とくにカルヴィニズムの予定説は、「世俗内のもの」を肯定すると同時に「世俗外のもの」との緊張関係をもたらした。

誰が救われるかは、神によって予《あらかじ》め定められており、人間はそのことを知りえない。果たして自分は「あの世」で救われるのかという究極的な関心をもつならば、「この世」で禁欲的な生活を送り、神から与えられた「天職（Beruf）」で成功することによって、神の祝福を得ていると確認するしかない。

プロテスタンティズムの倫理は「天職」観念を通して、「世俗内」への積極的な態度をもたらすと同時に、予定説にみられるような、神やあの世といった「世俗外のもの」との緊張関係を生んだ。「この倫理が世界への諸関係のなかに持ちこむ他ならぬこの緊張関係が、まさに一つの強力な、動的な展開要素となった」とウェーバーは言う（MWGI/22-2,370:262）。このようにしてプロテスタンティズムの倫理は、生活様式を合理的に組織し、生活態度を倫理的に駆動させ、伝統を突き崩す「内からの革新力」となったのである。

宗教倫理における「世俗内のもの」の肯定、そして「世俗外のもの」との緊張関係、この二つが西欧において「脱魔術化」を果たし、近代の合理化を発展させるエートスを形成したのである。[24]

「脱魔術化」の歴史と帰結

プロテスタンティズムの倫理によって完成する「脱魔術化」の過程は、具体的な宗教史においてはユダヤ教から始まるものとされる。一九一七年には、『世界宗教の経済倫理』の三作目である『古代ユダヤ教』が刊行されるが、ここでは、古代ユダヤ教が近代資本主義の成立を阻むものでありながらも、その成立に欠かせない西欧の合理化の端緒となった、ということが指摘された。[25]『プロ倫』でも、偶像崇拝を否定し、魔術の排斥を強く求めるヤハウェへの信仰が、世界の脱魔術化の出発点となった、と指摘されている。この信仰は、ギリシアの学問的思惟と結合しつつ、救済のためのあらゆる魔術的方法を迷信とし、また罪悪として排斥した。そしてこの「脱魔術化」の過程は、プロテスタンティズムが、教会や聖礼典などの「被造物」による救済を廃棄したことによって完結した、と説かれているのである(MWGI/18, 280:157)。

かくしてウェーバーが対象とする宗教は、西欧のなかでも、プロテスタンティズムだけでなく、古代ユダヤ教から連綿と続く「ユダヤ-キリスト教」の伝統になった。またウェーバーの主題は、西欧における近代資本主義の成立というより、普遍的な「合理化」の運命へと軸足を移していく。そして問いの対象も、経済、政治、法律、行政、さらには音楽にまで広がり、ウェーバーの取り組みは、西洋文化の形成原理を総体的に問う文明論になっていったのである[26]。

そうした「脱魔術化」の過程とその結果を、一九一〇年代にウェーバーが整備した「社会学の根本概念」すなわち個人の社会的行為の「理念型」によって整理すれば、次のようになるだろう（MWGI/23,175-177:39-42）。

呪術の園を支配していた「伝統的行為」を克服し、近代資本主義の、あるいは近代化の決定的な駆動力となったのは、もちろん一時の熱狂的な「感情的行為」ではなかった。またそれは、ある目的にたいして手段の効率性を計算しておこなう「目的合理的行為」でもなかった。目的合理的行為ならばアジア社会にも発達したが、詰まるところ伝統的行為が繰り返される「魔術の園」に呑み込まれてしまった。魔術の園を打ち破る持続的な変革力となったのは、「価値合理的行為」にほかならない。

価値合理的行為とは、自分の信じる倫理的・美的・宗教的な諸価値によって意義づけられ、その実現のために計画しておこなわれるような行為のことである。西欧で合理化を発展させ、近代資本主義の主な動因となったのは、「あの世」での救済を目指すプロテスタンティズムによる価値合理的行為だったのである。

ところが、近代社会にあっては、「あの世」での救済という実質的な価値が見失われていき、ある目的にたいして効率的な手段をとる目的合理的行為が支配的になる。しかも、この目的合理的行為は、手段の体系に組み込まれ、それへの適応という形で働くようになる。ウェーバーは、実質的な意味を失い、行為が目的にたいして適合的かどうかを問う「計算可能性Rechenhaftigkeit」を「形式合理性」と呼んだ（MWGI/23, 251-252:330-2）。

したがって一般的に、近代以降の合理化は、人間の社会的行為が価値を見失い、手段の体系としての形式合理的な制度に組み込まれていく過程ということになる。よく知られているようにウェーバーは、そうした形式合理的な制度を「官僚制」と呼んだ。この「官僚制」は、官庁をはじめ、会社や工場、学校、軍隊など、近代社会の諸組織に浸透し、これらを管理・運営するための基本原理となったのである。

そしてウェーバーは、脱魔術化の結果については、次のようにも述べている。

ピューリタンは自ら進んで仕事人間（Berufsmensch）たろうとした。――われわれはいやでも仕事人間たらざるをえない。かつては修道院の僧房にあった禁欲が、仕事生活の中へ移され、世俗内の風紀を支配するようになった。そしてこの禁欲は、自動的で機械的な生産を可能にする技術的・経済的な条件と結びつき、近代的経済秩序の、あの強力なコスモスを作り上げるのに手を貸すことになったのである。この強力なコスモスは今や、じかに経済的な営利活動にたずさわる人びとだけでなく、この機構の中に巻き込まれているすべての人びとの生き方を、圧倒的な力をもって規定している。そして、おそらくは今後も、化石燃料の最後の一片が燃え尽きるまで規定しつづけるであろう。(MWGI/18, 486-7:364-5)

ここで言われる「強力なコスモス」は、別のところでは「資本主義的経済秩序」と言われ、「変革しがたい外枠 Gehäuse」と説明されている(MWGI/18,161:51)。つまり、ウェーバーの言う「脱魔術化」の結果として出現した現代文明のプラットフォームとは、「鉄の檻(外枠)」とも形容される「官僚制」と「資本主義的経済秩序」のことなのである。

ここまで見てきたように、ウェーバーの脱魔術化論は重層的な背景のなかで語られているし、『職業としての学問』における規定など、後でもう少し確認しなければならないこともあるが、ハイデガーが覆そうとした通説は、およそここでみたような脱魔術化の帰結として示されるものだと言ってよいだろう。

ハイデガーと「現代の魔術化」

第一章でみたようにハイデガーは、ウェーバーとは逆に、文明化の時代を魔術化の時代ととらえ、「この魔術化がどこから来るのかを知らなければならない」としていた。そして端的に、それは「Machenschaft のとどまることのない支配からくる」と答えている(GA65,124:135)。

Machenschaft は、ふつうドイツ語では、「たくらみ」「策略」「扇動」「罠にはめる」などを意味し、人間の為す悪しき行動をさすが、ここではそれをそのまま受け取って理解するわけにはいかない。ハイデガーは、後期思想の基盤となった『哲学への寄与』では、通常は形而上学では使われない日常語をふんだんに用い、辞書的な意味を微妙にずらしながら思索に織り込んでいく。語源から多様な意味を掘り起こすなどして、言葉に多重性と広がりを持たせるのである。

Machenschaftという語でハイデガーは、とりあえず「作ることMachen」を示していると言う。また「shaft」は、名詞や形容詞、動詞に付いて状態やまとまりなどを意味する。ここでは、さしあたり「作為性」と訳しておこう。この「作為性」を中心にして、「文明の時代」にたいするハイデガーの見方の概略は、次のようにスケッチされている。

作為性とは何を意味するか。作為性と恒常的現前性、すなわち制作（ポイエーシス）―技術（テクネー）。作為性はどこへ通じるか。体験へ。それはいかに起こるか。（創造サレタモノ ens creatum ―近代の自然と歴史―技術）。存在者の脱魔術化によってである。この脱魔術化は、それ自らによって遂行される魔術化に力を空け渡す。魔術化と体験。（GA65,107:117-118）

この箇所は、覚書としてまとめられた『哲学への寄与』のなかでも、概略だけが示された部分であり難解である。しかし、鍵となる言葉とその関連をおおまかにつかむことはできるだろう。まず作為性が、おおよそ技術を指していることは分かる。現代の魔術化とは、端的には「技術という魔法をかけること」なのである（GA65,124:135）。ふつう魔術は、宗教との連想でとらえられるからには、ハイデガーの規定には強引な印象がもたれるかもしれない。しかし次元が異なるとはいえ、以下でみるようにウェーバーの規定との関連からしても、決して的外れとは言えない。作為性による魔術化を説明するためにハイデガーは、西洋哲学におけるデカルトの位置を論じたうえで、「算定die Berechnung」という語を繰り返し用いる。

> 算定は、数学的なものの内に知識として基づいた技術の作為性により、はじめて力（Macht）の座に据えられる。（…）不可能なものは何もない。人は「存在者」について確信している。真理の本質への問いはもはや必要ない。（…）算定不可能なものは、ここでは、算定によって未だ統御できていないもの、しかしそれ自体としてはいつか捕らえられるべきものでしかない。あらゆる計算Rechnungの外部というものはありえない（傍点は原文）。（GA65,120-121:131-132）

存在するあらゆるものは、数学的な計算において捕らえることができるし、コントロールできるようになる。そうした「算定」という数学的思考は、作為性によってはじめて支配力をもつようになった。「今日における思考は、常に断固として、しかも排他的なかたちで計算（Rechnen）と化している」（GA12,179:228）。そこでは、もはや真理については問われず、真理もデカルトによって「確実性」に置き換えられてしまった、というのである。

ただこれが、科学万能主義のようなものについての指摘だとすれば、目新しいものとは言えないだろう。数学的思考の拡大を論じるうえでデカルトを挙げるのも、現在では言い古された感がある。

そもそも一九世紀半ばには、自然科学の発達をうけて科学万能主義的な世界観が流行していたし、ほとんど同じことをウェーバーも指摘していた。一九一七年の講演「職業としての学問」では合理化を、そして「世界の脱魔術化」を、次のように説明している。

より知性化や合理化が進んでいるということの意味は、自分の生活条件について、より多くの一般的な知識をもっているということではありません。（…）それは、欲しさえすれば、どんなことでもつねに学び知ることができるということ、したがって原理的には、神秘的で算定不可能な力などないということ、むしろ全ての事象は原理的に、算定する berechnen ことによって支配できるということ、こうしたことについての知、ないしは信仰 Glauben を意味します。そして、これが世界の脱魔術化の意味なのです。（MWGI/17,86-7:34）

神秘的な力などはなく、意欲があれば全てを知ることができる。のみならず、算定によって全てを支配できる。脱魔術化によって合理化が進み、それによって今度は「技術への信仰」が生まれた、ということである。

ウェーバーは、「信仰Glauben」と言っているが、未知なる力をも人間の役に立つようにコントロールできる、と考える点でそれは「魔術」に等しい。魔術とは、先にみたように「超感性的な力」に働きかけて人間に「役に立つ」ように強いること、であった。そうしたことをふまえてハイデガーは、ウェーバーが「脱魔術化」といったことを、逆に「魔術化」と呼び換えているのではないか。そう考えれば「この脱魔術化は、それ自らによって遂行される魔術化に力を空け渡す」ということも理解できる。脱魔術化によって、新しい魔術化が起きたと言ってもよい。

　ハイデガーの現代文明論を読みすすめると、それ以外にも、ウェーバーのそれとよく似た議論に出くわす。ハイデガーの考えをスケッチした文章を先に引用したが、そこで示されていた「体験」についてもそうである。ハイデガーは、「全面的な問いの無さの時代」になると、「最も平板なセンチメンタルなもの」が求められるようになり、「いまや初めて、すべてが「体験」され、いかなる企ても催しも「体験」にあふれるようになる」という（GA65,123-124:134）。

　一方ウェーバーは、やはり「職業としての学問」のなかで、若者のあいだに「個性」と「体験」にたいする一種の偶像崇拝が流行している、と指摘していた。拠《よ》るべき究極的価値が失われ、諸価値が乱立する「神々の闘争」の時代になって以降、価値の選択は科学的知性をもつ各個人に任されるようになった。しかし、とくに若者はその重みに耐えられず、逆に科学的専門主義では捉えられない人間の内面性に目を向け、個性にあこがれるようになる。そして、個性をもつために「体験」を、あるいは個性にふさわしい「体験」を求める人が増えている、というのである。

こうした人びとは「間違いなくなんら「個性」のある人ではありません」とウェーバーは切り捨てた。個性をもつのは「自己を滅しておのれの課題に専心する人」のみであると戒めたのである（MWGI/17,84-5:29-30）。

ここではおもに、学問の世界のことが想定されているが、そうした偶像崇拝は「今日あらゆる街角、あらゆる雑誌のなかに広く見出される」と言われていることからして、社会的な現象をも視野に入れていると考えてよいだろう（MWGI/17,84:29）。ドイツでは一九世紀末から物質文明を嫌悪し、自然への回帰をめざして山野を歩きまわるワンダーフォーゲルなどの青年運動が起こっていた。また、W・ディルタイに代表される「生の哲学」の思潮が、自然科学ではとらえきれない世界の全体性や人間の内面性、あるいは人びとの共同性や文化の創造性を求めて現実的な「生」の復権を説き、歴史的に展開していく個性や体験を重視した。ウェーバーは、こうしたなかで生じた個性や体験にたいする若者の偶像崇拝に苦言を呈したのである。[27]

一方ハイデガーは、ウェーバーと違って青年運動にも参加していたし、『存在と時間』では、「体験」をある程度は評価し、ディルタイの「生の哲学」も、批判的にではあるが継承しようとしていた（GA2,525:350）。しかし、『哲学への寄与』では「体験」を批判し、やがてディルタイのことも、「存在」を思索しない形而上学者だと見なすようになる。つまりウェーバーもハイデガーも、ともに技術文明にたいしてのみならず、それへのアンチテーゼとされる「体験」や「生の哲学」にたいしても矛先を向けているのである。

他にもまだいくつか類似点を見つけることができるが、そうだとすると、ここではとくにハイデガーの重視した「作為性」も、ウェーバーのいう「形式合理性」に近いものではないかと思えてくる。すでに確認したように「形式合理性」とは、実質的な意味を失い、手段の適合性や効率性ばかりを考える「計算可能性（Rechenhaftigkeit）」のことであった。その点では、算定を特徴とする「作為性」とほとんど同じだと言えよう。

ウェーバーへの言及は、『哲学への寄与』にはないものの、他の講義録ではいくつか散見される。またハイデガーは、しばらくK・ヤスパースを自分の思想のよき理解者と考え、親しく交友していたが、そのヤスパースはウェーバーを主題とした本を著しているし、その本を謹呈されたハイデガーは熱心な返信を書いている。そうした長年にわたる往復書簡を読んでも、二人がともに、上の世代であるウェーバーを強く意識していたことは間違いない。

しかしながらハイデガーは一九三二年、ヤスパースへの書簡のなかで次のように書いた。

マックス・ウェーバーは、私にはたぶん、やはり常に、究極的には異質な人物であり続けることでしょう。[28]

二人は共通しているところが多いように見えるにもかかわらず、ハイデガーにとってウェーバーは「究極的には異質」なのであった。であるからには、「脱魔術化」や「魔術化」についても、あるいは「形式合理性」や「作為性」についても、たんなる言い換えや表現の違いと考えることはできない、ということになる。

「作為構造」と「体験」

すでに述べたようにハイデガーのばあい、脱魔術化は「存在の問い」とのかかわりで考えられており、作為性も同じような文脈で理解しなければならない。ハイデガーの存在論は難解であるが、作為性は存在論の中核に深くかかわっており、その要点を理解することはさほど難しくない。「存在の問い」とのかかわりからすると作為性とは、「ある」ということを、「作られてある」ととらえる解釈のことである。作為性によって存在者、すなわち在りとしあらゆるものは、もっぱら「作られたもの」として了解されている。すなわち作為性とは、「存在了解」の、より正確には「存在の生起」の様式の一つを指しているのである。

さきに引用したハイデガーの文章で、「作為性と恒常的な現前性 Anwesenheit、すなわち制作－技術」と言われていたのも、それを指してのことにほかならない。西洋において「存在」は、古代ギリシアのころから「眼前にあって使用可能なもの」として現前し続けるものであり、「制作されたもの」を意味していた、ということである。[29]

ハイデガーによれば、こうした作為性は「プラトンからニーチェまでの従来の西洋哲学の存在の歴史を徹底的に統べている」(GA65,127:138)。存在を「作られたもの」とみなす知の形式は、イデアのような超自然の原理を設定し、自然を制作のための「材料」へと貶《おとし》める形而上学によって始まったのである。

ただし、その完全な本質は最初から現れていたわけではない。それがいっそうはっきり前面に出てくるのは、「ユダヤ‐キリスト教的な創造の思想」によって、存在者ensが「創造サレタモノens creatum」と解釈されるようになって以降である。たとえ近代化が進んで神による創造の教義が否定されるようになったとしても、ここから科学が進展し技術文明が発展するなかで、それを担う近代の数学的な思考様式が力を得るようになった、ということに違いはない（GA65,126-127:137）。

この本質を現すようになったMachenschaftには「作為性」よりも「作為構造」という訳語をあてるほうがよいだろう。さきに見たように「shaft」は、名詞や形容詞、動詞に付いて集合名詞をつくり、状態や関係、組織、領域を意味するが、それだけでなく、建物のシャフト、柱、書架あるいは「台木」などを意味する。ここに「プラットフォーム」に通じる意味があるといってもよいかもしれない。いずれにせよハイデガーは、そうした意味の広がりや重なりをMachenschaftに込めていると考えられるのである。[30]

そして作為構造は、存在者を数学的思考で捕らえるだけでなく、利用可能なものとして作り変えるようになる。「作為構造は、ありとあらゆるものを、すなわち「近代の自然や歴史」そして人間をも、算定し操作しやすくするように育種し、訓練し、調教するのである。かくして全ての存在者は、算定された世界のなかで利用可能なものとして「動員Mobilisierung」され、循環させられるようになった（GA66,173-175）。この作為構造が、後期ハイデガーの技術論において「Ge-stell（総かり立て体制）」として深められていくことになる。[31]

ここで確認しておきたいのは、ハイデガーが作為構造の問題として何より重くみたのが「全面的な問いの無さ」であった、ということである。

それは、「問いに-値するものFrag-würdiges」、すなわち「問うことそのものによって尊厳を認められうるようなもの」が追い払われることである（GA65,109:119）。代わりに、作為構造のなかではますます「問題Plobleme」が増えていく。解明や解決されていないこと、不明瞭なことは存在するが、それらの問題は、数学的思考や算定によって征服されるために存在するだけで、作為構造の限界を示すものではない、と言うのである。

ただし同時にハイデガーは、「全面的な問いの無さ」の時代にあっても、「問いに-値するもの」は完全には破壊されない、と言う。そこで作為構造は、問いに値するものを、作為構造にかなう仕方で、危険がないように流布させる。それこそが「体験」である（GA65,109:119-120）。

現代人は、日常生活のなかでは得られないような、刺激的で肉感的な「生」の感動を「体験」のなかで味わえる。あるいは、自然とは何か、運命とは何か、摂理とは何か、といった問いを抱くかもしれない。そうした体験をもって、「デカルト哲学の超克者を気取る」ものも出てくる（GA65,134:146）。

しかし、それも作為構造から抜け出すようなものではないし、その限界を示すものでもない。ふつうは作為構造の対極にあると考えられている体験も、実のところ「作られている」。この「作りもの」、正確には「前に‐立てられたもの」を「生 das leben」の内に取り込むことが「体‐験 Er-leben」なのである。いわば、作為構造によって作られたもので「生」を充たすことが体験であり、であるからには体験は、どこまでも作為構造の中のことでしかない。

もちろん、すべての体験が「作られたもの」ではない。しかし、ハイデガーの言う「作られたもの」とは、形而上学的な知の様式によって形成されたものすべてを指している。であるからには、西洋文化のほとんどがそこに含まれるし、たとえば「生の哲学」や「東洋文化」における体験であっても、形而上学への省慮が欠けていれば、ハイデガーの批判をまぬかれないことになる。

ハイデガーは、端的に「作ること、そして作りものの支配としての作為構造」と言っているが、作られた「体験」への希求は、むしろ作為構造を盤石なものとする（GA65,131:143）。作為構造から抜け出すために求められた体験もまた作為構造によって作られているからには、作為構造における不満が作為構造そのもののなかで解消されたかのように仕組まれているわけである。したがって、日常をおおう官僚制や資本主義的経済秩序を抜け出すために「体験」を求める現代人は、結局のところ、作為構造の手のひらで、すなわちその「策略」のなかで「罠にはめられ」感動させられている、ということになる。

作為構造は、誰にでもアクセス可能な場所に、神秘的な、すなわちスリリングで、扇動的で、幻惑し、魔法をかけるような「体験」を作りだす。現代の魔術化とは、「作為構造」とそれが作る「体験」が一体となり、作為構造の限界を示すような「問いに‐値するもの」を覆ってしまうことである、と言えよう。

作為構造から抜け出す「問い」

これまで見てきたように、ウェーバーとハイデガーの描く現代文明の在り方には、類似点が少なくない。これは、ハイデガーがウェーバーを参照したというよりは、二人がともにニーチェに負っているところが大きいからだと考えられる。[32] しかし、いずれにせよハイデガーが書いていたように、両者は「究極的には異質」だと言わねばならない。そして、ハイデガーの描く「魔術化」のほうが、現代文明の変化をとらえるうえでは、より適当であると考えられる。

それは一つに、現代文明のプラットフォームともいえる秩序や構造について言えるだろう。ウェーバーによれば、現代文明の基盤は、現代人を「鉄の籠（外枠）」に囲い込む「官僚制」や「資本主義的経済秩序」ということになる。それに対してハイデガーによれば、その土台は現代人を「利用可能なもの」に作り変えて循環させる「作為構造」ひいては「総かり立て体制」ということになる。これは、第二章でみたように、あらゆる存在者を「材料」や「人材」に仕立てて流動化し、市場における競争のために総動員する現代の資本主義社会を根本的な次元で説明していると言えよう。

作為性とは、ギリシア時代から西洋文化を形成してきた「知の形式」のことであり、その意味で、官僚制や資本主義的経済秩序などより深い次元に位置している。GAFAが形成しているプラットフォームも、作為構造という現代文明のプラットフォームをさらに基盤としている、と考えられるのである。

二つに、ハイデガーの議論は、一九八〇年代以降の資本主義の変化にもあてはまる。ウェーバーは、近代資本主義の特徴を合理性、とりわけ合理的産業経営にあると見ていた。生産性の向上によって自由市場で利益をあげる「産業資本主義」を近代の資本主義の中心として想定していたのである。ところが一九九〇年代以降になると、産業資本主義に代わって金融資本主義が中心となっていく。『プロ倫』が読まれなくなった大きな理由の一つは、ここにあるとも言えよう。

金融資本主義が中心になれば、産業資本主義が発展するさいに原動力となった「合理性」を、さらに高めなければならない。というのも金融市場では、より的確にリスクをとらえ、より正確に収益性を計算できる、という合理性が求められるからである。この高度な合理性を保証するものとして、一九八〇年代頃からアメリカで導入されたのが金融工学とＩＴであった。

金融工学は、それまでは「算定不可能」とされていたことを「算定可能」にできるという発想に基づいている。そして、それを実際に可能にするのがInformation Technologyだと考えられた。近年のフィンテック、とりわけビッグデータやＡＩを活用した金融への期待は、その延長線上にある。もちろん、金融（投機）には算定不可能な不確実性は残るし、それと算定可能性のあいだにこそ株式市場での利益が生じるのであるが、どこまでもテクノロジーで不確実性を縮減しようとするのが工学的発想だと言えよう。

不確実性にみちた領域を数学的思考によって算定し、さらには人知の及ばない諸力ですら、「人知を超えた人工知能」でコントロールすることができる。このような発想は、ウェーバーの規定にハイデガーの思索を加えれば、まさしく現代の魔術化ということになる。「超感性的な力」に働きかけて人間の「役に立つ」ように強いることが「魔術」であるからには、たとえ算定や数学的思考であっても魔術となりうる。あるいは第三章でみたように、理性的な主体を惑わす怪しいものを「悪霊 malin génie」とみなす近代的思考に対して、数と量が優位となった精神、すなわちコギトの原理が「デモーニッシュなもの」とされていたことを思い出してもよい。

三つに、ハイデガーの指摘は、産業資本主義の衰退によって生じた別の側面にもあてはまる。金融資本主義の発展のなかでも、計算や数字の支配ということであれば、ウェーバーも「形式合理性」や「数のロマンティシズム」といった形で指摘していた。とくに合理性や計算と貨幣とのかかわりについての指摘は、一九八〇年代以降の資本主義においても重要なテーマであることは間違いない（MWGI/23,252-287:332-360）。しかし、資本主義の変化、とりわけモノの大量生産・大量消費を基本とする産業資本主義の衰退は、金融資本主義への転換を意味するだけではなかった。

たとえばそれは、近年の「モノ消費」から「コト消費」へと言われる消費傾向の変化にも表れている。モノ消費とは、商品やサービスのもつ機能的価値を消費することであり、その価値を客観化・定量化できる点に特徴がある。それに対してコト消費とは、使用価値や機能的価値のみならず、商品やサービスによって得られる「一連の体験」を消費することである[33]。

これは「モノの時代」から「心の時代」への変化として評価されることもあり、算定可能な世界からの離脱を表しているように見える。ワークライフバランスをとるために、「ライフ」の時間をなるべく確保し、そこで「算定不可能」な体験をすることが求められているのである。また、それを大きなビジネスチャンスとして「体験産業」が興隆し、さらなる発展が期待されている。

しかし、そこでの「体験」は、官僚制や資本主義経済秩序を補完するものとして作られるのであり、作為構造の限界を示すものではない。あとでもふれるがハイデガーは、その例として映画や海水浴、旅行などの「文化財」を、そして「民族」を挙げている。それらは、いわば「体験産業」にとり込まれてしまったのである。この「コト消費」と言われる体験産業の興隆は、ハイデガーからすれば、作為構造の支配がいよいよ世界中に行きわたってきた証拠ということになるだろう。

以上のように見てくると、現代文明のプラットフォームは、作為構造と体験の支配、すなわち「現代の魔術化」という基本的な点では大きく変わっておらず、近年の展開もその進展の表れと考えられる。

ハイデガーは近代化以降の進展を、ウェーバーが考えたように、プロテスタンティズムの倫理という実質価値が失われていく過程、すなわち世俗化としては考えなかった。そうではなく、古代から続く存在忘却の歴史の進展、すなわち作為性の本質が前面に出てくる過程として考えた。作為構造のなかには「キリスト教的 - 聖書的解釈」が、「信仰において受け取られていようとも世俗化（verweltlicht）されて受け取られていようとも」含まれており、それが現代まで貫かれている、と考えているのである（GA65,132:143）。ハイデガーも、シュミットやレーヴィットと同様に「世俗化」を理解をしていると言ってもよい。創造主を想定するにせよしないにせよ、信仰心が強いにしろ弱いにしろ、「造られた／作られた」という存在了解は共通して現代文明に引き継がれているのである。

こうした現代文明のとらえ方は、さらに「一九八〇年代以降、なぜ金融資本主義やＧＡＦＡは、他ならぬアメリカで発展したのか」というように問いを進めるばあいにも手がかりになる。アメリカは世俗化論の例外と言われるほどキリスト教大国であり続けているし、とくに一九七〇年頃からアメリカのキリスト教は注目すべき興隆をみせているからである。ハイデガーの現代文明論のほうが、技術大国であると同時に宗教大国でもあるというアメリカの現実をうまく説明できる。[34] アメリカが技術大国であるのはアメリカが宗教大国であるからこそ、なのである。

近代資本主義の精神は、プロテスタンティズムの倫理と親和性をもっているというのがウェーバーのテーゼであった。しかし、本章で考えてきたように、ハイデガーによるならば、新自由主義の精神は、福音派の労働倫理、そして作為構造や「総かり立て体制」の中核要素となっている「ユダヤ - キリスト教的な創造の思想」と親和性をもっている、と言うことができるだろう。

第六章

ポピュリズムと文化戦争

1　現代のポピュリズム

二〇一六年も、現代の潮流が変わったことを表す年であった。その潮目の変化を示すのが「ポピュリズム」という言葉にほかならない。ポピュリズムと呼ばれる現象は、「反グローバリズム」を背景にして欧米諸国で続いて起こり、その後も勢いがおさまらないのである。

その端緒は、二〇一六年六月のブレグジット（英国のEU離脱）と一一月のトランプ勝利であった。そんなことは起こり得ない、という大方の確信的予測は、実際に両者が起こった後も形を変えて続いた。EU離脱に票を投じたイギリス人にも後悔した人がいるように、冷静に考えれば時代の流れは「EU統合の深化」のほうにある。トランプ現象も、大衆の不満が爆発した一過性の反動現象に過ぎず、平静さが戻れば、「アメリカ第一主義」は修正されるだろう。そういった希望的観測である。

ところが、その後に続いた欧州での動向は、またもや大方の予想を裏切るものであった。ポピュリスト政党が欧州各地で勢力を伸ばしていったのである。

二〇一七年に入ってからも、三月にオランダの総選挙でヘールト・ウィルダース率いる自由党が議席を伸ばし、五月にフランスでマリーヌ・ル・ペン率いる国民戦線が大統領選の決選投票まで進んだ。九月にはドイツの総選挙で「ドイツのための選択肢」が下院に進出し、一〇月には

「チェコのトランプ」と言われるアンドレイ・バビシュ首相が「ANO2011」を率いて下院選で勝利し、一二月にはオーストリアの下院選で中道右派の国民党と極右の自由党が連立政権をくんだ。二〇一八年に入ってからも四月にハンガリーで、オルバーン・ヴィクトル首相が圧勝して再選を果たし、六月にはイタリアで、「五つ星運動」と「同盟」の連立政権が始動した。それらはいずれも、EUに懐疑的か、移民や難民に厳しいか、あるいはその両方の政策を打ち出している。そして、グローバル化やリベラル・デモクラシーに反するポピュリズムとして批判されているのである。

もちろん、EU各国の事情は一様ではなく、ある程度はEUの枠組みを認める者や必要とする者、リベラルな基調を維持する者、むしろリベラルな価値を強調する者、といったようにポピュリストも多様である。

にもかかわらず、ポピュリズムは現代世界についての従来の見方を大きく動揺させている。冷戦終焉後の世界は、EU統合が象徴するように、リベラル・デモクラシーと市場経済が広がり、グローバル化が進展するだろう、と考えられていた。これは、フランシス・フクヤマの「歴史の終わり」のテーゼであり、アメリカニズムの進展と言ってもよい。しかしポピュリズムは、それらをおしとどめたり、逆行させたりしているのである。

ただ、あまりにも多くのものがポピュリズムと呼ばれて実態がつかみにくく、何が問題なのかも分かりにくい。現在のところは、ポピュリズムの問題点は、おおむね排他性にあるとされ、多様な人びとの価値観を認め、広く受け容れていこう、という寛容の精神が説かれている。

また、大衆の不満を汲み上げることができるようなリベラルな体制を再編する、といったことが、およその対応策とされている。しかし、そこには多くの難問があると思われる。ここでは、現代文明の潮流の変化をみるために、とりわけ先進諸国のポピュリズムについて考えたい。

ポピュリズムの混乱と定義の核心

よく指摘されるように、ポピュリズムと呼ばれる現象が分かりにくいのは、それが相反する二面性をもっているからである。たとえば、フランスのマリーヌ・ル・ペン率いる国民連合は、移民制限などの排外主義的な政策を掲げる右派政党にほかならない。それに対して、スペインのパブロ・イグレシアス率いるポデモスは、富裕層への増税などを掲げて、共産党とも協力する左派政党である。

また、ポピュリストの典型とされるトランプ大統領は、白人労働者層に迎合し、白人至上主義に親和的で、黒人や移民などへの抑圧を強めた、と言われる。しかし、それに対してポピュリズムの起源である通称「ポピュリスト・パーティー」（一八九二年）は、第二章でみたようにアメリカにおける独占的な企業支配や金権政治を批判し、困窮した農民や労働者を解放しようとするものであった。[1]このようにポピュリズムは、右派と左派、抑圧と解放、あるいは保守と革新といった、相反する二面性をもっているのである。

それだけではない。ポピュリズムという言葉は、「民」をあらわすラテン語の「ポプルスpopulus」を語源としており、「民を重んじる思想」というほどの意味である。シンプルで明解ではあるが、そのぶん逆に、あらゆる思想や政治手法、運動、党派にあてはまってしまう。ナショナリズムや社会主義、民族主義、ネオリベラリズムなど、結びつく思想は多様であり、リベラリズムとも結びつく。しかも、同時に複数の思想と結びつくこともあり、二面性というより多面性を帯びている。あまりに雑多な思想を含みこんでしまうので、説明概念として無効ではないか、という批判もある。

しかし、ポピュリズム研究として定評のある『ポピュリズム――デモクラシーの友と敵』の著者、カス・ミュデとクリストバル・ロビラ・カルトワッセルは、定義の核心については研究者のあいだで共通了解がある、と言う。[2]

定義の核心とは、ポピュリズムが、社会を「エリート（エスタブリッシュメント）vs.人民」という対立図式でとらえ、人民のほうを重んじる、ということである。この核心部分には多様な要素が加えられるが、そこに論者の思想や立場が表れてくる。たとえば、人民を「大衆」とみなせば批判的なニュアンスが強まり、「普通の人びと ordinary man」とみなせば肯定的な意味合いが込もる。そもそも「人民」には、人民主権 popular sovereignty などの近代主義が含まれているとも言える。

核心部分の意味しかないポピュリズムは、加えられる要素によって二面性はおろか多面性をもつのである。ゆえにミュデとカルトワッセルは、ポピュリズムを「中心の薄弱なイデオロギー」だと言う[3]。ポピュリズム自体には、現実の社会問題に対処するために必要な、複雑で包括的な理論は含まれていない。しかし、だからこそ必ずといってよいほど、他のイデオロギーと結びつくのである。

ただしポピュリズムは、リベラル・デモクラシーとは複雑なかかわりをもち、そこにはある種のジレンマが生じていると考えられる。

ポピュリズムとデモクラシー

当初、ポピュリズムは、デモクラシーとは似て非なるものであり対立するものだ、と言われていた。今でも、ポピュリズムとデモクラシーは相容れない、という考えは根強い。しかし、デモクラシーが基本的には「民衆 dêmos の支配 kratos」を意味するからには、「民を重んじる思想」であるポピュリズムと大きく重なることは認めざるをえない。今では多くのばあい、ポピュリズムはデモクラシーに内在している、と考えられている。

さらに、エリートが顧みない民衆の不満を訴えるという意味では、ポピュリズムこそデモクラシーを体現する思想だ、とも考えられる。実際に、ラテンアメリカなどでは、エリートの不当な支配に対する民衆の正当な反抗として、かなり肯定的に評価されている。

にもかかわらず、先進諸国においてポピュリズムがデモクラシーに反すると言われるのは、デモクラシーが「民衆の支配」という原義以上のものを含んでいる、と考えられているからである。「デモクラシーは単なる多数決ではない」と言われるように、デモクラシーであっても多数者の思うがままにしてよいわけではなく、少数者の意見を尊重しなければならない、とされる。民衆制としてのデモクラシーは、多数者の専制を抑制する仕組みをそなえ、少数者の権利を保障しなければならない、ということである。つまり、先進諸国で想定されているのはリベラル・デモクラシーのことだと言ってよいだろう。

具体的には、投票を可能にする政治制度を整けるだけでなく、諸権利を保障する司法機関や、事実を伝える報道機関を整備しておく、などのことである。その意味では、多数者である民衆を重んじるポピュリズムと、少数者を尊重するという意味でのリベラル・デモクラシーは、たしかに相性がよくない。たとえば、トランプ大統領と鋭く対立していたことからも分かるように、裁判所やメディアは、選挙を経ず、民意を代表していないという理由で、ポピュリズムの標的となりやすいのである。

しかし正確にいえば、もとより少数者の自由を尊重するリベラルと、多数者の民意を尊重するデモクラシーとは、容易に結びつくわけではない。これまで「リベラル」と「デモクラシー」は、なんとか調整を繰り返しながら、多数者と少数者のあいだでバランスを取ろうとしてきた。しかし、ポピュリズムの隆盛は、この二つの均衡が崩れている、ということを意味している。であるからには、ポピュリズムの台頭によって明らかになったのは、ポピュリズムとリベラル・デモクラシーの相性がよくないということよりも、そもそもリベラルとデモクラシーの相性がよくない、という根本問題だと言えるだろう。ここで問わなければならないのは、なぜその均衡が崩れてきたのか、ということだと思われる。

その理由としては第一に、資本主義のグローバル化による経済的格差の拡大が挙げられる。第二には、難民危機と言われるほど移民が増加したことが挙げられる。しかし、それらだけでなく、そこには社会思想の次元の問題もあると思われる。

左翼とリベラルの転向

ポピュリズムは、「リベラル」に内包される問題、あるいは「リベラル」と「デモクラシー」のあいだに胚胎する問題を浮き彫りにした。たとえば、移民政策の是非が問われるばあい、リベラル派は「寛容」の理念を強調し、移民の受け容れを推進することが多い。ところがリベラルな理念のなかでも「表現の自由」や「男女平等」といった理念を強調し、イスラーム圏からの移民の受け容れに反対する議論もある。「表現の自由」や「男女平等」を認めないイスラームの教義は危険である、と主張するのである。この議論では、リベラルな理念を根拠にして反移民政策が正当化される。「リベラル」は多様な理念をふくんでおり、そこからさまざまな政策が導き出され、ばあいによっては矛盾する政策も出てきてしまう。

そこで、リベラルな理念のうちどの理念を優先させるかが問題となるが、リベラル・デモクラシーの体制にあって、それを決定するのはデモクラシーである。そのばあいデモクラシーが、リベラルな理念に反するような政策を採用する可能性は否定できない。ポピュリズムは、その可能性を顕在化させたのであった。

こうしたリベラル・デモクラシーの問題は、立憲民主主義にもあてはまる。民主主義の暴走を規制するための憲法も、民主主義によって改正できるからである。ゆえに、先進諸国でポピュリズムが台頭した状況にあっては、「憲法修正」や「憲法改正」が切迫した問題となる。

むろんデモクラシーでは、意思決定のプロセスにおける熟議が肝要とされるが、ポピュリズムにあっては、国民が分断され、両陣営が自分たちの正義を疑うことなく相手を糾弾する状況に陥りがちである。ゆえに、まずは分断を緩和することが目指され、そのためにも「寛容」や「多様性」といったリベラルな理念の再検討が必要とされる。しかし、そうしたこととは別に考えておかなければならない問題があるだろう。

たとえば、反移民政策を正当化するようなリベラルな理念の主張は、建前に過ぎず、本音にはイスラームフォビア（イスラーム嫌悪）などのいわゆる「ヘイト」感情があり、それこそが寛容や多様性などの理念によって見なおされなければならない、とされる。とはいえ、大衆を扇動するポピュリストはともかく、欧米の人びとは、かなり本気でリベラルな価値を守ろうとしているとも思われる。あるいは、リベラルな理念として寛容や多様性が強調されても、むしろ反発を招くのではないかとも思われる。なぜなら、リベラルと民衆のあいだには、次のような歴史的経緯があるからである。

左派やリベラル派の知識人は、啓蒙主義あるいは近代のプロジェクトを受け継ぎ、「理性」を信頼することによって「人間の自由」や「社会の進歩」をうながそうとしてきた。より多くの人びとを自由にすることを自らの使命とし、民衆を助けてきたのである。この使命感は、一九世紀末ごろに民衆が「大衆」に変化しはじめて以降も続き、成果をあげてきたといえる。

科学技術の進展、公教育の拡大、メディアの発展、普通選挙の実現などは、人びとの生活を豊かにし、情報や知識を増やし、政治参加を拡大させた。これにより、先進諸国の人びとの多くは、中間層を形成していったのである。ところが、一九七〇年代頃から変化が起こる。

より多くの人びとを自由にすることが使命だ、と考える知識人たちは、中間層よりも貧困層や文化的マイノリティに目を向けるようになった。ときに理性的とは言えない行動をとる大衆をひそかに侮蔑し、見放した者もいただろう。いずれにしろ、左翼やリベラル・エリートの関心は、マイノリティへと移っていったのである。しかし、その転向がポピュリズムの一因となっていく。

一九八〇年代には、ネオリベラリズムやグローバリズムによる政策が進んで、先進諸国における中間層の拡大は止まり、逆に没落が始まっていた。にもかかわらず、もはや左派やリベラル派のエリートたちは、その点には目を向けなかったのである。グローバル化の暗部に目が向かなかった、と言ってもよい。

先進諸国で中間層の没落が始まっていたという事実は、最近になって「エレファント・カーブ」などのデータとして明らかになってきている。図6－1では、グローバル化が進んだ一九八八年から二〇〇八年のあいだに所得を伸ばしたのは、先進国の富裕層と新興国の（新）中間層であり、日本を含む先進国の中間層の収入は伸びておらず、一部は実質収入を減らした、ということが示されている。こうしたことは、のちにトマ・ピケティの『21世紀の資本』でさらに確かめられていくが、当時も気づかれていなかったわけではないし、警告も発せられていた。一九九八年にアメリカの哲学者リチャード・ローティは、次のように言っている。

> 人びとは問うだろう。アメリカの左翼はどこにいたのか。労働者にグローバル化のもたらす結果について語りかけたのが、どうしてブキャナンのような右翼だけだったのか。どうして左翼は、職を奪われ新たに怒りを募らせる人びとを導くことができなかったのか、と。[4]

図6－1　エレファント・カーブ

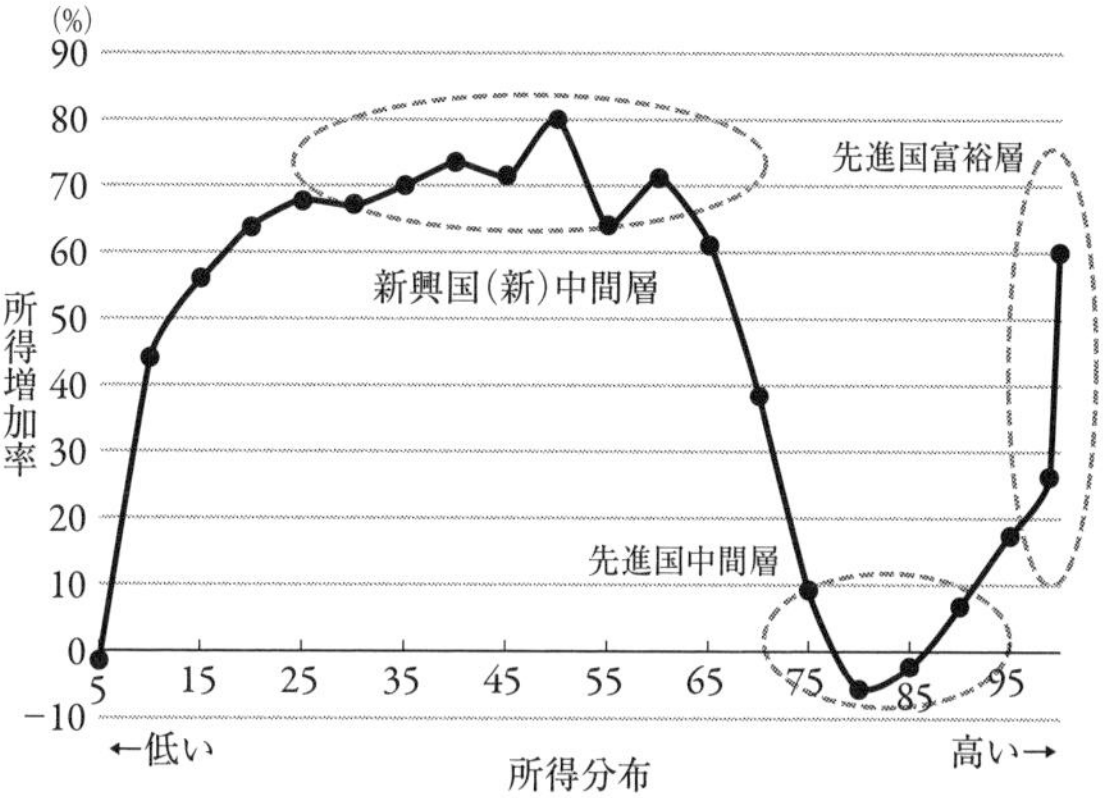

出所：世界銀行リサーチペーパー 2012.12

ここで名前の挙がっているブキャナンとは、一九九二年と九六年に共和党から大統領選に立候補したパット・ブキャナンのことであり、「トランプの先駆《さきがけ》」と言われる人物である。九二年の大統領選でブキャナンが訴えたのは、アメリカ第一主義、保護貿易主義、移民排斥などであった。ブキャナンは敗退したが、ローティは、このままでは「（社会の）底辺から沸き起こるポピュリストの革命 bottom-up populist revolt」が起こるだろう、と警告していた。二〇一六年以降のポピュリズムについての予言、と受けとるほかない。

そして左翼の変質は、もはや中間層に目を向けなくなった、ということだけではなかった。ローティは、左翼がもっぱら「差異の政治学」や「アイデンティティの政治学」に精を出す「文化左翼」になったことを批判している。左翼のこの変質は、トランプ現象の大きな要因とされる、いわゆるポリティカル・コレクトネスにつながっている。多様な文化にたいして偏見や差別になるような表現は使わない。それが「政治的な正しさ」だとされた。その背後にあった大きな社会思想は、多文化主義であり、多様性や寛容というリベラルな理念を強調するものであった。

もちろん、こうしたリベラルの理念によって、多くのマイノリティの自由が実現されていったと言えよう。しかしその一方で、白人を中心とする、それまでアメリカ文化の主流を担ってきた人びとは、多様性や寛容といったリベラルな価値が逆に、自分たちの自由を抑圧している、と感じるようになっていった。そこへグローバル化の進展が合わさって、かつて自分たちが勝ち得た自由、すなわち努力次第で豊かになれる、どのような思想でも表現できる、自分たちの国のあり方は自分たちで決められる、といった自由がどんどん奪われていく、と感じるようになっていったのである。[6]

リベラル・エリートや文化左翼が主導するかたちで、経済格差はグローバル化によって固定され、文化的な表現は「政治的な正しさ」によって規制され、政治的な決定権は、中央政府や国際機関に横取りされた。そう感じ、怒りをつのらせる人びとが増えていったのである。これは欧州でも大きくは変わらない。そうした不満や怒りが、度重なる経済危機や難民危機などによって沸点に達したのが二〇一六年だった、と考えられる。

リベラル・デモクラシーと市場主義のグローバル化という意味でのアメリカニズムが、一九九〇年代以降、先進諸国の地盤に歪みを生じさせ、それが嵩《こう》じていよいよ地殻変動をもたらした、と言ってもよいだろう。

「少数者連合 vs. 大衆」という世界観

したがって、先進諸国のポピュリズムの要因の一つは、左翼やリベラル・エリートが、手を差し伸べる対象を大衆からマイノリティへと変え、リベラルな諸価値のなかでも多様性や寛容を強調しはじめたことにある、と言えるだろう。とすれば、ポピュリズムへの対策として、多様性や寛容を強調しても、逆にポピュリズムを過熱させかねない、ということになる。

また、よく言われるように、ポピュリズムは、下から上への抵抗であり反乱である、というのも正確ではないことになる。いまの先進諸国におけるポピュリズムは、上層に位置する一握りのエリートが、下層に位置するマイノリティを不当に優遇している、という没落中間層の認識に根ざすところが大きい。つまり、上と下の少数者が、没落する中間層から反感をもたれている、という点に特徴がある。先進諸国のポピュリズムは、「エリートvs.人民」というより「(上と下の)少数者連合vs.大衆」という世界観によって展開している、と言えよう。

もちろん、各国の事情によって、その内実は少しずつ異なる。上層に位置づけられる少数者には、ネオリベラルのエリートが入ることも多い。リベラル・エリートが中間層の富をマイノリティへと分配するのに対して、ネオリベ・エリートは、中間層の富を上層へと吸い上げる。両者は相容れない存在であるが、ともに中間層から富を奪っているという点では、同じ穴の狢《むじな》とみなされる。ただ、ネオリベラリズムの政策は、反福祉、反公務員、反税金などの点で歓迎されることも少なくない。

一方、下層に位置づけられる少数者は、同じ先進諸国でも、アメリカとヨーロッパでは違ってくる。ヨーロッパでは、LGBTなどの性的少数者を尊重しようとするポピュリストが少なくない。これには、LGBTを認めないムスリム移民を排除するためのレトリックという側面もある。しかし、かりにレトリックだとしても、LGBTという多様性を認め、受け容れようというリベラルな価値が示されていることは間違いない。多様性を認めるポピュリストがいることをみても、多様性や寛容の理念を唱えるだけでは、ポピュリズムにたいする有効な批判にはならないことが分かる。

ヨーロッパのポピュリストが従来の右派と異なる点として、親ユダヤや親イスラエルであるばあいが多い、ということがある。とくに北ヨーロッパや西ヨーロッパで反移民を標榜しているポピュリストたちは、国民文化だけでなく、ヨーロッパの基盤たる「ユダヤ＝キリスト教文明」の擁護者として自らを位置づけている。[7]

ここで挙げられているユダヤ＝キリスト教は、信仰としての宗教というよりも、「ヨーロッパ文明が共有する文化やアイデンティティのシンボル」としての宗教を意味している。これを、ヨーロッパにおける市民宗教や公共宗教だと考えてよいだろう。

ポピュリズムによって炙り出されたものとして、そうした意味での欧米の宗教性も見逃せない。たとえそれが、ポピュリストによって扇動されたものだとしても、それに乗せられるだけの価値観や世界観を民衆はもっている。であるからには、欧米を理解するための要素の一つとして宗教、とくにユダヤ＝キリスト教について考えておかなければならない。

そこで次には、二〇一六年のアメリカ大統領選を詳しくみることで、ポピュリズムの最も現代的な形態とも言えるトランプ現象と宗教の関係について考えてみたい。

2　トランプ現象と文化戦争

トランプ現象の震源は、「ドナルド・トランプ」ではない。まず、このことを確認しておくのは案外重要だと思われる。もちろんトランプ本人の言動は、各方面に波紋を広げ、世界中に波乱を起こした。しかし、トランプを大統領にまで押し上げた潮流は、世界的な地殻変動によって引き起こされている。

そしてトランプ現象は、「トランプを押し上げた潮流」と「トランプが巻き起こした波乱」から成っている。さしあたり、この二つは分けて考えなければならない。「トランプが巻き起こした波乱」が重要なのは確かであるが、ここで注目するのは、トランプ現象のうち「トランプを押し上げた潮流」についてであり、それを引き起こした地殻変動についてである。

二〇一六年の選挙では、トランプが暴言を繰り返したにもかかわらず、支持者が増え、その拡大の規模は予想を超えた。その原因については様々な分析がなされている。ただ、その根本原因を探ろうとすれば、トランプ現象の震源について考えることが求められる。もちろん、水面下の深いところで起こっている地殻変動は見えにくい。水面上の波乱が大きければなおさらである。これまでのところ、トランプ現象の震源の一つは「反グローバリズム」であるとされ、もっぱら下層中産階級の経済的貧困や格差の問題として説明されている。たしかに、それが主な原因であることは間違いないだろう。

しかし、トランプ現象がそのままグローバリズムを否定するものだとは考えられない。一部の大物投資家も、選挙中からトランプを支持していたし、政権成立後には、グローバリストと言える人物が財務長官や国家経済会議委員長、商務長官などの要職に就き、実権を握った。こうした動きは、金融グローバリズムの行きづまりにいち早く気づいたグローバリストが、その修正に乗り出したものと見ることもできる。それは、市場主義的なグローバリズムから、財政支出などを利用して世界市場で勝ち抜こうとする国家主義的なグローバリズムへと軸足を移しただけで、必ずしも反グローバリズムとは言えない。トランプ政権では次々と閣僚が入れ替わることになるが、ゴールドマンサックスの元経営者S・ムヌーチンは財務長官を、大物投資家のW・ロスは商務長官を、最後まで務めることになる。

では、トランプ現象とグローバリズムとの関係はどのように考えればよいのか。トランプ支持者の多くが、従来のグローバリズムに反対しているという意味で、反グローバリズムが震源になっていることは間違いない。しかし、一口に反グローバリズムと言っても、経済的次元とそれ以外の政治的、社会的、文化的次元は分けて考えなければならないだろう。経済的次元に注目すれば、下層中産階級にしろ、一部のグローバリストにしろ、経済的利益を追求しているに過ぎない、ということになる。かりにグローバリズムが経済的利益を生むならば、国家の力を利用するなどして、それを別の形で推進することもありうる。しかし、両者はともに「アメリカ第一主義」を掲げている。それは必ずしも、経済的利益のみを目指すものとは考えられない。少なくとも下層中産階級を中心としたトランプ支持者は、経済的利益以外のことも求めていると思われる。

たとえば、二〇一六年の大統領選では「ポリティカル・コレクトネス Political Correctness：PC」が大きな問題になった。トランプの暴言は、この「政治的正しさ」に叛逆するものである。トランプは、暴言を繰り返したにもかかわらずではなく、繰り返したゆえに、予想以上に支持が拡大したところがあるのではないか。そのことが認識されるようになっていく。あとで見るように、これは経済問題ではなく、また政治問題というよりも、文化における対立、つまり「文化戦争」の表れにほかならない。トランプ現象には、そうした次元もあるのである。

では、トランプ現象と文化戦争は、どのようにかかわっているのか。

反グローバリズムと「保護」――文化戦争の所在

「トランプを押し上げた潮流」は、およそ就任演説に表れていたと言えよう。そこでトランプは、「保護する protect」という言葉を繰り返した。自立や自由貿易の理念からすれば、現代のアメリカの、それも共和党の大統領が保護を強調することは、それだけでも特異なことと言わねばならない。しかも、「保護こそが偉大な繁栄と力に繋がる」と説いたのである。

この「保護」には、いくつかの意味があった。一つは、「グローバル資本主義からの保護」である。グローバル化によって多くの工場が海外に移転し、賃金は低下し、雇用は奪われ、あげく産業は衰退した。ゆえに、アメリカの製品と雇用を保護しなければならない、ということである。そして「保護」のもう一つの意味は、「テロリズムからの保護」である。グローバル化によって活発化したヒトの移動は、不法移民だけでなくテロリストをも呼びこみ、平穏で安全な社会を壊してしまった。ゆえに、入国を管理し、必要な地域には壁を造って国境を保護しなければならない、ということである。この二つの保護は「グローバル化からの保護」とまとめることができるだろう。

もちろん、こうした方針は、保護主義や排外主義だとして、すぐさま批判される。もはやグローバル化は避けられない。自由貿易は、世界の潮流だ。それに逆らえば、アメリカは自らの首を締めることになる。オバマ政権下でアメリカの株価は上向いていたし、失業率は半減した。関税を引き上げれば輸入品の価格は上がり、貧困層を苦しめることになる。国を本当に豊かにしたければ、冷静に経済的な事実をふまえ、包括的かつ長期的な視野をもたなければならない、と。

こうした批判はしかし、トランプやその支持者には届かない。同様な説明は一九八〇年代から聞かされてきた。各国が得意分野に力をそそぎ、「win-win」の関係を結ぶことで、世界が豊かになる。しばらくは、一部のグローバル企業やグローバル・エリートに富が集中するかもしれないが、やがてグローバル化の恩恵は中間層や下層にまで滴《したた》り落ちていくだろう、と。ところが、その恩恵は広くいきわたっていない。それどころか、ひと握りの上層に集中している。これは先にみたエレファント・カーブからしても間違いない。二〇〇八年のリーマン・ショック以降、下層中産階級はグローバル化にたいして、ほとんど悪夢しか抱けなくなった。自分たちは、共和党であれ民主党であれ、エスタブリッシュメントに騙《だま》され、裏切られ、忘れられてきた。いまさら専門家が似たような経済理論を説き、メディアがファクトチェックをしても、もはや信じられない、ということである。

したがってトランプの強調した「保護」とは第三に、「エリート主義からの保護」を意味している。既存の政治家や知識人、メディアは、自分たちだけを保護して、労働者や中間層を保護しなかった。エスタブリッシュメントは、白人の労働者や中間層を見下し、「忘れられた存在」にしてきた。ゆえに、エリートに独占された富を、一般国民に取り戻す、ということなのである。

このようにみてくるとトランプ現象は、「グローバル化」や「グローバル・エリート」への反乱という意味で、経済的かつ政治的次元における反乱であると言えるだろう。思想的には、「グローバル化」によって誰もが豊かになるという「グローバリズム」への反乱ということになる。また、ここには「エリート vs.大衆」という分裂が生じていることが分かる。こうした意味でトランプ現象は、現代のポピュリズムの代表例なのである。

トランプは、次のように言う。「雇用を取り戻し、国境を取り戻し、富を取り戻し、そして、夢を取り戻す」と。グローバル化に介入し、雇用や国境、富を取り戻すというメッセージは分かりやすい。目指すべき国のあり方として「豊かで安全なアメリカ」というイメージをもつことができる。しかし、その先に語られている「夢」とは何のことだろうか。演説の流れからすれば、それは「アメリカの偉大さ」とともに回復される「アメリカン・ドリーム」ということになるだろう。しかし、この点についてはまとまったイメージをもつことが難しい。

なぜなら、偉大さや夢についても分断が生じているからである。トランプのようなやり方で得られる偉大さや夢など、他者を排除した独りよがりのものでしかない。そこには、世界から尊敬されるような価値がまったく含まれていない。そういう反トランプ派の受け取り方がある。それに対して、トランプ派は反発する。リベラルな価値観で描かれてきたアメリカの偉大さや夢など、一部の人びとを自己満足させるだけのまやかしにすぎない。そのような寛容ぶった価値観が、実際には、労働者や中間層の価値観をさげすみ、肩身を狭くさせ、夢を奪ってきたではないか、と。

ここには、アメリカはいかなる国であるべきか、どのような夢を描くべきか、という問いがある。そうしたことを問うばあいに生じる対立こそが「文化戦争」にほかならない。「文化戦争」という言葉は、宗教社会学者であるジェームズ・ハンターが一九九一年に書いた *Culture Wars: The Struggle to Define America* という本に由来している。[8] この副題になっている「アメリカの定義をめぐる闘争」という言葉からも分かるように、文化戦争とは、アメリカの核となる価値とは何か、アメリカをアメリカたらしめているものとは何か、といったように、ナショナル・アイデンティティや理念をめぐって争われる思想的な対立なのである。[9]

トランプ現象の一つとみなされる「反ポリティカル・コレクトネス」(以下、反ＰＣ)も、たんなる感情的な反抗というだけにおさまらないものがある。文化戦争という大きな文脈をふまえな

図6－2　ゴッド・ギャップ（白人福音派の政党支持）～2015

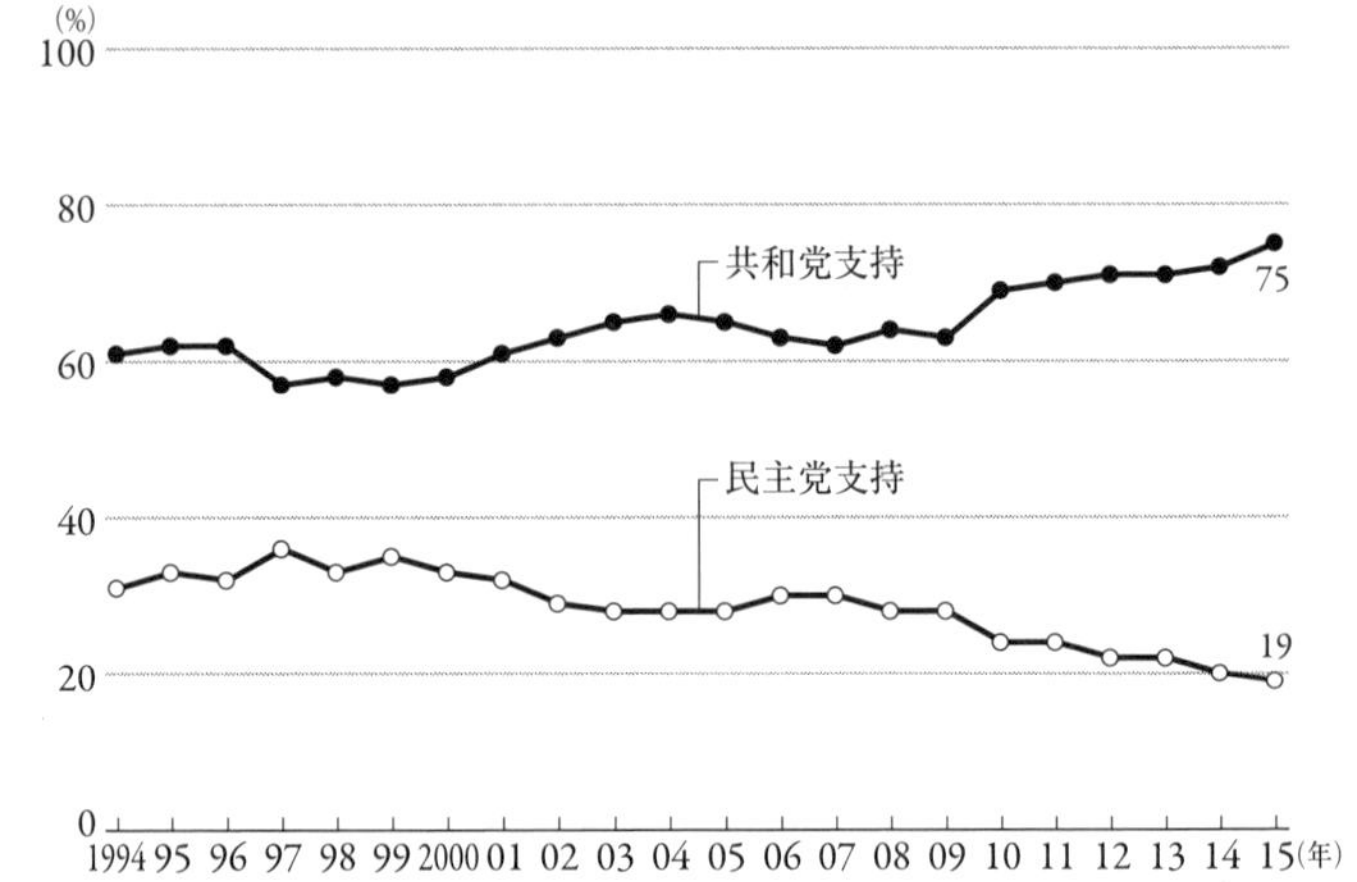

［出所］Pew Research Center, 2015年

ければ、反ＰＣの潮流も、無教養で反知性的な人びとのうっぷん晴らしとして片づけられてしまうだろう。しかしそうなれば、分断をさらに深めてしまう。

　では文化戦争は、二〇一六年の大統領選にどのように作用したのか。広い意味での文化戦争が作用したとすれば、その主要な争点とされてきた人工妊娠中絶や同性愛も投票のさいの判断基準として作用したと考えられる。

　また、文化戦争の中心的な担い手となってきた宗教勢力も一定の役割を果たしたと考えられる。第五章でみたように、福音派を中心とする宗教保守は、一九八〇年代から二大政党のあり方を大きく左右してきた。[10] そして、遅くとも一九九〇年代からは、教会の礼拝によく出席する人は共和党に、あまり出席しない人は民主党に投票する「ゴッド・ギャップ」と呼ばれる[11]傾向が生じていた。そのことは白人福音派の政党支持を示した図6－2でも分かるだろう。長いあいだ白人福音派をはじめとする宗教保守は、ほとんどが共和党支持であった。しかしでは、その特徴は、二〇一六年の大統領選では維持されたのか、あるいは解消されたのか。トランプ現象を社会思想の観点から考えようとすれば、そうしたことを問わなければならないだろう。

二〇一六年の大統領選と文化戦争

二〇一六年のアメリカ大統領選挙では、総得票数ではヒラリーが二三七万票ほど上回りながら、獲得した選挙人数はトランプが三〇六人、ヒラリーが二三二人となり、勝敗が決した。この選挙結果については、さまざまなデータから分析が進められている。宗教的な側面について言えば、次のような統計データが明らかになっている。[12]

白人福音派は、有権者のうち二六%を占め、その八〇%がトランプに投票した。福音派が三〇%以上を占める一五の州では、トランプは一つの州も落としていない。このなかには、激戦州であったノースカロライナ（三五%）も含まれる。他にも、トランプが勝利をおさめた激戦州では、白人福音派が次のような割合を占めていた。民主党を支持する傾向が強いブルーステートであったはずの州、つまりミシガンでは二五%、ペンシルベニアでは一九%。とくに規模の大きい州、つまりオハイオでは二九%、フロリダでは二四%であった。このフロリダでは福音派の八五%がトランプに投票したという調査もある。[13] これらのデータから、二〇一六年の大統領選にたいする福音派の影響力は小さくなかった、と推測できる。

ただし、こうした統計データは宗教的観点だけでなく、他の観点と合わせて総合的に分析しなければならない。そもそも宗教にかんする統計では、たとえば福音派の規定が調査によって変わったり調査項目が不十分だったり、そもそも数値には表れないものもある。ここでは、基本的なデータを手がかりにしながらも、トランプ現象と宗教とのかかわりを歴史的、思想的にとらえ、社会思想の観点から考えていくことにしたい。

二〇一六年の大統領選における争点は何だったのか。表6－1にあるように、全有権者でみたばあい、経済が八四％、テロリズムが八〇％となっており、この二つが主な争点だったことが分かる。就任演説で、「グローバル資本主義からの保護」や「テロリズムからの保護」を強調していたのは、こうした声を受けてのものだったと言えよう。この二つを重視するという点では白人福音派も、経済が八七％、テロリズムが八九％と変わらない。ただ、テロリズムについては九ポイントの差があり、全有権者に比べて白人福音派のほうがより重視していることが分かる。

では、文化戦争にかかわる争点ではどうだろうか。全有権者のばあい、人工妊娠中絶が四五％、同性愛が四〇％となっており、挙げられた項目のなかでは最も低い。しかも、白人福音派のばあいでも、中絶が五二％で決して高いとは言えず、ＬＧＢＴとなると二九％となっており、際立って低いことが分かる。これらの数値をみる限り、二〇一六年の大統領選に文化戦争が作用したとは言えないだろう。ゆえに識者も、文化戦争を重視せず、メディアもほとんど注目しなかった。

表6－1　2016年大統領選挙で重視する問題（2016年6月調査）

	全有権者	プロテスタント	白人福音派	白人主流派	カトリック	無所属
経済	84	87	87	85	84	78
テロリズム	80	86	89	81	81	66
外交政策	75	76	78	72	72	73
ヘルスケア	74	74	70	69	78	70
銃政策	72	75	77	67	69	64
移民	70	73	78	64	75	63
社会保障制度	67	70	70	58	69	57
教育	66	64	59	53	68	63
最高裁判所判事の指名	65	67	70	61	66	58
マイノリティ（人種・民族）	63	60	51	52	54	70
通商政策	57	61	62	50	56	53
環境	52	48	34	45	53	55
人工妊娠中絶	45	46	52	31	46	37
LGBT	40	34	29	34	42	50

［出所］Pew Research Center, 2016年

したがって、中絶やＬＧＢＴの問題を重視し、文化戦争の中心的役割を果たしてきた宗教保守の影響力があるとも考えられなかった。加えてトランプは、候補者のなかでも非常に世俗的なイメージが強い。大富豪で、金銭にたいする欲望を隠さない。むしろ、経済的成功を売りにしている。しかも、二度の離婚歴をもち、二度目の結婚は不倫から始まった。何より、以前は中絶に賛成していたし、実はＬＧＢＴの人たちを守るとも言ってきた。福音派をはじめとする宗教保守からすれば、とうてい期待できる候補者ではない。

宗教的な指導者がトランプを非難することも少なくなかった。たとえば、ムスリムの入国禁止やメキシコ国境の壁にたいする発言は、多方面から批判された。トランプが所属する長老派の牧師は、自分たちの方針とは相容れないと突き放した。後でもみるが、宗教保守から期待を集めていたインディアナ州の知事は、「侮辱的で、憲法違反だ」と断じた。そして、ローマ教皇フランシスコ

は、「架け橋ではなく、壁を造る者はキリスト教徒ではない」と牽制した。
トランプは、あらゆる方面で摩擦が生じることを厭わず、むしろ対立をあおってきた。とすれば、「世俗的なトランプ」は宗教勢力を相手にしないはずである。それどころか敵対してもおかしくないと言えよう。ところが実際は、宗教勢力へのアプローチを欠かさなかったのである。

トランプと宗教保守

実のところトランプは、二〇一一年頃からすでに宗教勢力への接近を始めていた。結局、見送られたものの、二〇一二年の大統領選への出馬を検討していたためである。中絶に反対するプロライフの団体や、福音派の団体などへは寄付もしていた。そのさいの大きな成果は、フランクリン・グラハムの支持をえたことだろう。一九五〇年代からアメリカの宗教界のみならず政界にも絶大な影響力を誇った牧師ビリー・グラハムの息子であり、ビリー・グラハム福音協会の会長である。かれは、ムスリムにたいする入国拒否発言のときにも、多くの宗教指導者たちが非難するなか、トランプを擁護した。

長らく共和党にとって宗教票の存在が大きかったことからすれば、宗教勢力へのアプローチは当然と言えるかもしれない。とはいえ、二〇一六年の大統領選のばあい、宗教を重視する候補者は他にもいたし、早い段階でテッド・クルーズに多くの支持が集まるだろうと予想されていた。クルーズは、二〇一二年の上院選に立候補した時から人工妊娠中絶や同性婚に強硬に反対し、信教の自由の保障にも取り組んできた。大統領選への出馬表明の舞台には、南部ヴァージニア州のリバティ大学を選んだ。この大学は、一九八〇年代に宗教右派の中心的リーダーとして活躍したジェリー・ファルウェルが設立したものであり、福音派の重要拠点である。この大学における出馬表明でクルーズは、父親のボーン・アゲインの体験を演説に取り入れるなどして、選挙戦序盤から福音派の推す第一候補として期待されるようになったのである。トランプとは実績が違う。宗教票の獲得競争では、とてもトランプに勝ち目はなさそうだった。

にもかかわらずトランプは、宗教票を意識した発言を続けた。ことあるごとに、自分は長老派のキリスト教徒であり、聖書を愛読する熱心なキリスト教徒だと強調したのである。その一方で、宗教にまつわる失敗も繰り返した。聖書のなかで好きな箇所を尋ねられて答えられなかったり、いざ答えたときには、それが聖書の言葉ではなかったりした。福音派にアプローチするつもりで出席した教会が、リベラル派の教会だったこともある。教会で、献金皿と間違えて聖餐皿に金を置いたこともあった。

また、宗教保守への誤解が露見したこともある。トランプはインタビューに応えて、中絶をした女性はなんらかのかたちで罰するべきだ、と発言したのである。この暴言は、おおかた宗教保守にたいする通俗的な理解をもとにして「中絶反対」を過激に言ってみた、というところだろう。しかし実のところ宗教保守は、そのようなことは望んでいない。実際、宗教保守からも批判が沸き起こった。これを受けてトランプ陣営は、珍しく即座に修正した。「中絶の非合法化」を目指すことに変わりはない。しかし、そこで法的責任を負うのは女性ではなく、女性にたいして違法行為おこなった医師などである。そのとき女性は、子宮内の生命と同じく被害者である、と。しかし、クルーズも指摘したように、トランプがこの問題について真剣に考えていないことは明らかであった。

こうした失敗を繰り返しているからには、トランプを熱心なクリスチャンだと信じることはできないし、信仰にもとづく問題を深く理解しているとも思われない。トランプ陣営も、有権者がトランプを熱心なキリスト教徒だと信じているとは考えていなかっただろう。それでも見え透いたポーズをとり続けるのは、宗教保守を少なくとも敵にまわさないための方策だと見られていた。

ただ、失敗を繰り返しながらも、少し風向きが変わる出来事があった。それは、二〇一六年一月一九日にリバティ大学でおこなった講演でのことである。すでにふれたように、この大学はクルーズが出馬表明をおこなった場所であり、福音派の重要拠点の一つであった。そこでトランプは、「私はキリスト教を守る。私たちはキリスト教のもとに団結すべきだ」と訴えたのである。一見、この言葉そのものに何か福音派を惹きつけるようなものがあるとは思えない。それどころか、このスピーチのなかでも、「Second Corinthians（コリントの信徒への手紙第二）」とよむべきところを（イギリスではそうよむこともあるが）「Two Corinthians」とよむ、という失敗をしている。しかしそれにもかかわらず、この講演で、福音派の一部から肯定的な評価をえることに成功した。一月二六日には、ジェリー・ファルウェルの息子、ファルウェル・ジュニアが、トランプへの支持を表明した。このあたりから、少しずつ変化が生じてきたのである。

そのすぐ後の二月一日、共和党予備選の初戦であるアイオワ州党員集会では、クルーズが勝利した。アイオワ州では、参加者の六四％を福音派が占め、そのうち三四％がクルーズを支持し、トランプへの支持は二二％だった。[14] この時点でも、福音派はクルーズの勝利に大きく貢献したので、メディアは「福音派による勝利」と報じた。ただ、トランプが集めた支持も少なくない。裏では、むしろトランプへの支持が拡大する流れが生じていたのである。クルーズ陣営は、それを察知したからか、選挙用のテレビＣＭでトランプにたいするネガティヴ・キャンペーンを強化した。トランプが一九九九年に「人工妊娠中絶に賛成だ」と語る場面を繰り返し放映し、福音派からの信用を落とそうとしたのである。

しかし、その後もトランプは「私ほど聖書を読んでいる人はいない」などと言って、福音派へのアプローチを続けた。福音派の支持の変化は、続く予備選でトランプが三連勝を収めるあたりからはっきりしてくる。福音派からの支持が、ニューハンプシャー州とサウスカロライナ州では拮抗するようになり、ネバダ州ではトランプが上回ったのである。そして三月一日のスーパーチューズデーでは、福音派の多くがトランプを支持することになった。[15] トランプは、オクラホマ州とテキサス州以外の州で、大差をつけたのである。続いて三月四日、元神経外科医のベン・カーソンが撤退し、同月一一日にトランプ支持を表明した。カーソンは宗教保守を支持基盤としていたので、この表明は、トランプと福音派の関係を強化することになった。

そしてクルーズは、五月三日のインディアナ州の予備選で惨敗し、撤退することになったのである。ほとんどのメディアは、この撤退を「予想外」「電撃的」と報じた。しかし、宗教的観点からすれば、すでに限界を超えていたと言えよう。インディアナ州の予備選では、福音派の票が六割近くを占める。そこでトランプはその五六・五％を獲得したのに対して、クルーズは三七・五％しか得られなかった。[16]支持母体である福音派の大半が離れて戻らないことが明確になったのである。これは致命的と言わねばならない。

かくして二〇一六年の大統領選は、トランプとヒラリーの一騎打ちとなった。共和党の候補がトランプに決まったことで、福音派をはじめとする宗教保守は、決断を迫られることになる。そして六月二一日、ベン・カーソンらも同席して、五〇〇人ほどの福音派のリーダーがトランプと会談することになった。[17]

この時期から福音派のリーダーたちは、積極的ではないにせよ、トランプへの投票を働きかけるようになる。たとえば、家族研究評議会のトニー・パーキンスは、「ベストではないが、ベターだ」という言い方で、説得を試みるようになっていく。ちょうどその頃に実施されたピューリサーチセンターの調査では、白人福音派の支持が七八％になっている。

以上の経緯から見えてくるのは、共和党の予備選において一貫して変わらない宗教保守の影響力である。共和党は、一九八〇年代に明確な宗教保守政党になった。福音派は、共和党支持層の三割を占める最大規模のグループになり、それ以降、福音派の影響力は決定的になる。端的には、

「中絶反対」でなければ共和党の大統領候補にはなれない、ということである。トランプは他の点では「反主流派」路線をとった。つまり、必ずしも従来の共和党のあり方にしばられてはいなかった。しかし、そうしたなかにあって宗教保守は、変わらず重視されたのである。

もちろん、この時点でのトランプへの支持は、脆弱であったと言わねばならない。本選挙になれば、トランプ支持に消極的な人びとが投票に行かない、という事態も十分予想された。福音派と共和党が強く結びつくようになった一九八〇年代以降でも、たとえば二〇〇〇年の大統領選では、福音派の投票率は低かったのである。同様なことが起こらないとは限らない。

ところが、二〇一六年の選挙では、本選でもトランプへの支持が弱まることはなく、逆に八〇%まで支持率を伸ばした。この支持率は、共和党の近年の大統領候補者、すなわちミット・ロムニーやジョン・マケインのそれを超えており、さらには過激なまでに宗教的とみられていたジョージ・W・ブッシュのそれをも超えている。かくして福音派は、トランプ政権の主要な支持母体として大きな存在感をもつことになった。福音派を中心とする宗教保守は、トランプを押し上げた潮流のなかにあって、大きな流れの一つになっていると言えるだろう。トランプ現象と宗教は、何らかのかたちでかかわっている、と考えられるのである。

隠れた争点──中絶と同性婚

しかしでは、なぜ福音派は「トランプ支持」でまとまり、その支持は弱まるどころか、むしろ強くなったのだろうか。

一般的には、次の二つのことが説明される。一つは、福音派には下層中産階級が多く、宗教的理由というよりは経済的理由によってトランプを支持したのだろう、というものである。もう一つは、福音派と共和党の長年の強固な関係がそのまま継続されたのだろう、というものである[18]。たしかに、この二つが作用したことは間違いない。しかし、次のように考えを進めなければならないと思われる。一般的なトランプ支持者と福音派に階層的な重なりがあるとして、そこに何か違いはないのか。また、トランプ現象によって共和党が再編を迫られているにもかかわらず、なぜ福音派は影響力を維持したのか。トランプ現象の震源を見極めようとすれば、そのように問いを深めなければならないだろう。

そのことを考えるにはまず、宗教保守にかんする基本的な誤解を正しておかなければならない。それは、一言でいえば「宗教と世俗の関係」にかんする誤解である。宗教は、禁欲的で清貧を求めるものであり、金銭を遠ざけるものだ。トランプは大富豪であり、であるからには熱心なキリスト教徒からは疎まれるにちがいない。一般には、そのように考えられがちである。しかしウェーバーが『プロ倫』で指摘したように、金欲ならぬ禁欲が資本主義の精神に親和的なこともあるし、経済的成功を神の祝福のしるしとする見方もある。トランプは、酒も飲まず、朝早くから起き出し、勤勉な働き方をしてきたからこそビリオネアになれたのだ。そのように受けとって、早い時期から支持する福音派も一部にはいた[19]。「宗教と世俗の関係」は一筋縄ではいかないのであって、単純に対立関係にあるとは言えない。したがって「世俗的なトランプ」であっても、キリスト教徒から支持されることはありうるし、あまり熱心ではない信徒からだけ支持されるとも限らない。

また、これはのちに判明することであるが、二〇一六年の大統領選のさい、いくつかの取引が交わされていたようである。その一つは、「ジョンソン修正条項」にかんする密約であった。この修正条項は一九五四年、当時上院議員であったリンドン・ジョンソン元大統領が提出したもので、非営利団体が政治活動をするばあいには税免除資格を剝奪する、という法律である。これが制定されて以来、教会では、選挙の候補者を支持したり批判したりすることが禁止され、政治活動を制限された。トランプは、この法律の廃止を約束したのであった。こうした密約などもあって、たとえばフランクリン・グラハムなどの一部の指導者は、トランプ支持を打ち出していたようである[20]。

そこへ予想外にトランプが勢力を拡大し、福音派にとって第一候補であったクルーズが逆に失速したことで、「勝ち馬に乗り替える」という情勢論が働いたことも確かだろう。しかし、もちろん福音派のなかにはトランプを信頼できず、リーダーたちの呼びかけに疑問をもち、拒否反応を示すものも少なくなかった。こうした状態では、本選まで福音派を引き留めておける保証はない。

さきにふれたように、二〇〇〇年の大統領選では、福音派の投票率は低かった。二〇〇四年の大統領選とは違い、当初のブッシュは「宗教」にそれほど力を注いでいなかったからである。投票しなかった福音派は四〇〇万人にのぼった。この時ブッシュが一般投票総数で五四万票負けていたことからすると、福音派の票の重みがわかるだろう。トランプ陣営は、福音派の票をしっかり固めておかなければならなかった。そのためにトランプ陣営は対策を講じるが、そこに福音派の重視する問題が多く表れている。言いかえれば、そこには、トランプの巻き起こす波乱や、福音派への誤解によって見えなくなっていた争点が明確に組み込まれていたのである。

福音派が重視する大きな問題は二つあった。その一つは、二〇一六年五月、連邦最高裁判事の候補者リストを発表し、保守的な人物を選ぶと約束したことである。これについては後で詳しくみることにしたい。もう一つは、約束するだけではなく実際に、次のような大きな選択を実行してみせたことであった。

マイク・ペンス起用の背景

トランプ陣営は二〇一六年七月一五日、副大統領候補としてマイク・ペンスを起用すると発表した。これも、識者やメディアの予想外の人選であった。トランプは、公職に就いた経験がなく、また共和党の主流派と対立してきた。ゆえに副大統領候補には、議会や行政の経験が豊富で、主流派との橋渡し役にもなれる人材が望まれた。こうした点から最終的な有力候補と見られていたのは、元下院議長のニュート・ギングリッチと、ニュージャージー州知事のクリス・クリスティであった。

ところがトランプ陣営は、知名度に劣り、識者も予想していなかったマイク・ペンスを選んだのである。たしかにペンスは、二〇〇一年から下院議員を六期一二年にわたってつとめ、在任中には下院の予算委員長を二年間つとめた経験をもつ。ワシントンでのネットワークも豊富であり、共和党主流派にも人脈が多い。たとえば、連邦下院議長のポール・ライアンはペンスの長年の友人であり、「副大統領候補として最善の選択だ」として協力を約束した。またペンスは、二〇一三年にはインディアナ州の知事に転じており、大統領選でカギを握る中西部に地盤を持っている。

とはいえ、マイナス面も多い。そもそも政策において、トランプとは一致しないものが少なくなかった。たとえば経済政策では、TPP（環太平洋連携協定）やNAFTA（北米自由貿易協定）を強く批判するトランプに対して、ペンスはそれらを支持している。外交政策では、イラク戦争を「大変な間違い」と断じるトランプに対して、ペンスは対イラク戦略のほとんどを支持してきた。また、ロシアに好意的でNATO（北大西洋条約機構）に批判的なトランプに対して、ペンスはロシアの拡張主義を警戒してNATOの強化を訴えている。

このように、要となる政策で二人はするどく対立していたのである。そればかりか、実際に政治的にも対立関係にあった。ペンスは、インディアナ州の予備選ではクルーズを支持した。しかも、さきにふれたように、ムスリムの入国禁止発言を受けて「侮辱的で、憲法違反だ」と批判したインディアナ州の知事とは、ペンスだったのである。

こうした点を考えると、識者のほとんどがペンスではなくギングリッジやクリスティを最有力候補に挙げていたのは当然だろう。実際、トランプ陣営でも、二〇一六年五月の時点では、副大統領候補のリストにペンスの名前はなかった、とも言われる。にもかかわらず、その二カ月後の七月にはペンスを選んだ。なぜ、そうしたのか。その内幕はわからない。しかし、少なくとも宗教保守からは、さきにみた二〇一六年六月の会合が大きな成果を生んだのだ、と受け取られた。宗教保守にとってペンスは、主流派や議会との調整役というより、まずボーンアゲイン・クリスチャンであり、文化戦争のリーダー的存在だからである。こうした見方は、福音派の勝手な受け取り方ではない。ペンス自身、自分のアイデンティティを「第一にキリスト教徒、次に保守主義者、最後に共和党員」と説明している。

ペンスはもともとアイルランド系のカトリックであったが、大学時代にボーン・アゲインを経て、信仰のうえで福音派となった。政治のうえでも、「同性婚禁止」や「中絶違法化」に積極的な姿勢を示していた。ただ、それでも知名度が高かったわけではない。はからずもペンスを全国的に知られる存在にし、しかも福音派から将来有望な政治家として期待されるようになった契機は、二〇一五年三月の出来事にあった。「宗教的自由回復法（ＲＦＲＡ）」に署名したことで、全米に議論が巻き起こったのである。

報道では、この法律によって、企業や組織が、宗教的信念を理由にＬＧＢＴの人びとへのサービスを拒否できるようになり、差別を正当化できるようになる、と伝えられることが多かった。

そうした説明は、正確なものではないし、間違いであると言ってもよい。ＲＦＲＡは、第四章でみたように、宗教的マイノリティを守る法律であった。事実としては「やむにやまれぬ利益がない限り、政府や自治体が、個人の信仰の自由に負担をかけることを禁止する」という法律である。つまり、その目的は「信教の自由」を守ることであり、差別を正当化することではない。そのことは一九九三年、ＲＦＲＡが連邦議会によって初めて制定されたさい、宗教団体だけでなく、リベラル派の人権団体までもが賛同したことからもわかるだろう。そしてＲＦＲＡが連邦法として定められて以降、すでに一九の州で同様の法律が制定されていた。にもかかわらず、二〇一五年になって全米規模で騒動や議論になったのは、後でみるように、文化戦争が作用していたからなのである。

たしかにＲＦＲＡには、文化戦争の火種になる要素もある。ある人の「信教の自由」の表明が、ＬＧＢＴへの差別的表現とみなされる可能性は否定できない。たとえば、自分の営む店でLGBTの集会が催されるのは信仰のうえで受け容れられない、というような事例である。ここには、ムスリムの風刺画問題にみられるような「表現の自由」や「信教の自由」、差別などがからむ複雑な問題が孕まれている。乱用もされかねない。とはいえ、すでに制定されていた一九の州では、それがそのままＬＧＢＴの差別につながっているわけではなかった。しかし、すでに火のついた文化戦争にあってＲＦＲＡは、両陣営から特別視されるようになる。アップルやウォルマート、アメリカン航空、マイクロソフトといった米国を代表する大企業をはじめ、ビジネス界のリーダーや市民団体から激しい反発を受けることになったのである。ペンスは、ＲＦＲＡには差別的な意図はないと弁明しつつも、議会に再検討を要請し、「法律を理由とした差別は認められない」などとする修正案に、改めて署名せざるをえなくなった。

かくしてペンスは、文化戦争を背景として注目され、はからずも両陣営からその中心人物として全米規模で認知されたのである。福音派からは「信教の自由」の守護者と見なされ、リベラル派からは、「LGBTの敵」「女性の敵」と見なされるようになった。

こうして見てくると、多くのマイナス点があるにもかかわらず、トランプ陣営がペンスを選んだ理由がわかるだろう。二〇〇〇年の大統領選の反省もあって、宗教保守の票を固めるためにも、文化戦争と福音派を重視しなければならなかったのである。そのためには、トランプとは違って福音派を代表する存在であり、中絶や同性婚の問題に精通し、それらの違法化にも積極的なペンスの起用が欠かせなかった。こうした視点をもってようやく、表６－１で示された数値からだけではわからない、中絶や同性婚という文化戦争の作用が明らかになるのである。

3　宗教保守の選択

文化戦争が作用したのは予備選だけではない。二〇一六年の本選でトランプが勝った大きな要因としては、ヒラリーが嫌われたから、ということが挙げられる。ただし「反ヒラリー」には、いくつかの側面があった。一つは、ヒラリーが長年ワシントンにいた既成の政治家であり、エスタブリシュメントだからというもの。もう一つは、経済であれ外交であれ、オバマの政策を受け継ぐ政治家として忌避された、というものである。しかし、さらにもう一つ、ヒラリーがオバマから引き継ぎ、「反ヒラリー」を強固にさせたものがあった。

オバマは、二〇〇八年の大統領選では、中絶や同性婚の問題に中立的な立場をとり、文化戦争の融和をはかった。そうすることで福音派の一部から支持を得ることに成功したのである。ところが二〇一二年五月には、明確に「同性婚」への賛成を表明した。リベラル派の支持を固めるために、宗教保守を切り捨てたのである。これは、オバマが文化戦争の調停という課題に挫折した、ということにほかならない。

さらに文化戦争による対立は、二〇一五年六月、連邦最高裁が「同性婚を禁止する州法は違憲」というオーバグフェル判決をくだすことで加速する。この判決によって、全ての州で「同性婚」が許可されることになった。これで法律の観点からすれば「同性婚」の問題は決着したかにみえる。しかし、判決では九人の連邦最高裁判事が「五対四」に割れていた。二〇一五年のピュ一リサーチセンターの世論調査でも、賛成が五五％、反対が三九％であった。こうした観点からすれば、問題が解決したとは言えないだろう。しかも、反対票の多くが強固な宗教勢力であったことからすれば、文化戦争による亀裂はむしろ深くなったと考えられる。[21] その後もオバマ政権では、LGBTを支援する政策を展開していった。たとえば二〇一六年五月には、全国の公立学校に、トイレの使用にかんする通達を出した。生徒が自認する性別のトイレを使えるように学校に認めさせ、心と体の性が異なるトランスジェンダーの人びとの権利を擁護するためである。それに対して、共和党の州知事らが激しく反発し、文化戦争は激化した。

ただ、そうした文化戦争の要素も、「トランプの巻き起こす波乱」の大きさのなかで目立たなくなった。たとえばトランプは、折にふれＬＧＢＴの人びとを守る、と言ってきた。トイレの使用についても理解を示したことがある。[22] 大統領候補指名受諾演説でも、福音派の支援に感謝を述べる一方で、ＬＧＢＴの人びとを守るとも主張した。この点は選挙戦において一貫しており、トランプを支援するＬＧＢＴの団体も出てきた。そのことが両陣営を混乱させ、文化戦争を見えにくくさせたのである。

ただしトランプは、ＬＧＢＴを尊重すると言う一方で、「同性婚」は違憲だとはっきり言っている。もちろんそれでも、煮え切らない態度だと見られても仕方ない。トランプ陣営としては、福音派を安心させなければならない。その意味でも、ペンスの起用が必要だったわけである。そして二〇一六年の「共和党綱領」では、福音派からの要望に応えて次のような事項が盛り込まれた。中絶や聖書教育にかんする従来からの主張に加えて、一つに、オーバグフェル判決への反対が表明され、同性婚の否定が明言されている。二つに、同性愛者へのサービスを拒否する店の保護が挙げられ、ＲＦＲＡへの態度が明確にされている。ここに、ペンス起用の意味が、ひいては文化戦争の作用が見てとれる。

一方、ペンスの起用は、民主党に歓迎されたところもあった。民主党は、予備選で分裂していた。その点、ペンスは民主党を団結させるのには格好の敵であり標的と受け取られたのである。トランプは、もとは中絶に賛成していたし、ＬＧＢＴにも理解を示しているが、ペンスは「女性の敵」「ＬＧＢＴの敵」にほかならない。それを強調すれば、ヒラリー嫌いのリベラル派も、民主党に呼び戻せるかもしれない、という期待である。

民主党は、二〇〇四年の綱領では、伝統的な男女間の結婚の枠組みを明確に支持していた。オバマ大統領も二〇〇八年当初は、同性婚の問題には中立的な立場をとっていた。ところが、二〇一六年の民主党の綱領では、同性婚が全米で合法化されたこと、つまりオーバグフェル判決を称賛した。またこの時初めて、ハイド修正条項の無効化を目標とした。ハイド修正条項とは一九七六年、連邦政府の資金を中絶にかかわる費用として使うことを禁止した法律である。それらを見れば、二〇一六年の民主党綱領が、新たな領域に踏み込んでいることがわかるだろう。合わせて民主党大会においても、初めてトランスジェンダーを公表している人物が演説した。また、中絶を支援している団体の会長が、自分の中絶経験を誇らしげに語り、聴衆から拍手がおこるという場面もあった。それほど、ＬＧＢＴや女性の権利拡大を強調していたのである。二〇一六年の大統領選では、民主党のリベラル色が急進化したと言えよう。

本選で文化戦争の作用を生み出したのは、短期的にはペンスであるが、中期的にはオバマ大統領だったと考えられる。宗教保守にとってオバマは、いったん宗教に理解を示しておきながら同性婚について翻意したことから裏切り者に見えた。ヒラリーは、その意味でもオバマ路線を引き継ぎ、さらに急進化させる存在になった。反ヒラリーの理由は、ヒラリーが文化戦争のなかにあってリベラル文化を急進化させたから、という側面もあるのである。

文化戦争の波及

福音派は、ヒラリーを支持することはもちろん、ヒラリーを利するようなこともできない。かくして福音派は、積極的ではないにせよ、トランプを支持せざるをえなくなった。2016年のピューリサーチセンターの調査によれば、トランプに投票する理由は、本人への支持よりも「反ヒラリー」のほうが上回っている。他の調査によれば、トランプを「あまり・ほとんど」宗教的ではない、と考える者が四四%もいた[23]。ここから、トランプを信頼していないにもかかわらず支持する、という福音派の姿勢が見てとれる。政治的な影響力を確保するために、政治的な妥協をした、と言ってもいいだろう。

第五章でみたように福音派は、常に安定した形で政治や社会に働きかけてきたわけではない。福音派の一部が政治化した「宗教右派」は、盛衰を繰り返してきた。理念や運動のあり方をめぐって、少なからず内紛や分裂を繰り返してもいる。二〇〇七年にはジェェリー・ファルエルが他界し、「クリスチャン連合」を率いたパット・ロバートソンもカリスマ的な存在感を失ってきた。二〇〇八年の大統領選挙においては、自分たちの支援する共和党候補の選出で迷走し、結局は、統一候補を立てられないという事態を招いてしまった。それに懲りた福音派は、かりに信仰を共有していないと思われる候補でもあえて支援する、という政治判断をおこなうようになったのである。二〇〇八年には、積極的ではなく確固としたものではなかったが、ジョン・マケイン上院議員を支持することに決めた。マケインは、かつてファルウェルやロバートソンを「不寛容の手先」とののしった過去があり、険悪な関係にあった。結局はマケインが、中絶と同性婚にはっきり反対すること、また保守的な判事を指名することを約束して協力関係になったのである。二〇一二年にも福音派は、熱心なモルモン教徒であるミット・ロムニーを異端として嫌っていたにもかかわらず、最後は同じように支持を決めたのだった。

こうした経験は、二〇一六年の大統領選のさいに、トランプ支持でまとまるための下地になっていたと言えよう。トランプ自身は信頼できないにしても、ペンスが副大統領に起用され、共和党綱領で姿勢が明確になるのであれば、文化戦争を優位にすすめられる。福音派は、トランプ自身よりも文化戦争を重視したのである。

こうした文化戦争の対立は、より具体的な争点に作用し、両党に影響を与えた。共和党で最も重視されたのは、すでに少しふれた連邦最高裁判事の人選である。この重要性は、第四章でみたことからすれば明らかだろう。もちろん、これは、宗教的要素だけではなく銃規制なども含んだ、ひろく「リベラル／保守」という枠組みで判断される大きな問題である。しかし、一九七三年の「ロー対ウェイド」で中絶の是非が争われて以降、とくに価値観をめぐる問題として重視されてきたことは間違いない。

連邦最高裁の判事には定年がないため、定員九人の勢力図はなかなか変わらない。しかしだからこそ、指名権をもつ大統領は、チャンスがあればその後数十年にわたる最高裁の方向性を決めることができる。その点、オバマ大統領は二〇〇九年に、女性で三人目、ヒスパニック系では初めてとなるソニヤ・ソトマイヨールを任命できた。続いて二〇一〇年には、女性で四人目となるエレナ・ケーガンを任命できた。これらはリベラル派の判事の退任にともなう任命であったため、最高裁に大きな変化はなかった。リベラル派が四人、保守派が四人、中間派が一人という構成である。ただ、定年のない最高裁判事にリベラル派が続けて任命されたことは、リベラルな勢力が長く維持されることを意味する。

そこへ二〇一六年二月、アントニン・スカリア判事が急死し、ポストが一つ空席になった。スカリア判事はイタリア系のカトリックであり、中絶の権利拡大を防ぐ守護者として、宗教保守から絶大な信頼を得ていた。もし後任がリベラル派の判事となれば、勢力バランスが変わり、最高裁のリベラル化が進むことは間違いない。しかも、二〇一六年の時点で七八歳以上の判事が三人いた。つまり次の大統領は、いつも以上に指名権を行使できる可能性が高い。

もしヒラリーが当選し、最高裁判事を選ぶとなると、リベラル派の優位は決定的になり、そのあと数十年にわたって変わらない可能性がある。となれば、トランプを支持することに消極的な者も、あるいは否定的な者ですら、トランプに投票せざるをえない。かくて、次のような判断が生じる。同性婚については、オーバグフェル判決が出たばかりだ。文化戦争の歴史をふりかえれば、同性婚をめぐる戦いは、中絶と同様に長期戦になる。[24]今回は、とくにＬＧＢＴを重視しても仕方ない。しかもＬＧＢＴに理解を示しているトランプを支持せざるをえないとしたらなおさらだ。それよりも、最高裁判事の人選のほうが重要である、と。こうして表１にあったように、福音派が重視する争点としては、ＬＧＢＴが二九％と際立って低く、最高裁判事の人選が七〇％になった、と考えられるのである。

他方、急進的なリベラル化は、民主党へも大きな影響をおよぼした。それによって、福音派だけでなく、生命倫理に敏感で、宗教保守の一角をなすカトリック保守の離反を招いたのである。ローマ教皇からの牽制もあって、トランプのカトリック票獲得は期待できないだろう、と予想されていた。トランプも、ローマ教皇のコメントが報じられたさいには、個人の信仰のなかにふみ込んだ恥ずべきコメントだとして、強く反発した。しかし、ＣＮＮの討論会ではそれを撤回し、逆に理解を示した。ローマ教皇は、おそらく一方的な情報を与えられて、それをもとにコメントしただけにちがいない。そのコメントも、メディアによって曲解されて報じられたのだろう、と。さらには、教皇は人格者で、特別な人であり、自分は「教皇のことは好きだ」とまで言ってのけた。福音派にたいする接し方と同様に、決して敵にまわさず、できれば味方にしようという戦略が見てとれる。

もちろん、そうした言動も、見え透いた白々しいポーズにしか見えない。しかし、この戦略も間違ってはいなかったのである。トランプは二〇一六年五月、白人の保守派だけで占められる一人の最高裁判事候補リストを発表した。中絶の権利拡大に反対する候補者ばかりで、その点ではカトリックから好まれるリストであったと言えよう。とはいえ、これだけで大きな変化は起こらなかった。この年の八月に発表された調査でも、カトリックからの支持率はヒラリーが六一％で、トランプは三四％と、二七ポイントの差があったのである。[25]

ところが一一月の本選では、ヒラリーが四五％で、トランプは五二％を獲得した。[26]これほどの逆転はめったにない。変化のきっかけは、一〇月一九日におこなわれた第三回テレビ討論会だと考えられる。ここでは、「部分出産中絶」についての見解が求められた。これは、人工中絶のなかでも妊娠後期になされる中絶のことで、民主党のなかにも反対が出るほど微妙な問題である。[27]しかしヒラリーは、明確に「部分出産中絶」を支持した。それに対してトランプは「恐ろしい」と言ってはっきり反対姿勢を示した。これが、生命倫理に敏感なカトリックを動かしたと考えられるのである。

急進的にリベラル化した民主党は、一部で結束を固めたかもしれない。しかし同時に、宗教保守の一角をなすカトリックの中の保守派を離反させた。こういうかたちで、文化戦争は民主党の中でも作用したのである。

では、以上のような文化戦争の作用は、アメリカの社会や歴史のなかで、どのように位置づけたらよいだろうか。社会思想史の観点からすれば、次のように考えられる。

二〇一六年の大統領選におけるリベラル文化の急進化は、ヒッピームーヴメントや性の解放といった一九六〇年代のカウンターカルチャーの興隆に通じるところがある。その時の「反主流文化」の興隆は、七〇年代には、カウンター・カウンターカルチャー、つまり「反・反主流文化」の流れを生じさせた。このなかで、福音派を中心とする宗教保守の勢力が拡大したのである。八〇年代には、福音派の一部が政治化してまとまり、宗教右派が組織された。[28]この流れから九一年に「文化戦争」という言葉が生まれたのである。その言葉は、翌九二年、共和党全国大会の基調演説で、パット・ブキャナンが使ったことで広く用いられるようになった。ブキャナンは、人工妊娠中絶や同性婚、ポルノなどをやり玉にあげ、そのうえで、キリスト教的価値観を掲げて「私たちの文化を、そして私たちの国を取り戻さなければならない」と激しく訴えたのである。このように、リベラル文化が急進化し、それに対抗するかたちで「保守的な文化を取り戻す」と訴える共和党候補が出てくる。そうした文化戦争の歴史が、二〇一六年の大統領選には縮図として表れたと言ってよいだろう。[29]

すでに見たように、二〇一六年の大統領選で文化戦争の具体的な問題となったのは、「ポリティカル・コレクトネス」であった。トランプの発言は、「政治的な正しさ」に反しているから暴言とされたのである。しかし、その暴言は、白人の労働者だけでなく、白人の比較的裕福な階層からも支持された。ゆえに「ポリティカル・コレクトネス」への反発は、白人からの叛逆だと見なされている。そうした反ＰＣの流れが生じた原因については、人口統計の予測などから説明さ

図6－3　ゴッド・ギャップ（白人福音派の政党支持）～2019

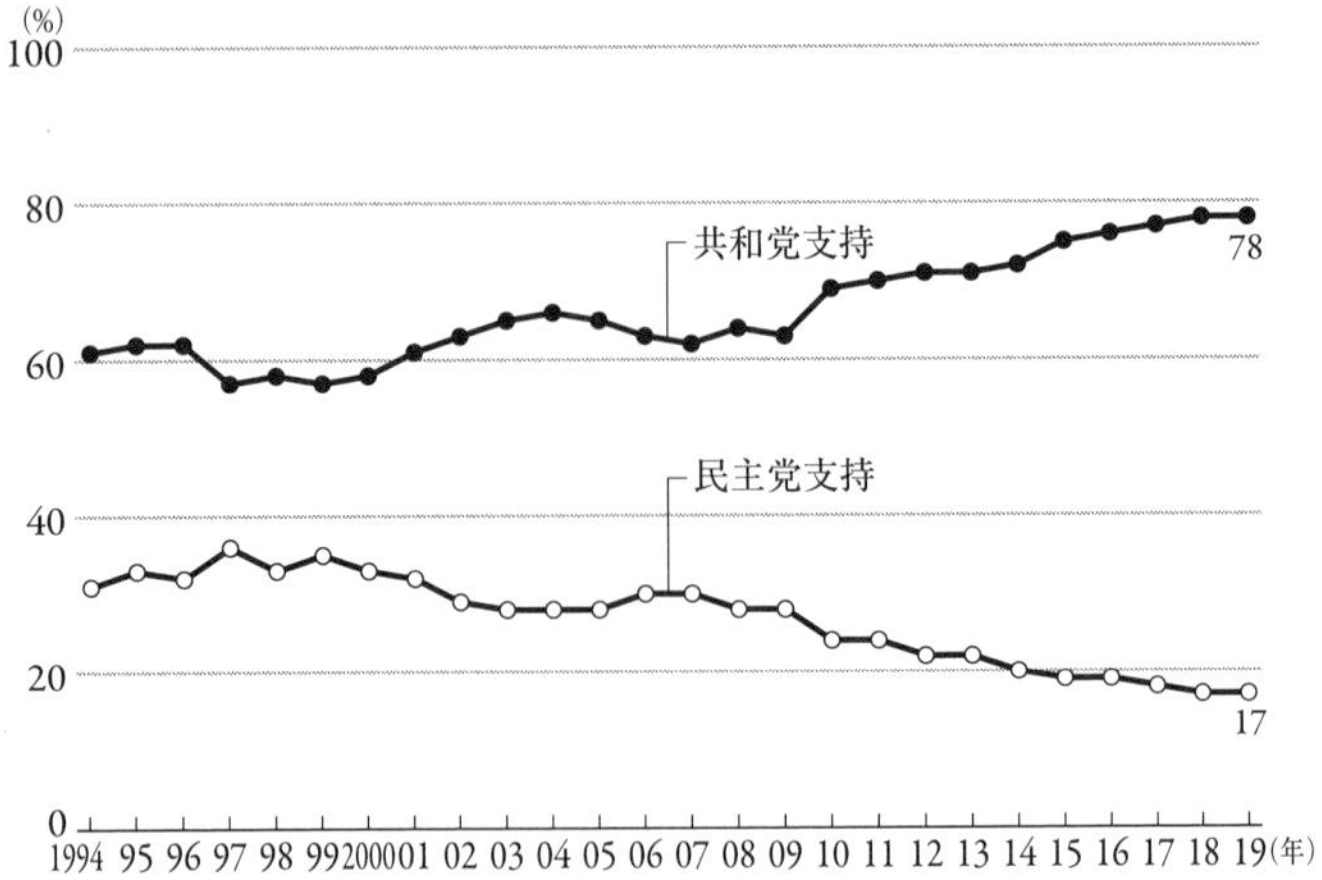

［出典］Pew Research Center, 2020年

れることが多い。たとえばピューリサーチセンターによると、非ヒスパニック系白人の割合は、一九七〇年代半ばには八四％だった。それが二〇一五年には六二％まで減っている。この傾向は今後も続き、非ヒスパニック系白人の割合は、二〇五五年には人口の半分以下になり、六五年には四〇％にまで減るだろう、と推計されている。このように、白人がマイノリティに転落しはじめたことの焦りとして反ＰＣが生じている、ということである。

反ＰＣのような動向は、極端な白人至上主義でなくとも、今後も続くと考えざるをえない。白人は、移民の国の基盤を支えてきたのは自分たちだと自負し、それ相応の「承認」を求めている。しかも白人は、いまや人口のうえでも文化のうえでも自分たちをマイノリティだと捉えるようになってきた。白人の叛逆は「存在をかけた闘い」にまで深まっている。そうした意味で文化戦争に加わった白人が、トランプ支持にまわったと考えられるのである。

そして、一九八〇年代に始まったと考えられるゴッド・ギャップも、およそ図6−3から分かるように、結局のところ、大方の予想に反して解消せず、それどころか拡大していくことになる。

就任式と宗教

大統領就任式がおこなわれた二〇一七年一月二〇日は、教会における祈りで始まった。[30] その日の朝、トランプは、家族とともにホワイトハウス近くのセント・ジョンズ教会へ向かい、祈りを捧げた。続いて、連邦議事堂で開かれた就任式には、多くの聖職者が登壇した。フランクリン・グラハム牧師をはじめ、ニューヨーク大司教であるティモシー・ドーラン枢機卿やヒスパニックのサミュエル・ロドリゲス牧師、女性テレヴァンジェリストのポーラ・ホワイト牧師、ユダヤ教のラビであるマーヴィン・ハイヤー、「繁栄の福音」をアフリカ系市民に唱導するウェイン・T・ジャクソン牧師らである。

これらの聖職者に見守られながらトランプは、かつてリンカン大統領が使っていた聖書と、自分が子供のときに母親からもらった聖書とを重ね、そこに左手を置いて宣誓した。就任演説では、「見よ、兄弟が共に座っている。なんという恵み、なんという喜び」（詩編133：1）という聖書の一節を引いた。さらに、就任から一夜が明けた二一日の朝、トランプ大統領は、米国聖公会のワシントン大聖堂におもむき、キリスト教、ユダヤ教、イスラームなど、さまざまな宗教の聖職者が祈りをささげる恒例の祈禱会に参加した。

さきにみた大統領就任演説については、こうした就任式前後の流れの中に置くことで、あらためて見えてくるものがある。これまで本章で考えてきた「保護」の、最後の意味である。

恐れることはありません。私たちは守られています。そして、私たちはこの先も守られるでしょう。私たちは軍や警察組織の偉大な人たちに守られています。

そして、最も大切なのは、神によって守られていることです。

私たちは守られている、ということが再び強調されている。誰によって守られるのか。ここでは軍や警察組織の「偉大な人たち great men」ということになっている。しかし、暗示されているのは、その組織の統率者である「アメリカ合衆国大統領ドナルド・トランプ」の存在であろう。その偉大な人たちによって、アメリカは再び偉大になる。しかし、偉大な人たちとは、軍や警察組織の人びと、あるいは大統領だけではない。たとえば、トランプは「生活保護を受けている人たちに仕事を与え、アメリカの労働者の手と力で国を再建します」と言っている。演説の最後は「ともに力を合わせ、われわれがアメリカを再び偉大な国にするのです！」と締めくくった。自らが働き、汗を流し、場合によっては血を流し、自分で自国を再建し守る、というアメリカのあり方を描いているのである。トランプやトランプ支持者が想定しているのは「大きな政府」ではない。繰り返された「保護」とは、必ずしも政府による保護ではないのである。トランプは「自立」を国民に促したのであり、国民も「自己統治」を求めている。トランプ政権は、こうした「国民のあり方」を中央政界の政治家や国際機関の官僚から保護するにすぎない。このように、自立や自己統治を取り戻そうとする姿勢は、ブレグジットにも共通していると言えるだろう。いずれにせよ、トランプ支持者は、自分たちこそアメリカを再び偉大にする「偉大な人」だと受けとることができた。たとえ格差はあっても、努力すれば成功の道はひらかれ、しかも、アメリカを偉大にするための一翼を担うことができる。忘れられた労働者階級にとっては、それがアメリカン・ドリームの回復だったと考えられる。

とはいえ宗教保守からすれば、本当に偉大なのは自分自身ではないし、トランプでもない。たしかに、現代の世界情勢のなかでキリスト教徒を守るには、なりふりかまわず大統領を味方につけておかなければならない。しかし本当にキリスト教を、あるいはキリスト教国たるアメリカを守れるのは、大統領ではない。トランプは、そうした福音派の世界観に配慮して"Most importantly, we are protected by God"（最も大切なことは、われわれが神によって守られている、ということです）と付け加えたのである。トランプが繰り返した「保護」のレトリックは、こうして完成する。[31]

トランプは、当選後の初会見でも「神が創造した最も雇用をつくる大統領になる」と言った。一般的には、これは、あきれるほどの大言壮語にしか聞こえない。しかし、これまで論じてきたことをふまえれば、この言葉にもトランプ政権の支持基盤が表れていることがわかる。以上のようにトランプの演説や言葉をみれば、アメリカにおけるトランプ現象に、経済、政治、文化、宗教がそれぞれどうかかわっているか、ということが明らかになる。

あらためて言えば、二〇一六年の大統領選には、文化戦争の歴史が縮図となって表れていた。文化戦争は、一九六〇年代にリベラルな文化が急進化することによって始まった。七〇年代には、それに対抗するかたちで宗教保守が勢力を拡大し、八〇年代に入ってからはアメリカ社会全体の保守化が進んで、九〇年代には「保守的な文化を取り戻す」と訴える政治家が大きな支持を集めた。同じような経過は、二〇一二年にオバマ大統領がリベラル色を急進化させてから一六年にトランプが勝利するまでのプロセスに見ることができる。しかし、そうしたパターンは、たんに繰り返されているわけではない。オバマ以後の文化戦争は、短期間で展開し、そこで生じている摩擦や対立は、これまで以上に激しくなっている。

文化戦争の進展が加速し、分裂や亀裂が深まっているのは、それが世界的な潮流とつながっているからだと考えられる。グローバル化は、宗教復興と合流することによって、各地でトランプ現象を引き起こすようになった。端的には、安定的な形で受け容れられる量を超えた移民や難民の流入が、経済、政治、文化、宗教いずれの次元でもヨーロッパ内に摩擦を引き起こし、対立を生じさせ、ひどいばあいにはテロを誘発している。それらが、二〇一六年のブレグジッドやトランプ勝利に大きく作用したことは言うまでもない。

ある研究は、オーストリア、ベルギー、デンマーク、フランス、ドイツ、アイルランド、イタリア、オランダ、ノルウェイ、スウェーデン、スイス、カナダにおける政党の綱領を分析し、トランプ現象との関連を指摘している。それら西洋先進諸国の政党綱領にうたわれた争点を「経済」問題と「非経済」問題に分け、その変遷をみてみる。すると、一九七〇年頃から「非経済」の争点が多くなり、この二〇年ではさらに増えている。つまり、アメリカと同じように、西洋の先進諸国にあっても、非経済的な問題が、ひいては文化的な問題がより重視されるようになっているのである。こうしたことをふまえ、この研究は、トランプ現象を労働者階級の経済的貧困だけでなく、先進諸国で進展したリベラルな価値観にたいする「文化的反動」だと説明している。[32]

アメリカのばあい、国民文化の中心となっていたのは、白人文化というより、正確にはWASP（White Anglo-Saxon Protestant）、すなわち白人のアングロ＝サクソン系プロテスタントの文化であった。そこには、プロテスタントという宗教的要素が抜きがたく組み込まれている。図6－4によれば、アメリカ国内におけるキリスト教徒の人口は、二〇一〇年には七八・三％だった。それが、二〇五〇年には六六・四％にまで減ると推測されている。それに対して二〇一〇年に〇・九％だったムスリムの人口は、二〇五〇年には二・一％になる。すなわちムスリムが倍増し、キリスト教に次いで二番目の「宗教勢力」になる、と推測されているのである。それを身近に感じているキリスト教徒からすれば、危機感を抱かざるをえないだろう。とくに、ムスリムとテロリズムが安易に結び付けられる状況にあっては、切迫した問題として受け取られる。

図6－4　米宗教人口の変化予測 2010-2050

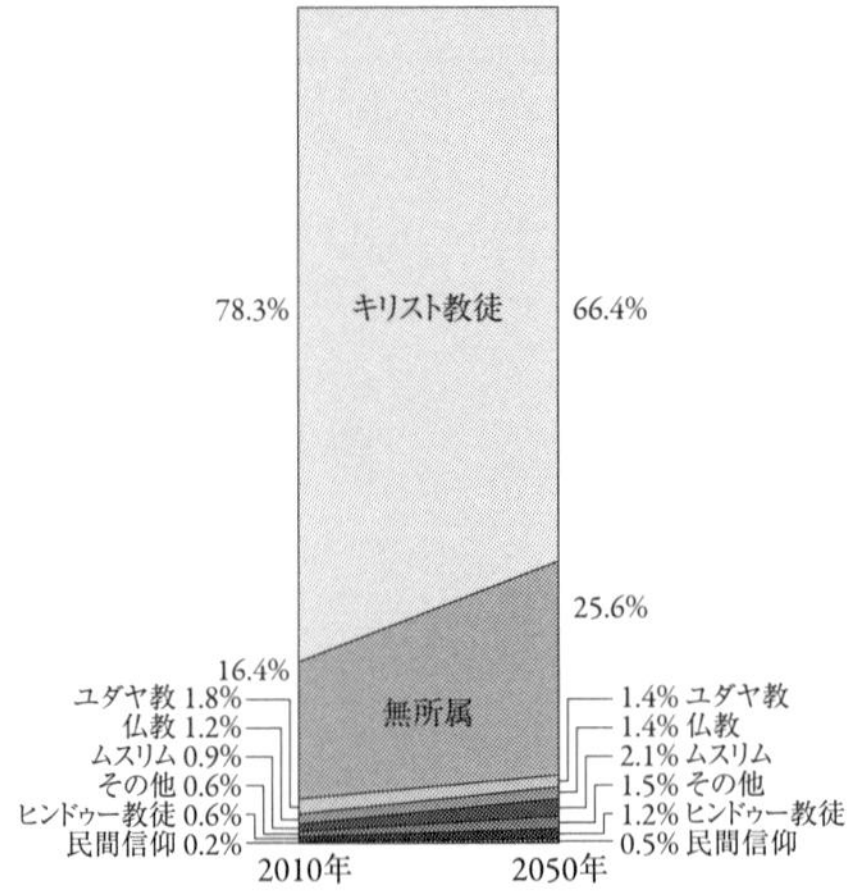

［出典］Pew Research Center, 2015年

表6－1で見たように、主要な争点として「テロリズム」を挙げていたのは全有権者のうち八〇％であった。それに対して、白人福音派では八九％となっていた。社会階層の重なりとは異なる宗教的要素が、この九ポイントの差を生じさせている、と考えられる。

ちなみに、図6－4にある「無所属 unaffiliated」は、たいてい「無宗教」と訳される。近年、この「無宗教」が増加しているデータをみて「宗教の影響力が低下している」と言われることが多い。しかし、「unaffiliated」とは実際には、教会に「無所属」ということである。ここに分類される人びとのなかには、無神論者や不可知論者などの世俗主義者とは違い、宗教的なものに関わっている者も少なくない。こうした点を見逃すと、宗教の力を過小評価することになる。

宗教をめぐる文化戦争は、アメリカだけの問題ではない。図6－5は、二〇六〇年にはキリスト教徒とムスリムの人口が並び、その後はムスリムがトップになるだろう、という推計である。世界的な潮流としてはキリスト教徒の人口も増えていくが、ムスリムの人口増加はそれをしのぐ。

これは、一九七〇年代から観察されるようになった「宗教復興」の潮流の一つにほかならない。このような予測は、テロが頻発するようになり、難民が押し寄せるようになったヨーロッパでも、痛切な危機感を抱かせる。

その背景である宗教復興は、イスラームの復興や福音派の世界的な展開、あるいは宗教的背景をもった民族紛争の頻発やイスラム過激派の拡散など、多様な要素を含んでおり、簡単には論じられない。また、アメリカでは増加傾向にある「無所属」は、世界的にみれば減少傾向にある。

図6－5　世界の宗教人口比率の予測

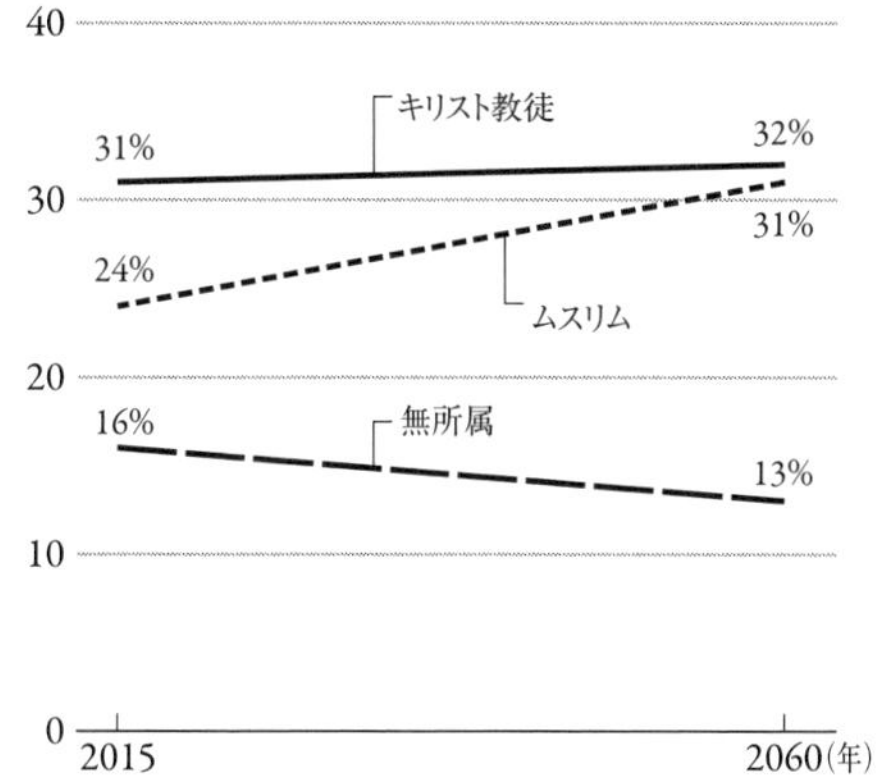

［出典］Pew Research Center, 2017年

ここでは、二〇一六年のアメリカ大統領予備選中に、福音派の支持傾向に変化が生じた時のことを思い出さなければならない。この時トランプは、「私はキリスト教を守る。私たちはキリスト教のもとに団結しなければならない」と訴えたのであった。それだけでなく選挙期間中には、アメリカ国内のキリスト教徒が、いかに文化的、政治的に攻撃されているかについて同情を示し、国外のキリスト教徒が、いかに迫害され、虐殺されているかについて指摘している。フランクリン・グラハムは選挙後、福音派がまとまってトランプを支持したのは、つまるところト

ランプが「キリスト教を守る」と言ったからだとして、次のように説明した。「キリスト教が世界中で、戦闘的なムスリムだけでなく、世俗主義によっても攻撃されているのを見るとき、キリスト教を進んで守ろうとする指導者を持つことは、私たちを元気づけてくれるのです」と。[33]

福音派は、アメリカ、そして世界におけるキリスト教の劣勢に、あるいはリベラル文化の急進化にたいして深刻な危機感をもっている。トランプは、そこをうまく捉えたのであった。一見、なんの変哲もない「キリスト教を守る」という言葉は、以上のような文脈をふまえることでようやく、福音派の行動を変えるほどの重みをもつ言葉だった、ということが明らかになる。いわばトランプは、宗教復興をめぐる世界情勢を背景にして宗教保守の支持をとりつけたのであった。トランプ現象は、宗教復興の潮流によっても起こっている、と言える。

もはやトランプ現象を、一過性の反動現象として片づけるわけにはいかないだろう。アメリカであれヨーロッパであれ、グローバリズムによって産業構造が地盤沈下し、文化戦争によって国民国家に亀裂がはしり、宗教復興によって市民社会の土台が崩れてきた。トランプ現象は、それらが重なりあい、作用しあう地殻変動によって起こっている、と考えられる。そのように、多層的で奥深い震源からトランプ現象が生じているとすれば、時代の全体的潮流そのものが変わってきたと言ってもいいように思われる。ここまで本書で考えてきたことからすれば、「総かり立て体制」によって諸国の地盤が歪《ひず》み、それがポピュリズムという地殻変動を引き起こしている、と言ってもいいだろう。これも「ポスト・アメリカニズム」の潮流にほかならない。

第七章

マルチカルチュラリズムと世俗主義

1　多文化主義の隘路

この章では、トランプ政権が成立した後のアメリカの問題をとりあげ、多文化主義における課題ならびに世俗主義がはらむ盲点を具体的にみてみよう。そのうえで、ポスト世俗主義のあり方について考えてみたい[1]。

アメリカは「移民の国」ではない⁉

二〇一七年一月、大統領に就任したトランプは公約していた政策を次々に実行し、それぞれが大きな波紋を広げていった。選挙の公約を着実に守ることが、これほど批判されるのは前例のないことだろう。それだけアメリカが分裂し、亀裂が深いことを示している。

就任早々に連発された大統領令のなかでも、きわだって大きな波紋を広げたのは、入国制限を定めた大統領令であった。これは、グローバリズムやテロリズム、あるいはブレグジットとも関連する重要な問題である。

トランプ大統領はこの年の一月二七日、指定した七ヵ国（イラン、イラク、シリア、イエメン、スーダン、ソマリア、リビア）からの入国を九〇日間、難民の受け入れを一二〇日間ほど停止する大統領令に署名した。反トランプ派は、これを「イスラーム入国禁止令」だと批判し、抗議デモや共同声明など、さまざまな手段で抵抗した。イスラームという特定の宗教を差別しているという意味で、「宗教差別」に基づく政策だと考えたのである。また、信教の自由に反しているとされ、執行差し止めを求める複数の訴訟が起きた。

それに対してトランプ派は、これはあくまでテロ対策のための「一時的な入国制限令」にすぎない、と反論した。もし宗教差別ならば、ムスリムの多い他の国々も指定しているはずだし、そもそもこの七カ国は、オバマ政権が「テロ懸念国」として規制の対象にした国にほかならない、と。事実、指定されていないアラブ首長国連邦の外相は、「ムスリムやイスラーム諸国の大半は影響を受けない」という見解を示した。たしかに大統領令の文言だけをみれば、反トランプ派の批判は、不当なレッテル貼りだということになる。しかし、それまでのトランプの言動からすれば、反トランプ派が、そこにムスリム差別の意図を読みとったとしても無理はないと言えよう。

しかし見過ごせないのは、この大統領令に賛成する国民が予想以上に多かった、という事実である。質問の仕方や時期によって変わるが、およそ半数近くから五七パーセントが、「入国禁止令」に賛成した[2]。つまりそこには、反トランプや民主党の支持者もいくらか含まれている、ということである。この世論調査の結果は、主要メディアのなかでは、驚きと嘆きをもって報じられた。なぜ、このように乱暴な大統領令に、これほど多くの国民が賛成するのか。国民のあいだでテロへの警戒心が高まっていることは分かる。しかし、それにしても、テロにたいする防止策は他にもあるはずである。移民や難民の入国を禁止するのは、あまりに料簡がせまく、思慮に欠けるのではないか。アメリカは、多種多様な文化をもった人びとの集まる「移民の国」にほかならない。歴史をふり返れば、アメリカは移民の活力によってこそ栄えてきたし、これからも移民の力は欠かせない。その意味で「入国禁止令」は、アメリカの自己否定になる。ひいてはアメリカの自滅を招く、と。

しかし、こうしたアメリカ像なり歴史理解は、トランプ派には共有されていない。もちろん、かれらも移民の子孫である。しかしトランプ派は、「移民の国」というアメリカの自画像について、異なる受けとり方をしているのである。反トランプ派とは対立するナショナル・アイデンティティや歴史観をもっている、と言ってもよい。それが文化戦争の基層をなしている。

たしかにアメリカは、歴史を通じて多くの移民を受け入れてきた。しかし同時に、そうした多文化社会だからこそ、国民が分断されないように、連帯や統合の原理が問われ続けてもきた。アメリカの核となるものは何か。アメリカをアメリカたらしめているものは何か。そういうナショナル・アイデンティティが絶えず問われてきたのである。そして、多文化社会をまとめるための「アメリカの自画像」は、移民との関係で、およそ以下のように展開してきた。

第一に、アメリカはアングロ＝サクソンを中心とした国である、という考え方があった。建国当時のアメリカは、イギリス系住民が多数派を占め、政治や経済はアングロ＝サクソンの諸制度によっておこなわれていた。しかも文化は、英語によって織り成され、アングロ＝サクソン流の生活様式や価値が、同化の基準になっていた。すなわち「アメリカ人になる」ということは、アングロ＝サクソン化することを意味していたのである。これは「アングロ－コンフォーミティ論」と呼ばれ、おもに一八九〇年代以降、非アングロ＝サクソン系である東欧や南欧からの「新移民」の流入が増加したときに高まった。

第二に、アメリカは「人種のるつぼ」である、という考え方が出てきた。これは、アメリカという「るつぼ」の中で、世界各地からやってきたさまざまな人種や民族が溶け合い、文化的に新しい人間が形成される、すなわち「アメリカ人が生まれる」という考え方である。これは「るつぼ論」とよばれ、一九〇八年に、ブロードウェイで『メルティングポット』という戯曲がロングランになったことで広がった。[3]第二章でみたように、自動車会社フォード・モーターの創設者であるH・フォードが、多様な移民をアメリカ化し、「アメリカ市民」を「作る」ことにつとめたのも、この流れにあった。

それに対して第三に、アメリカは移民がそれぞれの特性をもったまま混在する国である、という考え方が出てきた。[4]移民は依然として、自らの属するエスニック集団の伝統文化を保持している。アメリカは、異質な文化が溶け合うのではなく、モザイクのように組み合わされた社会である、という考え方である。これは、一般的には「サラダボウル論」として知られ、思想的には「文化多元主義 cultural pluralism」として論じられる。実際には、おもに一九五〇年代後半から六〇年代にかけての公民権運動や、七〇年代の「エスニック・リヴァイヴァル」などにおいて提唱された。文化多元主義は「アングロ－コンフォーミティ論」や「るつぼ論」とは異なり、「同化」をともなわない形で、多文化社会を思想的に基礎づけたのである。これでようやく、多様な文化が受け入れられるだけでなく、尊重もされる多文化社会になったと言えよう。ところが、多文化社会のさらなる進展は、この思想には収まらなかった。

文化多元主義と多文化主義

アメリカの自画像は第四に、多様性そのものがナショナル・アイデンティティになっている国である、という考え方が出てきた。これは、文化多元主義とは異なる思想で、「多文化主義 multiculturalism と呼ばれる。この二つは、多様性を尊重するという点で共通しているが、社会思想としては大きな違いがあり、むしろ対立するものとして理解しておかなければならない。「アメリカは移民の国」という自画像も、どちらの考え方をとるかで変わってくる。[5] では、この二つの違いは何か。

文化多元主義は、多様な文化の存在を尊重しながらも、連帯や統合を支えるものとして国民に共有された文化がある、と考える。また、その国民文化の中心には西洋の伝統文化がある、とする。いわば、多種多様なサラダの入る「ボウル」のほうは、西洋文化によって形成されている、と考えるのである。

それに対して多文化主義は、西洋文化が国民文化の中心になることを認めない。そのような想定は、多様な文化を抑圧する西洋中心主義である、と批判するのである。この思想は、一九六五年、出身国割り当て制限を撤廃した「修正移民法」が制定されたのをきっかけとして形成されてきた。これ以降、移民の出身地域は、ヨーロッパ中心から中南米・アジア中心へと大きく転換していく。非ヨーロッパ系の移民が増大することで、一九八〇年代から、西洋中心主義を批判する多文化主義が提唱されるようになったのである。かくして、国民文化を守ろうとする保守派と、多様な文化を追求しようとするリベラル派とのあいだで「文化戦争」が起こることになる。

多文化主義における「文化」には、エスニックな文化だけでなく、女性や同性愛などの文化も含まれる。しかも、それを私的な領域だけでなく公的領域においても承認せよ、と迫る。基本的に、多文化主義によって承認を求める側は、自分たちの存在や文化は未だ正当に評価されていない、と考えている。自分たちはマイノリティだと自認しているのである。多文化主義は、社会において、平等な人間としての「権利」を求めるだけでなく、固有な存在としての「承認」をも求める点に特徴がある。これは、自分の存在意義や社会での役割をめぐる問題にもなるので、「アイデンティティ・ポリティクス」としても深まっていくことになる。かくてマイノリティの権利や承認は、自由の国アメリカでは第一級の課題として考えられるようになっていった。

こうした流れのなかで、白人による国民文化は相対化され、ときに攻撃されるようになる。それまで国民文化を担ってきたと自負するヨーロッパ系の白人は、次第に肩身の狭い思いをするようになっていった。二〇一六年の大統領選で問題となった「ポリティカル・コレクトネス」も、この流れのなかで理解しなければならない。多様な文化にたいして、差別はもちろん、偏見を含む言葉は使わない。それが「政治的に正しい」とされる。マジョリティの側が、差別されているマイノリティの存在を理解し、尊重し、承認するためである。

ところが多文化主義やＰＣが行きわたるなかで、白人の側では、逆差別とさえ思われる事態も起きてきた。たとえば、西洋文化を重視する発言や姿勢そのものが「ポリティカル・コレクトネス」に反している、とされるのである。それに対して白人は、建国以来アメリカを担ってきたのは自分たちの文化ではないか、と反感を抱くようになった。しかし、ＰＣの統制は厳しく、表立ってその感情は表現できない。こうして、人口も減少傾向にある白人は、自分たちを「抑圧されたマイノリティ」として捉えるようになり、鬱憤をつのらせていった。

二〇一六年の大統領選では、この感情がトランプによって解放されたのである。ただし、これを一時の鬱憤晴らしと考えるわけにはいかない。いまや白人もマイノリティの意識をもち、人口のうえでも文化のうえでも抑圧されていると感じるようになってきたからには、今度の白人の叛逆は「存在をかけた闘い」にまで深まっていると考えられる。そのことは、二〇一六年の大統領選で白人労働者が「忘れられた存在」と呼ばれたことにも表れている。

かくしてアメリカの自画像は、文化戦争によって分裂した。一方で、アメリカは移民の国であり、多様な文化を尊重することそのものがアメリカのアメリカたる所以《ゆえん》だ、という考え方がある。これは、多文化主義による自画像だといってよい。そうした世界観からすれば、たとえ入国禁止ではなく一時的な入国制限であっても、排外主義と映ることになる。

それに対して、アメリカはヨーロッパ系白人の移民が基礎をつくり、歴史的にも白人文化が核となって多文化社会を発展させてきた、という考え方がある。これは文化多元主義による自画像だといってよい。そうした世界観からすれば、「移民の国」という点のみを強調するのは、白人の歴史的功績や存在意義を不当に扱っているように映る。白人が受け皿を形成してきたからこそ、多様な移民を受け入れることができたし、西洋の文化が共有されていたからこそ分裂せずに繁栄できた。白人の文化が危機にさらされ、雇用が奪われ、さらにはテロリズムの危険にさらされているからには、一時的に入国を制限するのはさして不当なことではない、ということになる。およそ反トランプ派とトランプ派の世界観は、このように対立していると考えられるのである。

アイデンティティ・ポリティクスと連帯

「アメリカは移民の国である」という自画像は、それだけではアメリカ国民を連帯させるものにはなりえない。移民の国の基盤を支えてきたのは自分たちだ、と自負する白人が相応の「承認」を求めているからである。[6] しかも、いまや白人は、人口のうえでも文化のうえでも自分たちをマイノリティだと捉えるようになってきた。そうした意味で「存在をかけた闘い」をはじめた白人が、トランプ支持にまわった、あるいはトランプ現象を生み出した、と考えられるのである。

しかしトランプ派であっても、極端な思想の持ち主でなければ、多様な文化を尊重するのがアメリカの特徴であり強みである、ということを認めないわけではない。ただ、何をもって連帯するか、という理念やナショナル・アイデンティティが一致しないのである。ここには、多様な文化を含みながら、いかに連帯するか、というアメリカの古くて新しい課題がある。

　あらためてこの課題に取り組むには、とくに文化多元主義と多文化主義の違いについて考えなおさなければならない。文化多元主義には、もはや西洋文化をそのまま連帯の原理とするわけにはいかないという弱点がある。一方、多文化主義には、多様性を称揚するだけでは国民が分裂してしまうという弱点がある。[7]二〇一六年の大統領選では、この弱点が如実に現れ、二〇二〇年の大統領選においてもそれは変わらなかった。

　しかも、すでに見てきたように、文化戦争をはじめアメリカの分断には、宗教的要素が大きくかかわっている。アメリカの国民文化は、ＷＡＳＰによって形成されてきたし、とくに焦点になっているのは、中東からのムスリム移民である。すなわち、宗教的次元での文化戦争が大きな問題になっているのである。

　そして、入国禁止令と同じ二〇一七年の末には、こうした宗教的要素を中心とする大きな問題が、再びトランプ政権によって引き起こされた。しかも、それは、さらに国際情勢を大きく左右するものであった。

2　世俗主義の誤謬

「エルサレムへの大使館移転」

二〇一七年一二月六日、トランプ大統領は、選挙中の公約にしたがって、エルサレムをイスラエルの首都と認定し、そこに米国大使館を移す、と表明した。トランプ政権が成立してからは、にわかに「福音派」が注目されるようになっていたが、いよいよ福音派についての報道が増えたのが、この大使館移転の表明からであった。

エルサレムは、ユダヤ教、キリスト教、イスラームの聖地がある「東エルサレム」と、一九四八年のイスラエル建国後に発展した「西エルサレム」からなる。三つの宗教の聖地が集中している東エルサレムの旧市街は、わずか一キロメートル四方の広さしかない。そのため、それが誰の土地か、という帰属をめぐる争いが、十字軍の昔から一〇〇〇年以上も続いている。

イスラエルは、一九六七年の第三次中東戦争で東エルサレムを占領し、八〇年には全エルサレムを「不可分で永久の首都」であると宣言した。それに対してパレスチナは、東エルサレムを将来の首都であると主張し、その奪還を目指している。しかしイスラエルは、東エルサレムへのユダヤ人入植を進め、二〇〇二年からは入植地を囲む分離壁の建設を進めている。

国際社会は、エルサレムをイスラエルの首都とは認めないまま、和平交渉を見守ってきた。両国家が共存できるように当事者が交渉する「二国家解決」を方針としてきたのである。ところが、この時トランプ大統領が首都の認定と大使館の移転を表明したことで、この和平交渉の方針はご破算になったと非難された。アラブ諸国が加盟する「アラブ連盟」はすぐに、決定の撤回を求める声明を出した。国連総会も、日本を含め一二八カ国という圧倒的多数で撤回要求を決議した。

しかし、では、なぜトランプ大統領は、このように世界各国から批判を受ける宣言をしたのか。支持率の低下やロシア疑惑にたいするなりふりかまわない「目くらまし」のためであるとか、正統派ユダヤ教徒の娘婿クシュナーによる進言であるとか、多くの解説がトランプ大統領のパーソナリティやトランプファミリーの影響力を理由として挙げた。それ以外の理由として挙げられたのが、ユダヤ・ロビーの歓心を買うため、そして福音派の要請に応えるため、というものであった。二〇一八年一一月の中間選挙をにらんだ国内向けの政策という説明である。

中東情勢にかんするトランプ政権のヴィジョンは非常識極まりなく、アラブ諸国のなかで孤立を深め、和平交渉の仲介役ができなくなった。もし、大使館移転を実施すれば、第五次中東戦争が勃発する可能性すらある。であるからには、今回の宣言は口先だけにすぎず、実施はされないか、実施されるとしてもずいぶん先のことだろう。それが大方の分析であり予想であった。

ところが、早くも年が明けた二〇一八年一月には、ペンス副大統領がイスラエルを訪問し、移転の時期を二〇一九年中と特定した。さらに二月には、移転の予定を前倒しし、二〇一八年五月一四日に決定してしまった。この事実は、トランプ政権の分析や予想の方が当たっていたことを示している。つまり、アラブ諸国の反応が「予想どおり大きくなかった」ということである。

アメリカは、中東にたいする最大の支援国にほかならない。サウジアラビアやエジプト、ヨルダン、UAE、カタール、バーレーンなどは、アメリカから軍事支援を受けている。とくにサウジアラビアは、中東におけるイランとの覇権争いを激化させており、後ろ盾であるアメリカから離れるわけにはいかない。

本気でアメリカを批判しているのは、イランやトルコ、シリアぐらいである。しかもシリアは、二〇一一年の「アラブの春」以降、内戦が続き、パレスチナを支援する余裕はなく、実のところ中東のほとんどの国は、表では強く非難しても具体的な対抗策をうつことはない。実は、口先だけなのはアラブ諸国のほうであり、孤立感を深めているのはパレスチナのほうなのである。であるからには、第五次中東戦争はおろか、国家単位での反抗はないだろう。

もちろん、アラブの民衆は、アメリカに依存している各国の支配層とは違い、反米感情を高まらせるにちがいない。そのぶん、非国家単位でのデモやインティファーダ（民衆蜂起）、そしてテロの可能性は高まるかもしれない。ただし、それは、アメリカやイスラエルに向けられるだけでなく、アメリカに追従し堕落したと見られる中東諸国の政府や支配層にも向けられる。その意味で中東は不安定になるが、それでも和平交渉は、イスラエルにたいして影響力のあるアメリカを通じて進めるほかない。

以上のようなヴィジョンをトランプ政権はもっていたと考えられる。事実、トランプ大統領の宣言の内容も、今後の和平交渉に余地を残すように配慮されたものになっていた。大統領選挙中とはちがい、エルサレムを「不可分にして永遠の首都」とは言わず、境界の画定については、当事者同士の交渉によるとして、二国家解決の方針を維持していたのである。

エルサレムへの大使館移転の宣言は、そうしたトランプ政権なりの読みや、それに基づく対策があってはじめてなされたものであった。トランプ大統領はともかく、上級顧問にして中東政策担当のクシュナー、福音派の代表者たるペンス副大統領は、独自のヴィジョンをもっており、そちらのほうが的確だった、ということになる。このことはのちに、イスラエルが、UAEやバーレン、スーダンなどのアラブ諸国と国交回復交渉を進めるなかで確認されることにもなる。

イスラエル支持の背後にあるもの

エルサレムへの大使館移転を後押ししたのは、おもに福音派であった。しかし、なぜ福音派は、イスラエルをそれほど支援するのか。そこには、トランプ政権を支えた福音派、ひいてはトランプ現象を担っている宗教勢力を理解するための大きな手がかりがあり、文化戦争による分断の深層がみえてくる。

福音派がイスラエルを支援する理由としては第一に、第五章でみた「聖書無謬説」という基本思想が挙げられる。たとえば、聖書の「創世記」一二章三節には、「あなたを祝福する人をわたしは祝福し、あなたを呪う者をわたしは呪う」とある。「あなた」とはユダヤ人のことであり、「わたし」とは神のことであって、これが、ユダヤ人を支援しなければならない基本的な根拠とされる。あるいは「創世記」一七章八節には、「わたしは、あなたが滞在しているこのカナンのすべての土地を、あなたとその子孫に、永久の所有地として与える」とあり、ここにある「カナンのすべての地」とはエルサレムのことを指していると考えられている。ある調査では、これを信じているユダヤ人は四〇%であったのに対し、プロテスタントは六四%であり、白人福音派になると八二%であった。[8] 実のところ、イスラエルの支援を強く打ち出しているのは、ユダヤ人よりプロテスタント、とりわけ福音派なのである。

ただ、こうした点にばかり目を奪われていると、第二に挙げられる「イスラエルが中東における唯一の民主主義国家だから」という政治的理由が見えにくくなってしまう。福音派であっても、当然ながら一般国民として暮らし、多くの社会通念や政治信条を共有している。また、宗教だけでなく、経済や文化の問題も合わせて重視する。福音派の多くは、さきに見た「白人中間層」に属しており、両面の立場からトランプを支持しているのである。

にもかかわらず、大統領選挙中に福音派の支持が高まってきたさいには、その支持は、白人中間層としてのものであり、福音派としてのものではない、と多くの識者が考えた。ゆえに選挙中は、ほとんど福音派のことが取りあげられなかったのである。福音派の多面性を見落とすと、その動向を見誤るということがわかるだろう。福音派がイスラエルを支持するのも、宗教的理由だけでなく、民主主義という政治的理由があることにも注意しなければならない。

そして第三には、「対テロ同盟国だから」という理由が挙げられる。とくに9・11以降は、この点が強く意識されるようになり、二〇一六年の大統領選挙でも、白人福音派の八九%が選挙の争点としてテロリズムを重視していた。福音派を突き動かしているものには、世界的な宗教の動向やグローバル・テロリズムの進展という大きな変化もあるのである。そうした背景についても留意しておかなければならない。

なお、福音派がイスラエルを支持する理由として、千年王国説が挙げられることがある。これも第五章で見たように、宗教保守の源流の一つにある思想であり、終末が訪れる前に千年続く王国が実現する、と考える終末論の一種である。この実現には、イスラエルの再建が欠かせず、一九四八年のイスラエル建国は、まさにその第一歩だと受けとめられ、福音派を湧き立たせた。さらに、一九六七年の第三次中東戦争による東エルサレム奪還は、いよいよ聖書の預言が成就されつつある証拠だと考えられた。ゆえに千年王国説は、キリスト教シオニズムの特徴として取りあげられることも多い。しかし、一般人には信じがたく、福音派が狂信的な人びとだと見なされる理由の一つとなっている。

しかし実際は、福音派にあってもこの説のとらえ方は多様であり、影響の仕方は定かではない。福音派の指導者たちは、イスラエルを支援する理由として終末論を挙げることはほとんどない。一般信徒のとらえ方はまた違うとも考えられるが、ある調査結果では、福音派がイスラエルを支持する理由の割合は、神学が三五%、民主主義が二四%、対テロ同盟国が一九%であった[9]。ことさら千年王国説を取りあげるのは、福音派への理解をゆがめてしまうと言えるだろう。

エルサレムへの大使館移転については、諸外国ではありえないことだと考えられていたが、トランプ政権によって実現されてしまった。大きく予測が外れたのは、おもに福音派の存在ひいては宗教の影響力を軽視したり誤解したりしたからである。世俗主義のパラダイムの盲点だと言ってもよいだろう。そして、こうした世俗主義の盲点は、トランプ政権の末期、二〇二〇年のパンデミックにおいても生じることになった。

パンデミックであらわになった「宗教差別」

福音派は、トランプ政権が成立してからは、大統領選の時とはうって変わって「岩盤支持層」などと呼ばれるようになっていた。しかし、二〇二〇年の大統領選が近づくと今度は、「一部が離反」とか「ついに分裂」といった報道がされるようになる。なかでも注目をあつめたのは、黒人差別への抗議デモが大きくなった時のことであった。

二〇二〇年五月、ジョージ・フロイド氏が白人警官によって死亡させられ、警察をはじめアメリカ社会のさまざまなところに、制度的にも観念的にも根強くのこる「人種差別」の問題があらわになった。これを契機に、「Black Lives Matter（黒人の命も大切だ）」という理念を掲げた抗議デモが全米五〇州に広がっていく。このデモに対するトランプ大統領の態度は大いに批判されたが、とくに六月一日の言動は大きな失策と言われた。

この日、トランプ大統領は演説で、過激化するデモに対処するために「軍の投入」を示唆した。また演説後には、ホワイトハウスの北側にあるセント・ジョンズ教会までおもむき、聖書をかかげて記念撮影をした。この教会は第六章でみたように、二〇一七年の大統領就任式の朝、トランプが家族とともに祈りを捧げた教会でもある。この日は、その教会まで行くために、途中にあるラファイエット広場にいた抗議デモの参加者を、警官隊が事前に催涙ガスやゴム弾を使って排除することになった。

かくて、トランプ大統領は黒人の怒りを理解せず、その思いに寄り添うどころか平和的なデモを武力によって抑圧しようとしている、と批判が高まった。セント・ジョンズ教会を管轄する米国聖公会の主教などからも「聖書や教会を政治利用している」と非難された。これでは失策と言われても仕方ない。しかし、福音派を中心とする宗教保守は、必ずしもそうは考えないのである。

トランプ大統領は、「自分は強制排除を指示していない」と弁明したが、それだけが福音派の判断材料ではない。ワシントンD.C.では前日まで暴動が起きており、この日の抗議デモも、いつ暴動に変わるか分からない、と見られていた。しかも、第二次世界大戦の記念碑や、奴隷を解放したリンカンの記念堂までが荒らされている。いまや暴動はみさかいなく、BLMの理念すら裏切り、米国の歴史や文化遺産にまで攻撃をしかけている。そう考えざるをえない状況にあった。であるからには、もちろん催涙ガスを使うなどの対処は望ましくはないが、「大統領の警護」としては仕方なかった、ということである。

しかも、この「大統領の教会」とも言われるセント・ジョンズ教会は、前日に放火の被害にあっていた。教会での記念撮影は、トランプが一貫して強調してきた姿勢、すなわち迫害や偏見からキリスト教を守る、ひいては米国のナショナル・アイデンティティやその中核たる宗教的理念を守る、という姿勢を示すためのものだったのである。

たしかに、宗教者からの批判はあった。しかし、第五章で述べたようにアメリカの宗教勢力は、大まかに「宗教リベラル」と「宗教保守」に分かれている。批判は「宗教リベラル」からのものであった。「宗教保守」のなかにも一部、トランプ大統領の言動を諫《いさ》めるものもあったが、基本的には支持をやめたわけではなかったのである。

また他にも、留意しておかなければならないことがある。岩盤支持層と言われる宗教保守も、けっして「一枚岩」ではない、ということである。第六章でみたように、仕方なくトランプ政権を支持している宗教保守も少なくないのであって、そうした人びとはトピックごとに是々非々で賛否をあらわす。ゆえに、時おり「一部が離反」だとか「支持率低下」といった報道が出ることになる。宗教勢力の動向は個別の事象ごとに見きわめなければならないし、大統領選ともなれば総体的に判断しなければならない。

では、抗議デモについてはどうか。実のところBLMの理念に共感する宗教保守も少なくないが、それでも抗議デモ全体をめぐる是非となれば、共和党を支持せざるをえなくなる。なぜなら端的には、その後も、たとえばオレゴン州でワシントンやジェファソンといった歴代大統領の銅像が倒されているように、アメリカ各地で教会が放火されたり聖人像が破壊されたりしているからである。そうした「迫害」に対しては厳正な対処を求めざるをえない。

そして、そもそも今回のパンデミックのなかで起きた抗議デモは、アメリカ社会における「宗

250年の歴史ある教会が焼失〔2020年7月11日、カリフォルニア州〕
写真：REX/アフロ

教差別」を、はからずもあらわにした。このばあいの宗教差別とは、特定の宗教に対する差別というよりは宗教そのものに対する差別であり、世俗主義によるものである。

反トランプ派は、新型コロナ対策のなかで「教会での祈り」を不要不急のものと見なし、実施すれば激しく批難した。そのうえ、たとえ教会が最大限の対策をしたとしても、感染拡大の原因になるとして公権力で禁止する方向に動いたのである。実際に、教会での祈りをおこなったかどで逮捕された牧師もいる。

ところが、それに対して抗議デモのばあいになると、感染を大規模に拡大させる危険性をもっているにもかかわらず、せいぜい懸念を示すだけで、禁止することはもちろん、非難することすらほとんどなかった。これでは、ダブルスタンダードと言われても仕方ない。「人種差別」に抗議するデモは、皮肉なことに「宗教差別」を炙《あぶ》り出したのであった。かくして宗教保守は、反トランプ派にひそむ宗教差別の意識を感じとり、否応なく自分たちの守護者を求めざるをえなくなるのである。選挙中には「一部が離反」などと報道されていた福音派も、結局のところ前回と変わらない8割がトランプに投票する結果となった。

「ユダヤ－キリスト教的伝統」

ここまで、トランプ政権成立後の事例を題材に、多文化主義によるアメリカの分断や、世俗主義の陥穽について見てきたが、もう一つ、アメリカにはそれとは違った側面があることにも留意しておかなければならない。

さきに、エルサレムへの大使館移転についてみたが、実はアメリカでイスラエルにたいする支持が強いのは、必ずしも福音派の存在によるものだけではない。そこに、アメリカの宗教にかんする見逃せない事実が隠れている。エルサレムへの大使館移転にさいしては、反トランプ一色と言ってよいアメリカの大手メディアも、他の問題に比べて、また日本やEU各国と比べて批判のトーンが明らかに弱かった。

そもそもエルサレムへの大使館の移転は、トランプ政権の発案ではなかった。これは一九九五年、民主党のクリントン政権下で圧倒的多数によって可決された「エルサレム大使館法」を実施したものなのである。クリントンをはじめ、その後の大統領は、中東情勢に配慮して半年ごとに実施を先送りしてきた。ゆえに、実行にうつしたトランプの決断は大きい。しかし、歴代大統領も、それを支持してきたことは事実なのである。しかも二〇一八年六月五日には、米上院が大使館移転を促進する決議を九〇対〇で採択していた。このように長く続いてきた超党派的動向のことまで考えておかなければ、やはり宗教の影響力を見誤るだろう。

エルサレムへの大使館移転を実現させたものは、よく言われるように、ユダヤ・ロビーの影響力だけでないし、福音派を中心とした宗教保守の存在だけでもないのである。アメリカには、連綿とした「ユダヤ－キリスト教的伝統」が続いている。ゆえに歴代大統領もそれに配慮し、議会は実際に動いている、と考えなければならない。あるいは、その伝統にもとづいた長年の中東分析とヴィジョンが、エルサレムへの大使館移転実施に踏み切らせたとも言えよう。

アメリカが宗教大国であるゆえんは、宗教右派の政治活動がさかんだからだけではない。その母体となる福音派を中心に、カトリックやユダヤ教など、他の宗教にまでひろがる宗教保守が国民の半数近くを占めるからである。しかし、さらに注意しなければならないのは、ユダヤ－キリスト教的伝統は、程度の差こそあれ「宗教リベラル／宗教保守」の双方に通底している、ということである。アメリカでは、いまだに神を信じる国民が九〇パーセント近くいることにも表れているように、宗教がさまざまなかたちをとって広く深く浸透しており、それに基づく社会的影響も日本人が思うより遥かに大きい。それが個人の信仰とは異なる、国民に共有された最大公約数的な宗教なのであり、だからこそ「公共宗教」をめぐる議論が繰り返されているのである。もちろん、それに反する動向がないわけではない。そこで、あらためて公共宗教論について考察し、世俗主義の問題について考えておきたい。

3　ポスト世俗主義へ

第一章や第三章で論じてきたように、今世紀に入ってからは世界的な宗教復興をふまえ、従来の西欧中心的な「宗教」のとらえ方や「宗教／世俗」という解釈図式が見なおされるようになってきた。それにともない社会哲学においても、多くの論者が「世俗化」や「世俗主義」にかんする再検討をはじめた。[10]ハーバーマスによれば、現代社会は「ポスト世俗化」の時代に突入し、宗教が、意味やアイデンティティの資源あるいは連帯のモティベーションになると期待されるようにもなった。ゆえに、公的領域から宗教を排除すべきというイデオロギーを「世俗主義」として批判しはじめたのである。

今世紀には「世俗化」だけでなく、「政教分離」など、政治と宗教の関係を再検討する試みも多くの思想家によって取りくまれるようになってきた。[11]たとえば、その代表的な思想家としてチャールズ・テイラーを挙げることができる。テイラーは、コミュニタリアンにして多文化主義の代表的な論者でもあるが、ハーバーマスと同じように今世紀に入って宗教を本格的に論じはじめ、「宗教的転回 religious turn」を果たしたとも言われる。[12]

テイラーは大著『世俗の時代』のなかで、カサノヴァと同様に、これからは公的な領域に宗教的な言説が多くなるだろう、として次のように述べている。

デモクラシーが求めるのは、公的な討論の場で市民や市民集団が、それぞれにとって最も有意義な言葉を話すことである。思慮分別によって私たちは、なにごとも他者が理解できる言葉で話すように強く求められるかもしれないが、こうした要求は、市民の会話にたいして耐えがたい押しつけとなるだろう。[13]

ここには、ロールズやハーバーマスと同様な認識や課題設定がみてとれる。テイラーは、やはりハーバーマスと同じように、リベラルな国家の基盤を問いなおすことから始める。デモクラシーにあっては、共通の意志や人びとの紐帯がなければ熟議そのものが成り立たない。人びとの紐帯を可能にしているのは、共通の目的や価値であり、それをテイラーは「政治的アイデンティティ」と呼ぶ。これは、各個人が「自分とは何か?」という問いにたいしてもつ答え、つまり個人的アイデンティティとは区別されるものである。「この国家は何のために、あるいは誰のために存在するのか? 自由は誰のものなのか? 誰の表現なのか?」。こうした問いかけにたいして、個人レベルを超え、「広く一般に受け容れられている答え」、それが政治的アイデンティティである。

この世俗的な現代世界にあっても、神ないし宗教は公的空間から完全に消え去ったわけではない。むしろ、特定の個人や集団のアイデンティティにとって中心的な位置を占めており、ゆえに政治的アイデンティティをかたちづくる決定的な要素でありつづけている。なるほど、政治的アイデンティティにかんしてわれわれは、特定の宗派への忠誠心からはきっぱりと切り離すようにするのが賢明かもしれない。しかし、宗教がかなり多くの市民の生において重要であるところでは――ということはつまり実質的にはいたるところで――この分離の原則は、つねに新たに解釈しなおされて適用されざるをえない[14]。

ここでもテイラーはカサノヴァと同様に、世俗化のあり方が多様であることを認め、そうであるからには、国家と教会の関係のあり方に普遍的なモデルはない、と言うのである。もちろん、国家と教会であれ、政治的アイデンティティと宗派的忠誠心であれ、政治と宗教の分離の原則を見なおすからといって、信教の自由を否定するわけではない。ただカサノヴァが言うように、また第四章で詳しく考えたように、国家と教会あるいは国家と宗教を分離させることは、信教の自由を守るための十分条件ではないし、必要条件でさえない。それを認めたうえで、世俗化の多様なあり様に合わせ、追求すべき善に向けて、政治と宗教の関係をつねに新たに解釈しなおし適用しなければならない、というのである。テイラーの考える追求すべき善とは、各宗教が基本的信条の領域では強制を受けることなく自由に、いずれも特権化されることなく、それぞれの声を公的領域に反映させ、なおかつそれらが調和しているようなあり方である[15]。このように公的領域に宗教の多様な声を反映させていこうとする点では、テイラーとハーバーマスに違いはない。

しかし、両者のあいだには決定的な違いがあって、それが「世俗主義」を考えるうえで重要な次元を明らかにしている。この問題については、二人が実際に議論しているシンポジウムがある。ハーバーマスはそこで、「宗教的理性」と「世俗的理性」を厳格に区別することが最も重要だといっている。宗教的理性は、暗に宗教的コミュニティにおける特別な経験に支えられている。それに対して世俗的理性は、いかなる宗教的コミュニティにも属することを必要としない。多元化した現代社会において、憲法の基礎となるコンセンサスを形成するためには、「世俗的理性」によって形成された空間が欠かせない、と強調しているのである。

それに対してテイラーは、ハーバーマスのように宗教を特別なものと見なすことには反対する。価値観を表現する言説 discourse は、いずれもなんらかの経験に関連し、深い心理的な背景をもっている。そのような土台のうえに成立している言説は、人びとのある種の「精神的な生 spiritual lives」の琴線に触れるものであって、翻訳できない。[16] それは宗教者の言説であれ、カント主義者の言説であれ、マルクス主義者の言説であれ、同じである。ゆえに、政治的公共空間のなかで宗教的な言説だけを特別視して排除する必要はない、というのである。

テイラーと同様にベラーも、宗教の位置づけの点でハーバーマスに異論を唱えている。以前からベラーは、公共性と宗教の関係について次のように言っていた。

十八世紀に起こった第二の民主的変容において、「公共＝公民public」という言葉は、共同の問題について考え、ともに審議し、憲法によって権力を制限された政府を構成するために代表者を選ぶ〈市民citizenry〉を意味するようになった。宗教集団は、この意味における公共の、まさしく一構成要素である。政府に公認され、法的特権を与えられるからではなく、公共善public goodについての共同の討議に参加するがゆえに公共なのである。[17]

これは一九九一年に書かれたものであり、従来のハーバーマスの公共性論を下敷きにしつつも、そこに宗教の意義を加えたものになっている。大枠ではハーバーマスの宗教論を先取りしたかたちになっていることが分かるだろう。ゆえにベラーは、近年におけるハーバーマスの宗教の再評価については、大筋で賛意を表明した。

しかし、ハーバーマスが宗教を公共圏の外部に位置づけ、宗教的言説を世俗的言説に翻訳する限りで内部に入ることができる、という条件を課すことにベラーは異議をとなえている。宗教的言説であっても、「筋の通る」かたちで公共圏に参加することは可能である、と考えているのである。[18] テイラーと同様にベラーが、「世俗的理性」を優位において宗教や宗教的理性を排除することに異を唱えている、ということが分かるだろう。

たしかにハーバーマスは、たとえば、あらゆるものを自然科学的にとらえ観察可能とするような自然主義的な世界像であっても、決して政治的な公共の場で最初から優越した位置にあるわけではない、と言っている。「世界観的に中立な国家権力」というあり方は、「世俗化されたある特定の世界観を政治的に一般化する考え方とは相容れない」と断っているのである。[19] つまり、政治的構想や政治的公共圏は、何らかの「世俗的世界観」に基づくものではない、とされていることに注意しなければならない。これは、第四章でみた最高裁における「中立」の理念の社会哲学的考察になっている。

しかしハーバーマスは、公共圏をあくまで「世俗的理性」によって織りなされるものだとする。理性には「世俗的理性」だけでなく「宗教的理性」があることを認めるものの、政治的意思決定のプロセスでは、それらを区別して前者を上位におき、優先させることにこだわり、ゆずらないのである。[20] あくまで公的領域に非宗教的な部分を残しておかなければならない、とハーバーマスは言う。この考え方じたいは一つの理念として認められるだろう。しかしそうだとしても、やはりそこにはもう一つの世俗主義が含まれている、と考えざるをえない。

ハーバーマスは、世俗主義者あるいは政教分離主義者は「すべての市民が文化的出自や宗教と無関係に政治的に包摂されるべきであると、いわば色合いに対する無感覚丸出しに唱える」として批判している。[21] 文化や宗教の多様性にたいしてあまりに鈍感だと非難しているのである。しかし、多様な複数の近代性や多種多様な世俗化といった観点からすれば、ハーバーマスはいわば「フォーマルな政治的公共空間、ひいては近代性は、文化的出自や宗教と無関係に構成されるべきであると、いわば色合いに対する無感覚丸出しに唱える」ということになるだろう。

おそらくハーバーマスは、自分の世俗主義批判のロジックが、次元を変えれば自分自身に突きつけられることになる、と自覚しているはずである。その意味でハーバーマスは、もう一つの世俗主義を確信犯的に採用していると言えるだろう。

いずれにせよ、ここで改めて取りあげたハーバーマスの宗教論や、それにたいするテイラーやベラーの批判から分かることは、次のようなことである。世俗主義の規定は論者によって様々であるが、そこには大きく言って二つのレベルがある。一つは、これまでの世俗化論を固持して、現代の公的領域における宗教の存在と意義を認めず、政教分離についても厳格に分離すべき、と考えるものである。もう一つは、公的領域に宗教が参加することは認めるにしても、フォーマルな政治的公共圏などの公的領域の一部では世俗性を固持すべき、という考えである。

それに対応して「世俗主義の見なおし」の仕方にも二つのレベルがあると考えられる。言いかえれば「ポスト世俗主義」の考え方には、二つの方針があると考えられる。一つは、世俗化論や政教分離を見なおし、公的領域に宗教を参画させる、という方針である。もう一つは、これまで公的領域の基盤とされてきた世俗的理性やリベラルな政治文化までをも、あらためて宗教との関係で問いなおす、という方針である。

宗教の「脱私事化」を認めるとすれば、宗教を排除した公共性や、従来の政教分離の理念が見なおされることは間違いない。しかしその後どのレベルで、すなわち二つの世俗主義のどちらを見なおすべきと考えるかによって、「世俗主義の見なおし＝ポスト世俗主義」の思想は大きく違ってくる。

たとえば、「公的領域に宗教をどのように参加させるのか」であるとか、「公的領域において宗教はどのような役割を果たせるのか」といった問題設定があるが、これは、二つ目の方針からすれば、世俗主義を前提とした問題設定にほかならない。あるいは「世俗／宗教」というパラダイムを前提としたものということになる。なぜなら、従来の公的領域が自明の前提とされており、それ自体の宗教性を問う視点が抜け落ちているからである。こうした問題設定からは、公的領域そのものに含まれる世俗主義を検討し、あるいはその西欧的な形成の仕方じたいを反省的にとらえるような考察は出てこないことになる。

それに対してカサノヴァやテイラーは、近代の市民社会という前提を見なおし、多様な複数の近代性や多様な世俗化を前提とする、という方針を掲げている。これは、単一のコスモポリタンな近代性を想定せず、「宗教的な近代性」もありうる、と考える点で二つ目のポスト世俗主義に立っていると言えよう。

このように、二つのポスト世俗主義のうち、どちらを想定するかで議論はずいぶん変わってくる。もし、一つ目のポスト世俗主義に立つのであれば、前期のカサノヴァやハーバーマスの宗教論を詳細に検討し、精密なものにしていくことになる。端的にいえば、いかに宗教集団を公共領域に参画させるか、という課題である。

しかし、これまで見てきたように、アメリカには福音派や宗教保守などの勢力がいるだけでなく、広くユダヤ＝キリスト教的世界観が抱かれている。これをふまえれば、二つ目のポスト世俗主義のあり方を課題としなければならない、ということになるだろう。後期のカサノヴァやテイラーのように、多様な世俗化ひいては多様な近代性を認め、公的領域を構成する要素も多様であり、そこにはなんらかの宗教性が含まれている、と考えることになる。これは、近代化論や近代性を宗教的観点から見なおす、という大きな課題である。

しかし、実のところそれは、ベラーが市民宗教論でおこなってきたことであった。前期のカサノヴァによれば、ベラーの市民宗教論は「近代の市民社会」という前提からして支持できないし望ましくもない、ということになっていた。ところがその後のカサノヴァは、理論的にも実証的にも、この前提を破棄せざるをえなくなっている。であるからには、ベラーの市民宗教論には、むろん多くの問題があるとはいえ、現在でも参照できるものが少なくない、と考えられるのである。

ベラーによれば、市民宗教とは、人びとが「われわれは何ものなのか？」「われわれはどこからやって来てどこへ行くのか？」というように、自分たちのアイデンティティや存在意義を問うばあいに依拠する「価値の体系」のことであった。そして人びとに共有される最大公約数的な宗教的志向性を示し、多様な文化的背景をもつ人びとに共通の感情と集団的目標を与え、連帯感や倫理観の源泉となってきたのであった。

一九九〇年代にあっては、多文化主義が波及することによって、あるいはそれが世俗主義と結びつくことによって、国民に共有される市民宗教の存在や意義が疑われるようになった。

しかし、すでにみたように政治学者のD・パットナムは、一九六〇年代以降のアメリカの宗教をさまざまな実証的データにもとづいて分析した共同研究で、「無数の信仰、教義、教派そして宗教系統が人口の内部に見いだせるにもかかわらず、アメリカの市民宗教は持続している」と述べている。[22]感謝祭など、多くのばあい単なる儀礼や象徴として軽視されてきたもののなかに、国民を結びつける宗教性が存続していることを確認できるからである。

また、多文化状況が進展しているからこそ逆に、市民宗教が期待され、その意義が見なおされることもある。多様な文化が共存するには、差異だけでなく連帯への配慮も欠かせない。リベラル左派の論客として知られる政治哲学者M・ウォルツァーは、多文化主義について考察した『寛容について』(一九九七)のなかで次のように言っている。


たとえば、感謝祭、メモリアルデー、独立記念日にともなう物語や祝典は、それぞれきわめて異なる物語や祝典をもったアイルランド系アメリカ人、アフリカ系アメリカ人、ユダヤ系アメリカ人の共同生活のなかでも共存できる。ここでの差異は矛盾ではない。(…)市民宗教は、部分的な差異を寛容に取りあつかうように促進する。あるいは、わたしたちに差異を部分的にすぎないものとして考えるようにうながす。わたしたちはアメリカ人であるが、同時に他の何者かでもある。そして、アメリカ人であるかぎり他の何者かとしても安全なのである。(…)

市民宗教は、それが関与させようとねらう男たち・女たちの多重のアイデンティティに対抗するよりも、むしろそうしたアイデンティティを調整することによって成功する可能性があるのである。[23]

ウォルツァーは「アイデンティティが、ある状況でひどく多様になっている移民社会においては、市民宗教によって育成される共通のアイデンティティが特に重要になる」と考えている。実際パットナムも、宗教の多様化は一部で分極化を進めたが、知り合い、友人となり、結婚することで「多くのアメリカ人にとって宗教は、一種の市民的な接着剤として働いていて、分割よりも結合をもたらしている」と結論している。[24]

また歴史的にみて、市民宗教が包摂する範囲は、多文化状況の進展にともないプロテスタントからカトリック、ユダヤというように広がってきた。その範囲がどこまで広がるかは分からないにせよ、市民宗教は必ずしも固定化された不変のものではない。つまり、再編されうるものなのである。

多文化主義を経過し、対立や分裂が深まった社会にあっては、多様な文化に配慮しながらも連帯を可能にするものとして市民宗教を再編することが望まれる。しかもその試みは、決して実状から乖離したイデオロギーによるものではない。

これまで考えてきたことをふまえ、あらためて市民宗教論をみれば、そこに現代でも古びていないものがあることに気づくだろう。たとえばベラーの「市民宗教」は、ハーバーマスが、意味や連帯の源泉として再評価した宗教と重なっている。またテイラーが、人びとの紐帯となる政治的アイデンティティに重要な役割を果たすとした宗教の形態と重なっている。この二つだけからしても、その重要性がみてとれる。もちろん、市民宗教の概念は、多くの点で見なおしを迫られることは避けられない。「市民宗教」概念の見なおしは、まずその前提としての「宗教」概念そのものの見なおしと並行しておこなわれなければならない。あるいは、多様な複数の近代化や多種多様な世俗化を前提として、他の文化や伝統、宗教とのダイナミックな相互作用との関連でも検討されなければならない。

いずれにせよ、アメリカのように多文化主義によって分断が深まる国にあっては、公的領域における宗教の存在や影響力を見誤れば、分断はいっそう深くならざるをえない。逆に、公共宗教を多元性とのかかわりでうまく位置づけなおすことができれば、分断を癒す鍵にもなりうる。ゆえに、どのような形にせよ、世俗主義を見なおすことは欠かせなくなると思われるのである。

エピローグ　パンデミックが問いかけるもの

1　新しいアメリカニズムの世紀？

デジタル・トランスフォーメーション

本書のプロローグで、今世紀のこれまでの二〇年をふりかえると、「ポスト・アメリカニズム」の流れが見えるようになってきた、と述べた。二〇世紀に支配的だった思想潮流が、しだいに勢いを失ってきた状況を指してのことである。ただ、その一方で、この二〇年のあいだに勢いを増してきた新しい時代の流れもある。大きくいえば、第一章で見たＧＡＦＡに象徴されるテクノロジーの支配のことである。もう少し限定して、「デジタル化」による社会変革と言ってもいいだろう。

二〇〇四年にはFacebookが、〇六年にはTwitterが登場し、まもなくソーシャル・ネットワーキング・サービスすなわちＳＮＳが世界中を覆っていく。〇七年にはiPhoneが登場し、人びとが常にネットワークにつながっている時代に入っていった。ヒトとヒト、あるいはヒトとマーケットがデジタルなネットワークを介して常時つながる時代になってきたのである。

さらに二〇一〇年代には、ＩｏＴすなわち「モノのインターネットInternet of Things」が進んでいく。ＩｏＴとは、モノにも、センサーや通信機能が埋め込まれてネットにつながることであるが、このばあいのモノとは、物質としてのモノだけでなく、動植物の状態や行動、そして自然現象までが含まれる。ドアの鍵や機器のスイッチをはじめ、植木の水分、ペットのいる場所、それらの動き（移動、転倒、落下など）、さらにはある場所の環境（温度、湿度、気圧、照度など）といったものまでを、遠隔から把握したり操作したりできるようになってきたのである。

ヒト－モノ－マーケットがネットワークを通じてつながり、互いにやり取りすることで自動制御や相互制御ができるようになってきた。そして、その状態や動向が、データとして集積され、フィードバックされる。現代人の私生活から公的な活動、果てはそれらをとりまくモノや環境まで、大半の動向がデジタル化されてサイバー空間を形成し、現実空間とあわさって社会基盤をなすようになってきたのである。[1]

たしかに、こうしたデジタル化により、この二〇年で現代人の生活は大きく変わったと言ってよいかもしれない。カメラはフィルムからデジタルに変わり、携帯電話にも搭載され、画像データはすぐさまネットを通じて発信できる。音楽はＣＤがなくともデータをダウンロードすれば、あらゆる曲をいつでも聴ける。テレビもアナログ放送から地上デジタル放送に変わり、移動中でもスマートフォンで観られるようになった。切符も、交通系ＩＣカードが整備され、手間もいらず運賃も忘れるほどスムーズに移動できる。いま自分がいる場所も、携帯電話やカーナビの地図で確認できる。

そうした「デジタル・トランスフォーメーション」などと呼ばれる社会変革をビジネスに結合させ、大きな存在感をもってきたのがＧＡＦＡなのである。ＧＡＦＡでなくとも、テクノロジーとビジネスの融合は大きな期待を集めている。

二〇〇八年のリーマンショックによって危機にさらされた金融資本主義も、さきにみたFintechやデジタル通貨によって挽回がはかられる。一二年ごろからは、ＩｏＴやビッグデータ、ＡＩをもちいた製造業の革新が目指され、「第四次産業革命」が期待されるようになった。ＩｏＴによって、ヒトやモノの状態をリアルタイムで把握し、そこで集積したビッグデータをＡＩによって分析し、新たな展開が目指される。情報通信、医療、教育サービスなどの知識集約産業がその中心であるが、農業でもビッグデータを活用して消費者ニーズを汲み取り、農産物を育てるにもＩｏＴやＡＩを活用して効率化・自動化するといったことが目指されている。

政治もそうしたデジタル化の動きに追いつき、併走し、リードしようとして余念がない。

二〇一〇年一月、国務長官であったヒラリー・クリントンは、言論の自由をひろめるために建てられた報道博物館「ニュージアム」で、「インターネットの自由」を高らかに宣言した。一九四一年にフランクリン・ルーズベルトが唱えた有名な「四つの自由」、すなわち表現の自由、礼拝の自由、欠乏からの自由、恐怖からの自由に、「接続の自由 the freedom to connect」を加えたのである。サイバー空間に接続する自由は、新しい「集会の自由」のようなものであり、インターネットやSNSは、「言論の自由」や「結社の自由」を促進するにちがいない、というのである。

実際、その年の一二月には、チュニジアでジャスミン革命が始まり、二〇一一年にはエジプト革命が、といったように民主化運動がアラブ世界へ広がっていった。Facebook や Twitter などのソーシャルメディアが、情報共有や抗議活動の呼びかけなどの面で「アラブの春」に重要な役割を果たした、と考えられた。

二〇一六年の大統領選のなかでもヒラリーは、就任後の政策の中心に「インターネットの自由」を置き、「テック &イノベーション・アジェンダ」を公表した。テクノロジーとイノベーションを指針としてデジタルインフラに投資し、アメリカが、国内だけでなく世界に「インターネットの自由」のためのプラットフォームを提供する、という政策目標である。それにより国境がとりのぞかれ、言論、集会、結社の自由がグローバルに実現し、デモクラシーが拡大する。そこでアメリカがグローバルなリーダーシップをもち、アメリカの価値観を世界中に伝道する。そうした世界構想といってよいだろう。このように二〇一〇年代には、インターネットがリベラル・デモクラシーを進歩させ、地球上のあらゆる人びとの生活を向上させる、という未来像が広がっていった。

アメリカが実際に国際社会のなかでグローバルな指導力を発揮できるかどうかはともかく、ここ二〇年のあいだに先進諸国で広がっているのは、デジタル化によって社会構造や産業構造、経済システムを変革し、さらにはリベラル・デモクラシーの諸問題にも対応しようという考え方である。そうであれば、「アメリカニズム」は、衰えるどころか二一世紀も継続される、ということになるかもしれない。

現代文明をリードしてきた「アメリカニズム」とは、端的にいえば、アメリカ的な自由やデモクラシーの理念が、フォーディズムをはじめとする産業構造や経済思想と結びついた観念であり、それを普遍化するのを善しとするイデオロギーのことである。二〇世紀にあってアメリカ流のリベラル・デモクラシーが結合するものは、フォーディズムから市場主義、金融資本主義というように移行し、いよいよグローバル化していったが、そのような「アメリカニズム」あるいはアメリカ文明の根本には、西洋の形而上学による「総かり立て体制」がある、というのが本書の見方であり解釈であった。

一九八〇年代以降の「ネオリベラリズム」も、「競争による自由の実現」というアメリカ的な社会思想と市場主義が結合したものだと考えられるし、その普遍化を志向するグローバリズムもアメリカニズムによるものと言える。二一世紀に入ってからは、ネオリベラリズムやグローバリズムの新たな担い手として「デジタル資本主義」が主流になってきた、と言えよう。デジタル・

トランスフォーメーションによって、ヒト—モノ—シゼン—マーケットがネットワークにつながっていくさまは、ハイデガーがとくに注目していた農業への適用をみても、まさしく「総かり立て体制」と考えられる。そうした意味で、リベラル・デモクラシーとデジタル資本主義の結合は、アメリカニズムの新たな展開と位置づけることができるのである。

しかし、では二一世紀も、新しい「アメリカニズムの世紀」になるのだろうか。二〇二〇年に起こった新型コロナウイルスによるパンデミックは、そのことを考えるためには格好の材料になると思われる。パンデミックは、いまだ収束しておらず分からないことも多いが、一年ほどで浮かび上がってきた問題をならべてみるだけでも、見えてくるものは少なくない。

2　パンデミックと現代文明

グローバル社会の脆弱性

今世紀の初めに9・11同時多発テロによって明らかになった現代文明の脆弱性は、二〇二〇年、今度は新型コロナウイルス・パンデミックによって別の角度からあらわになった。第三章で、グローバル化によってヒト・モノ・カネだけでなくテロリスト・武器・テロ資金もやすやすと国境を越えるようになった、と述べたが、ここにきてウイルスも同様であることが文明史的な規模で痛感されたのである。プロローグにおいて、「ポスト・コロナ」の世界は、大きくいえば「ポスト・アメリカニズム」の流れのなかに位置づけられる、と述べたが、それは次のようなことがパンデミックで明らかになったからである。

まずパンデミックは、基本的に「グローバル社会」の脆弱性を露呈させた。

一つに、現代文明におけるグローバル化の進展は、ウイルスをより早く世界中に伝播させ、パンデミックを起こしやすくしてしまう。ある種のグローバル化が感染症を広めることは、歴史上何度も繰り返されてきた。キリスト紀元の始まる頃には、世界には少なくとも四つの「文明化した疾病常在地」があったが、シルクロードの進展によって、各地の感染症が行き交いはじめる。ペストも中国からユーラシア大陸の西へ伝播し、流行を繰り返すようになった。[2] 一四世紀には、コンスタンティノープルをはじめとする地中海都市に腺ペスト、いわゆる「黒死病」が上陸して内陸へ広がった。この時ウイルスは、三年から四年のうちに北欧やロシアをふくめヨーロッパ全土をおおい、ヨーロッパ人口の三分の一を死亡させたと言われる。

ただ、今世紀のパンデミックは、感染の拡大速度が各段にはやい。ＷＨＯ（世界保健機構）は、二〇一九年一二月三一日、中国から最初の症例報告を受けたが、翌二〇年一月一〇日頃にはまだ、エヴィデンスからして「人から人への感染はない、または限定的」としていた。ところが三月一一日、つまりわずか二カ月後には、パンデミックを宣言することになったのである。この感染拡大の速度は、現代文明ゆえの脅威と言わねばならない。

二つに、現代文明におけるグローバル化の進展は、感染症が流行する周期を速めてしまう。今世紀に入ってからの二〇年だけでも、二〇〇三年のSARS、〇九年の新型インフルエンザ、一二年のMERSの流行があった。未知のウイルスのおもな宿主は野生動物であり、グローバル化によって自然の開拓スピードが速くなればなるほど、新種のウイルスが現代文明に侵食してくる機会は増える。未知のウイルスがグローバルなネットワークを通じて一気に世界に広まれば、とくにヒトが密集する大都市での感染拡大は止めがたい。もちろん、被害も甚大になる。現代文明は、慢性的に感染症のリスクにさらされるようになった、と言っても言い過ぎではないだろう。

三つに、ウイルスの感染リスクは、国ごとで違うことが認識された。当初は、科学的見地から「ウイルスは差別しない」「ウイルスは平等だ」と言われた。ウイルスは、「国の壁」だけでなく、「階層の壁」も「人種の壁」も超えていく。「同じ人間」であるからには、アメリカ人であれ中国人であれ、富裕層であれ有名人であれ、白人であれ黒人であれ、全世界の人びとが分け隔てなくリスクを共有する。だからこそ、人類が一体となってウイルスに立ち向かわなければならない、と説かれた。

ところが、実験室ならぬ実社会にあっては、ウイルスは世界に差別的に広がっていった。当然ながら公衆衛生や医療体制のあり方、あるいは政治体制によっても広がり方や感染リスクに違いが生じる。実際の対策も、世界が一体となっておこなうのではなく、各国が国境を厳しく管理し、ヒトの出入りを制限した。かくて「グローバルな社会」は、あっという間に寸断されたのである。

たとえ、ある国でいったん封じ込め策が成功しても、他国から再びウイルスがもたらされたり、変異株が入りこんだりするリスクまでは消せない。ワクチンが行き渡れば一安心であるが、また新種のウイルスがすぐそこまで迫っている。であるからには、引き上げた国境の壁は少なからず維持せざるをえなくなる。

市場経済とリベラル・デモクラシー

こうしたことは、グローバルな市場経済の脆弱性をも露見させた。

一つに、グローバルにはりめぐらされたサプライチェーンが途切れ、混乱をよぎなくされた。サプライチェーンは、原材料や部品を調達するための供給網だけでなく、生産、物流、販売、消費などをつなぐ一連の流れのことであり、その混乱の影響範囲はことのほか大きい。同様のリスクは他にも自然災害や地域紛争、サイバーテロなどいくつもある。しかしパンデミックは、第二波や三波、変異株を想定せざるをえず、影響が長びく可能性が高い。

二つに、企業の海外戦略や政府の経済政策は、ある程度の国内回帰を迫られることになった。企業は効率を第一とすれば、たとえば中国に製造拠点を集中させるのが合理的である。あるいは一カ所に集中させることが危険であれば、なるべくコストの安い海外へ分散させることになる。しかし、パンデミックは世界中を混乱させるからには、海外への依存度そのものを減らさざるをえない。企業は、たとえ効率がわるくとも生産拠点を国内に一定以上はおくように方針転換を迫られることになった。

また、政府は今さらながら、重要物資を海外に依存することの危険性を認識した。とくに食料については、フードサプライチェーンが混乱するだけでなく、パンデミックに起因する労働力不足によって農作物の生産量や漁獲量の減少が起こり、これまで以上に食料不足が懸念されるようになった。食料だけでなく安全保障上で欠かせない物資は、ある程度は自国で生産できなければならない。各国政府には、そうした体制の構築が、いっそう求められるようになったのである。

三つに、これらのことは、グローバルな関係に依存した実体経済の脆弱性を知らしめた。二〇〇八年のリーマンショックは、金融資本主義の脆弱性をあらわにしたが、コロナショックは、ヒトやモノの移動が制限されたことで、自由貿易やインバウンド、国内消費などまでをも落ち込ませた。グローバルな市場経済は、金融だけでなく実体経済においても不安を抱えることになったのである。

そして、それにともなってパンデミックは、リベラル・デモクラシーの脆弱性をも露見させた。一つに、自由貿易ひいてはリベラルな国際秩序が後退した。多くの国は、マスク、消毒液、防護服、人工呼吸器などの医薬品や医療器具に輸出制限をもうけるなど、流通に規制をかけ、あるいは奪い合った。トランプ政権は「自国第一」を掲げて世界中から批難をあつめたが、パンデミックにおいては、世界中が自国第一になったのである。たしかに一方では今でも、感染症の危機が「グローバルな連帯」を生み出すだろうというリベラルな希望が描かれることもある。パンデミックは、「グローバルな問題」のなかでも、気候変動などの環境問題に比べて差し迫った脅威である。ゆえに、人びとに世界の一員であることを自覚させ、「グローバル市民」を形成する契機になる、と言われるのである。

しかし、そうしたリベラルな希望は、今回起こった「自国第一」のような事実とは大きく乖離している、と言わざるをえない。しかも、自国第一の姿勢を強いたのは、独裁者ではなくデモクラシーであった。国民は、自分たちの安全を守ることを最優先せよと政府に要求する。それに応えることは、民主国家の基本的な役割にほかならない。このデモクラシーの基本的な要請が、自由貿易や国際協調を旨とするリベラルな国際秩序を後退させたのであった。ポピュリズムが隆盛しているばあいには、ますますそれは抑制しがたい。

二つに、パンデミックにあってデモクラシーは、国内における自由の制限をも要請した。ウイルスの拡大をふせぐためには、国外との壁を高くするだけでなく、国内での壁を高くする、つまりロックダウンや非常事態宣言が、民衆の側から待望されたのである。自粛をよびかけるだけではなく、行動などの基本的な権利や私権を制限する外出規制、強制休業の法制化などまでが望まれた。さらには、公権力の側が私権の制限をためらうばあいには、民衆側がそれを批判するという事態にもなった。リベラルとデモクラシーが対立するだけでなく、デモクラシーがリベラルを抑え込んだのである。

三つに、そのように自由より安全を優先する傾向が、「ポスト・コロナ」のいわゆる「ニューノーマル」において進む可能性が高まってきた。感染症の周期が速まり、拡大速度も増すことが分かったからには、対策としてヒトの監視や管理を強化しなければならない。そう考えられるようになったのである。パンデミックにあっては、権威主義国家における強制的な封じ込めや行動規制、管理・監視が、比較的成功したように見えた。これがリベラル・デモクラシーの体制や理念が脆弱であるようなイメージをもたせたところもある。もしくは権威主義国家でなくとも、監視、管理で封じ込めを成功させた台湾などの例もあった。そこで、政府が信頼できるかできないかにかかわらず、中立的で民主的な監視体制を確立することが模索されはじめたのである。しかし、たとえ中立的で民主的な方法が確立されたとしても、ある種の自由が制限されることにはなるだろう。

以上のようなパンデミックにあって注目されるのは、やはりデジタル化である。たしかにデジタル化は、パンデミックのなかでは、感染症対策やサプライチェーンの再構築など、多くの場面で有益であるし、それによって解決できる問題は少なくないと考えられる。しかしアメリカニズムの問題になると、デジタル化はむしろ逆効果になりかねない。

たとえば、デジタル化は、中立的かつ民主的でオープンな情報管理や監視を進めやすい。だれもがインターネットに「接続する自由」をもっている現代社会にあっては、行動記録や位置情報などから感染の可能性のあるヒトを見つけ出し、通報することは容易である。しかし、そこには政府ではなくＧＡＦＡなどのデジタル・プラットフォーマーの支配が拡大するという問題がある。たとえＧＡＦＡのようなプラットフォーマーが解体され、民主的で中立的な体制の構築が可能だとしても、見えない監視・管理体制にたいして不安や不信がつのる場合もあり、テクノロジーの支配と自由の問題は深まる。

また、ヒトやモノの移動が制限される一方で、相変わらず情報は世界を駆け巡っている。しかし、では、それによってグローバルな連帯や一体感が生まれているかといえば、事態は逆である。「フィルターバブル」などと呼ばれるように、現代人は自分の見たい情報しか見えないサイバー空間に住んでいる。そのなかでデマやフェイクニュースを主体的に判別することは難しい。インフォデミック、つまり情報のパンデミックが起き、世界にたいする不安や不満、不信がつのり、相互不信や分断、対立があおられる。

あるいは、オンライン化やオートメーション化は、ヒトとヒトとの接触を減らして感染リスクを下げることができる。しかし、リモートワークができる層は限られているし、機械化は賃金の低下や失業者をうむ。経済格差がひらいた国民は、グローバルにみえて実は閉じられている情報空間のなかで、現状認識や考え方のうえでも格差を広げる。かくして国民は分断され、ポピュリズムがますます盛り上がりかねないのである。というより実際に、二〇世紀に入って進んできたデジタル化は、そうした分断を深めてきた、といえるだろう。

二〇二〇年のアメリカ大統領選挙では、ジョー・バイデンが勝利をおさめた。しかし、トランプは、大統領としてはアメリカ史上最高得票数の七四〇〇万票を集めたのである。インターネットに「接続する自由」はトランプ支持者の集会の自由、結社の自由を促したと言えるが、トランプ大統領のSNSは検閲をうけ度々停止させられ、ついにはFacebookやGoogleを含むプラットフォーマーによって永久停止となった。トランプ支持者が移行した別のSNSも、GAFAによって制限をうけることになった。かくてトランプ支持者は、自分たちの「接続の自由」をはじめ、表現の自由や言論の自由が侵害されているという感覚を抱き、不満をますますつのらせている。その意味で、トランプ現象やポピュリズムがおさまる気配はない。

いまだにパンデミックが収束しておらず、発生から一年しか経っていない段階であってみれば、今後の展開にはわからないことも多い。しかし、以上のような事態は、自由、民主主義、市場経済、いずれにかかわるものであれ、二〇世紀を主導したアメリカニズムへの不信を深めるだろうと考えられる。たしかに先進諸国は、のきなみ技術革新に賭けるしかない状況になっている。そうした状況にあってテクノロジーの支配、あるいはその根本にある「総かり立て体制」から抜け出すことは難しい。しかし、近年では、リベラル・デモクラシーやグローバル資本主義に対してだけでなく、テクノロジーの支配にたいする疑念もしだいに芽生えてきているとも思われる。

そこで最後に、パンデミックによって現代人に芽生えたと思われる「問い」について考えてみたい。

現代文明における「死」と「不要不急」

パンデミックにあっては、デモクラシーがリベラルを抑え込むことが多かった。「自由貿易よりも自国第一」「自由よりも安全」といったことである。ここにはさまざまな問題があるが、それらに通底するのは「生命至上主義」であると言ってよいように思われる。

戦後は、基本的に「命」が至上のものとされてきた。パンデミックにおいては、それがさらに強調され、そのぶん自由や人権といった理念が軽くなった感がある。国際社会における協調という理念は、なおさらその感が強い。命あっての自由や人権、あるいは協調と考えれば当然ということかもしれない。しかし、戦後に重視されてきた諸価値のかかわりが正面から熟慮されてこなかった証左だとも言えよう。

見過ごせないのは、その命をめぐる議論の位相が変わった、ということだと思われる。われわれは「命の重さは平等だ」と教えられてきたが、今度のパンデミックでは、命の比較や優先順位といった厳しい課題、あるいはそれらにまつわる葛藤に向き合わざるをえなくなった。端的には、「感染による死者数」と「不況による自殺者数」の比較や、いわゆるトリアージ、すなわち医療現場における治療順位の問題などがある。それらの問題が身近に迫ってきたと言えるだろう。ただ、それらに直面する前の段階ですでに、命をめぐる葛藤が抱かれたと思われる。

これまで第一とされてきたのは、あくまで「個人の命」であって「みんなの命」ではなかった。他人の命も大事だと教えられてきたが、自分の命を後回しせよとは言われなかった。もちろん、医療崩壊を避けるための「封じ込め策」が要請しているのは、他者の命を守るために「行動」を自粛することであって、自分の「命」を後回しにすることではない。

しかし、行動の制限は、飲食店をはじめ、自営業者や中小企業であれば倒産に直結するし、学校閉鎖となれば、子どもはもちろん、親の心身にまで大きな負担をかけ、家計も圧迫する。余裕をもって「ステイ・ホーム」を受け容れられるのは限られた人びとでしかない。ふだんから徹底して効率化を迫られている現代社会にあっては、遅かれ早かれ、行動の自粛は死活問題となる。

一方、個人の行動がどれほど危険を招くのかはあまりはっきりしない。画一化が進んだマスメディアの外では、公式見解とは異なる専門家の意見も漏れ聞くし、たとえばロックダウンや自粛には反するところもある「集団免疫」の必要性には一定の説得力がある。となれば、「重症化率」「致死率」「感染率」といった情報を頼りにしながら、各自が各状況のなかで事の軽重を判断し、外出を増やしたとしても、程度の差はあれ、さほどおかしなこととは言えないだろう。

あるいは、いくら相互監視が厳しくなっても、自分第一、家族第一というエゴイズムが出てくるし、同調圧力が高まるなかでは、ある種のエゴイズムが必要な場面さえあると考えられる。逆に、私権の制限を求める世間の空気にも、他人のため、みんなのため、というよりは、自分や自分の家族がうつされてはたまらないというエゴイズムが含まれているにちがいない。

むろん、エゴイズムそのものは自然な欲求であって、それ自体は否定できない。問題は、それをどう培い、いかに抑制するか、ということにある。しかし、これまでは、エゴイズムの根底に「自分の命が第一」という衝動や考えがある、という基本が正面から問われてこなかった。

たとえ「個人の命」が最も根底的な価値だとしても、それを至高の価値だとしたのでは、個人のエゴイズムを抑制することは難しい。この点をごまかしていると、パンデミックのような緊急事態や限界状況にさいして自他のエゴイズムが噴出し、それらが衝突して危機を深めることになる。国際関係となれば、なおさらだろう。しかし、自国第一という方針については、トランプ政権に対しては批判できても、パンデミックにおける各国の対応に対しては批判が難しい。グローバリズムの理念のほかには、反省を迫る論拠はおろか、その契機すらもてない、というのが現状なのである。自国第一の背後にはデモクラシーが、そのデモクラシーの背後には生命至上主義が、確固としてひかえているからである。

市民社会の論理と宗教

この生命至上主義を刺激し、その問題をあらわにさせたところにこそ、パンデミックの文明論的な意義がある、と思われる。そしてプロローグで、「ポスト・アメリカニズム」の始点とした「9・11テロの刻印」の意味も、実のところ同様であると考えられるのである。9・11テロが、何より現代世界を戦慄させたのは、自分のであれ他人のであれ、命をものともしない信仰が未だに存在する、という事実であった。現代社会で長らく最高の価値とされてきた生命を、自然ならざる人間が平然と奪っていく。現代の文明人を戦慄させたのはそのことであり、だからこそ「9・11テロの刻印」が深く残ったと思われるのである。

もちろん、「命よりも高い価値」を問うような議論は、個人のであれ集団のであれ、エゴイズムに左右されかねないし、議論することすらタブー視される。そもそも戦後の先進諸国にあっては、そうした議論はリアリティをもちにくい。しかしながら、それを考える貴重な事例や機会がパンデミックによって生じていると思われる。

アメリカでは、各州で外出禁止令が出された後も、一部の教会が礼拝やミサを強行した。そうして二〇二〇年の四月上旬までに一〇人以上の牧師や神父が感染で亡くなっている。「無謀な行動によって多くの市民の命を危険にさらした」として逮捕された牧師もいる。にもかかわらずトランプ政権は、礼拝を外出禁止令から除外するよう各州知事に要請した。感染拡大の原因は、そのように宗教勢力に配慮するトランプ政権の姿勢にもある、という見方が、科学を重んじる人びとのあいだで広がった。

それに対して宗教者は、感染防止の重要性はもちろん認めるが、それだけでは対策として不十分であると言う。国民は、健康だけでなく経済の、そして精神の危機に瀕しており、救いを求めている。事実、「精神疾患」や「自殺」についての電話相談が急増し、聖書の売り上げも急伸した。宗教者は、そうした要望になるべく応えなければならない、ということである。

これは、トランプ政権を支持する宗教保守に限った考えではない。たとえばイタリアでは、二〇二〇年の三月末までに七〇人近くのカトリックの司祭が、感染で死んでいった。闘病する人や死に瀕する人の体にオリーブオイルを塗る「塗油（終油）」の儀礼を執りおこなったことが主な原因と言われる。塗油（終油）は、洗礼や結婚などと同じくカトリックの七つの秘跡の一つであり、ローマ教皇も二〇二〇年三月一〇日、病める者に会い、医療従事者やボランティアにつき添う勇気をもつように、と聖職者へ呼びかけていた。

もちろん教会でも、公的なガイドラインによって感染防止の対策が進められている。アメリカでは二〇二〇年三月末までに、およそ八割の教会でテレビやオンラインによる礼拝ができるようになった。それでも、とりわけ救いが求められる貧困地域ではオンライン化が進んでいない。

パンデミックにあって礼拝は、決して「不要不急」なものではなく、食料の買い出しや通院と同様に「必要不可欠」なものである。むしろ普段にもましてそうであり、「重要火急」ですらある。そもそも宗教活動は、建国以来、あるいは「四つの自由」に謳われていたことからも分かるように、現代にあっても、アメリカにおける自由の根幹をなすものにほかならない。ゆえに、たとえ自主規制することはあっても、政治権力によって禁止されてはならない。アメリカにおける宗教的伝統のなかでは、そう考えられるのである。

アメリカでそれがどれほど共有された考えであるかは、二〇二〇年四月末の時点でも、対面式の宗教の集会が完全に禁止された州は一〇州にすぎず、逆にいかなる制限も課されていない州が一五州もあった、ということから推測できるだろう。

また教会は、食料の配給や炊き出しなどのボランティア活動に尽力している。第四章でみたように、ボランティア活動などを支える社会的ネットワークや、そこに生じる信頼性や互酬性の規範のことを「社会関係資本」と言うが、アメリカのソーシャルキャピタルは、教会のように宗教

消防士たちへの献花〔2012年6月23日〕
撮影：五十野健史

に関連するものが実に半分を占めるのである。感染する牧師や神父は、そうした活動や地域とのかかわりに積極的なばあいが多い。

しかし、そうした宗教者の行動は、とくに信仰をもたない人びとには、自分の命を軽んじる無謀な自殺行為として映り、さらには市民社会に感染を広げ、他人の命を危険にさらすという意味で公共心を欠いた野蛮な行為と映った。韓国やフランスの宗教団体が感染を拡大させたという報道もあり、そう見なされることがほとんどだったのも当然かもしれない。

ただ、同じような行為でありながら、とくに信仰をもたない人びとにも理解できるものがないわけではない。それは、危険を承知で感染者と向き合う医療従事者の行為である。医療従事者は、自分の命を軽んじているわけでもないし後回しにしているわけでもない。ここには、自分の命をかけてまで他人の命を救おうとする、という命をめぐる極限の葛藤がある。現代社会にあっては、自分の命を守るために命をかける、という逆説さえ見えにくくなっているが、それともまた違った次元の葛藤がこのパンデミックで垣間見えている。しかも、その葛藤をいくぶんなりとも想像できるからこそ、私たちは医療従事者に畏敬の念や感謝の念をいだくのだろう。あるいは9・11

テロにあって、ＷＴＣで果敢に救助活動にあたった消防士のことを思ってもよい。

　医療従事者や消防士は「命」を救おうとし、聖職者は「魂」を救おうとする。そういう違いがあると言えなくはない。しかし、医療従事者や消防士が、「命」をたんに生物学的生命とだけみなしているとは言えないだろう。どういう表現をするかは別として、それ以上のものを「命」に見ていると思われる。

　ただ、それでも、両者の感染防止をめぐる考えには違いがあると言わねばならない。もちろん、儀式や礼拝においても「ソーシャル・ディスタンシング」や消毒などの対策は進められているが、たしかに宗教者には、必ずしも感染防止を第一とは考えないところがある。たとえば「オンライン礼拝」は、精神的苦境に陥っている人びとに、どれほどの慰めになるのか。聖職者が防護服に身を固め、ビニール手袋をしたうえで塗油するのは、果たして闘病を励まし、死にゆく者を送ることになるのか。そういう思いが宗教者には残る。

　実はこうした思いも、あとでふれるように、とくに信仰をもたない人びとにもいくぶん共有されていると考えられるが、キリスト教文化圏にあっても、市民社会の論理が優先されるのが現代社会の大勢である。やはり大きな文明論的な観点から「死」について考えておく必要があるだろう。

3　現代文明における「死」

およそ一〇〇年前のパンデミック、つまり一九一八年から始まったスペイン風邪は、第一次大戦の終盤と重なっており、文明の転換期における出来事でもあった。

すでに見たように、一九世紀後半における科学文明の華々しい進展は、二〇世紀初頭には大量生産・大量消費のシステムを生み出し、第一次大戦は、飛躍的に発達した兵器と莫大な軍需品がつぎこまれる総力戦となった。これにスペイン風邪が重なり、世界史に類をみない「大量死」を招いたのである。にもかかわらず科学文明は、そのような「死」を意味づけることはできず、代わりに技術によって大衆社会を発展させた。ここに「脱魔術化」された現代文明における人びとの「生の意味」への問いが広がることになる。第一章でみた、現代人がいだく「意味への希求」の問題である。

そうしたなか一九二七年に、ハイデガーの『存在と時間』が出版され、「死への存在 Sein zum Tode」という人間観が大きく注目されることになった。古来、東西を問わず、死については多くのことが語られており、似たような「哲学」を挙げることは難しくない。西洋でも古くから「死を想え memento mori」という言葉があり、それこそ一四世紀にペストが流行したときにも、よく唱えられた。では、現代文明を考えるにあたって、「死への存在」の真価はどこにあるのか。

それは、『存在と時間』という書名に示されている。現代人は、「世間・公共性 Öffentlichkeit」の一般的な基準にしたがって行動し、平均的で中性的な、誰でもない「世人・ひと das man」に頽落している。新奇なものに目を奪われ、「モノ」であれ「ヒト」であれ、道具的存在者との交渉に没頭し、自分を失ってしまった。それは、「通俗的時間概念」に囚われているからにほかならない。「過去」を過ぎ去ったものとして忘れ、「未来」を未だ来ないものとして漠然と期待し、眼の前の「現在」に没入しているからである。

それに対して、自分が死ぬという可能性、つまり「もっとも自己的で、他とは隔絶した、追い越せない可能性」（GA2,333:61）を先駆けて覚悟し、そこから過去を引きうけなおして現在につなげる。そうして自分に固有の状況に目を開くのが「本来的」な生き方である、というのである。

この「時間（性）」論の根本にあるのは「存在」論にほかならない。そこにハイデガーの思索の核心がある。人間は、石や動物と違って、「存在者が存在する」ということに驚き、問うことができる。「ある」ということを、どういうふうに了解しているか。その「存在了解」の仕方が、人間の在り方、ひいては「もの」や「人びと」とのかかわり方を決める。

ところが、さきに見たように西洋の伝統的存在論は、プラトン以来、存在を一様に「現前性」や「眼前性」とみなしてきた。「ある」とは、もっぱら眼の前にあること、しかも作られてあることだとされてきた、とハイデガーは言う。「現在」が特権的な位置を占める「通俗的時間概念」が批判されるのも、そうした西洋の伝統的存在論を相対化しようとしたからにほかならない。

モノであれヒトであれ、眼の前にある存在者に囚われることによって、「存在の真理」が忘却され、ニヒリズムが生じた、というのが、西洋文明にたいするハイデガーの診断なのである。

　ここで言われるニヒリズムとは、大きくいえばウェーバーが指摘した脱魔術化の時代における「生の意味の喪失」と同じものであると言えよう。『プロ倫』の末尾には、ニヒリストの姿が描かれている。「精神のない専門人、心情のない享楽人。この無《ニヒツ》のものは、人間性のかつて達したことのない段階にまですでに登りつめた、と自惚れるだろう」（MWGI/18,488:366）。このウェーバーの診断は、ニーチェのニヒリズムの思想に基づいている。

　しかし、本論でみたように、この点でもウェーバーとハイデガーは、踵《きびす》を接しながら「究極的には異質」になっている。ハイデガーも、ニヒリズムを現代文明の根本的な病理だと考える点ではニーチェの思想を受け継いだ。しかし、必ずしもそこに留まってはいなかったのである。ハイデガーによれば、ニーチェ的な意味でのニヒリズムとは「すべての目標が取り去られていること」である。そして、その目標における思惟は、「イデア」と「イデアリスムス Idealismus」を前提としている。ふつう「Idealismus」は、観念論と訳されるが、ここでは存在の本質をイデアとみる解釈のことであり、「我思う、ゆえに我あり」のように思考を優位とする教説である。つまり、それは形而上学的思考様式であり、「ニヒリズムのこの「観念論的で」道徳的な解釈は、その本質性にもかかわらず、どこまでも暫定的」でしかない、と言うのである（GA65,138:150）。

　この「観念論的で」道徳的な解釈によるならば、ニヒリズムを超克するには、現代人の目標に

「実質的価値」を取り戻さなければならない、ということになる。あるいはウェーバーのように、

「神々の闘争」という価値乱立の時代を耐え忍ぶしかない、ということになる。

しかし現代人は、目標の無さを認めようとはしない。ゆえに、すぐさま目標をもつ。ニヒリズムを認めず、あるいはそこから逃れようとして、せいぜい目標を定めたり追求したりするための手段でしかないものを目標に仕立てる。ハイデガーは、その例として映画や海水浴、旅行などの「文化財」を、そして「民族」を挙げている。ここには、本論でみた「体験」の問題があり、この「騒がしい体験への酩酊の内にこそ」最大のニヒリズムがある、と言うのである。

もちろん、すべての文化財や民族などがニヒリズムを胚胎するわけではない。西洋の形而上学によって「作られた体験」か否かで違ってくるが、およそテクノロジーによる体験は「作られた体験」である。現代文明は、ヒトもモノもシゼンも、あらゆるものが「役に立つ」モノとして開発され循環させられる「総かり立て体制」となっており、それによる「体験」は、遅かれ早かれニヒリズムに呑み込まれていく、ということである。

しかし、では、どうすればよいのか。もちろん、そうした問題解決にたいする性急な欲求や答えは、遅かれ早かれ形而上学による「作為構造」や「総かり立て体制」に呑み込まれていく。ハイデガーの思索から導かれるのは、ペシミスティックな未来像と言うほかない。しかしながらハイデガーは、そこから抜け出す契機についても少なからず述べている。さきにみた「死への存在」も、その一つだと言えよう。ただ、とはいえ「死への存在」や「本来性」といったハイデガ

ーの哲学には、難しさというよりも、どこか深くのみこめないところが残るかもしれない。もしそうだとすれば、それは一つに、それらがパウロなどの原始キリスト教的な生き方をモデルとしたものだからだと考えられる。一九二七年に刊行された『存在と時間』では後景に退いているが、一九二〇年代前半の講義では、キリスト教神学がさかんに論じられていた。その背景が深い理解をはばむかもしれない。

ところが『存在と時間』以後になると、今度は「死すべき者たちthnētoi」という古代ギリシアの人間観が強調されるようになる。一九五一年の講演「建てること、住むこと、考えること」では次のように言われている。

死すべき者たちが住むのは、死を死として能くするという自分自身の本質に連れ添って、この能力を用いる習わしに参入するかぎりにおいてです。かくして、まっとうな死が存在することになるのです。死すべき者たちに連れ添って死という本質を発揮させるとは、空無としての死を目標に据えることでは決してありません。終わりに盲目的に見とれて、住むことを陰鬱なものにすることでもありません。(GA7,145:72-73)

ここで重視されている「住む」とは、「大地を救い、天空を受け入れ、神的な者たちを待ち望み、死すべき者たちに連れ添うという、四重の労わること」だと説明されている。いわゆる後期ハイデガーの思想らしく詩的な表現で語られていて、安易な解釈は我田引水になりかねない。ただ、いったん退いていた宗教的モチーフが違うかたちであらわれており、「死」の位置づけも少なからず変わっていることは確認できる。そのぶん、身近なこととして考える手がかりにはなりそうである。

たとえば、現代文明における感染死についてはどうだろう。感染者は隔離され、会話もオンライン通話しかできず、もし亡くなれば、面会も許されないまま遺体袋に入れられ、火葬場へ直行する。家族には「最期のお別れができなかった」「ちゃんと送ってあげられなかった」という思いが残る。

ここには、先にみた宗教者の思いに通じるものがあると言えないだろうか。「死を死として能《よ》くする」という本質が発揮されていないように思えるのである。

「ポスト・アメリカニズム」の世紀への問い

「住むとは、死すべき者たちがこの地上に存在しているあり方のことである」とハイデガーは言う[3]。これはなにも、日常生活のなかで常に死を意識せよ、ということではない。終油の儀式をおこなうのであれ、ともに祈りをささげるのであれ、最期のお別れをするのであれ、不要不急といえばそうかもしれない。むしろパンデミックにあっては、自分の命を、また他人の命を危険にさらすことになる。しかしそうだとしても、そうしたことがなければ、なにか「住む」ことが陰鬱になるような「不要不急」のものがある。「命」をもちだされれば「不要不急」というほかないが、それが無くなれば、われわれの「住む」ことが、日々の暮らしが、「生の意味」が、どこか虚《うつ》ろになるものがある。パンデミックは、そうしたたぐいの不要不急を垣間見せたと思われる。

もちろん、そのようにパンデミックのなかで垣間見えたものも、まもなく日常生活や非日常の体験のなかでかき消されていくだろう。われわれは、デジタル・トラスフォーメーションによって形成されたサイバー空間のなかで、あるいはそれが現実空間とあわさったプラットフォームのうえに住んでいる。言いかえればわれわれは、ヒトもモノもシゼンも「役に立つもの」の「断片」として循環させられており、そうした日常で抱かれる不安や不満も、非日常の「体験」によって癒される。そしてそのうえで改めて「自由」を実現する場としての市場に投入される。こうした意味で、われわれは、「総かり立て体制」のなかに住んでいるのである。この「世界」から抜け出すことは難しい。

しかし、めまぐるしく追われる毎日やそれを忘れるような娯楽のなかでも、ふいにそこから脱け出す瞬間があるだろう。

地球のすみからすみまで技術的に征服され、経済的には搾取可能になり、どこで、いつ、どんな事件があろうと、それがみな思いどおりの速さで知られるようになり、（…）東京の交響楽の演奏会も同時に「体験」することができ、（…）何百万という大群衆の数が勝利であるようになっているとき——このとき、まさにこのときに、すべての大騒ぎSpukの頭上をかすめ、今なお次のような問いが、幽霊Gespenstのように襲ってくるのである。何のために？——どこへ？——そしてこのあと何が？——と。（GA40,41:70）

ここにある「Spuk」とは、大騒ぎという意味のほかに「幽霊現象」や「妖怪現象」「不気味な存在」といった意味がある。「Gespenst」も、幽霊や亡霊、妖怪、もののけのような存在を指す。しかし、これらは決してオカルト的な存在ではない。それらは端的には、キリスト教文明や形而上学的な存在秩序からはみ出た「もの」であると考えてよい。そうしたものに囁《ささや》かれて抱く問いが、われわれの日々の暮らしのうちにも増えてきたように思われる。

本書で論じてきた「ポスト・アメリカニズムの世紀」は、「ポスト世俗主義」の時代でもあって、言ってみれば形而上学的な存在秩序からはみでた亡霊や妖怪、幽霊やもののけが世界を徘徊し、現代文明のあり方に対して問いを抱かせる時代なのである。そうした不気味な存在は、実のところ西洋文明に覆われたヨーロッパの古層にも潜んでいるし、それをいくらか含んだユダヤ－キリスト教的伝統のなかにも隠れている。もちろん、欧米とはちがった文化を形成してきた場所、たとえば日本では、よりいっそう存在感をもっている。本書で論じてきた公共宗教とは、そのように「総かり立て体制」からはみ出る「もの」をたくわえ、伝えるものでもあるのである。

「ポスト・アメリカニズムの世紀」の展望をひらく問いは、デジタル化が進んで「総かり立て体制」がゆきわたり、ある次元ではアメリカニズムが継続している時代にあっても、いやむしろ、それが加速している時代にこそ、いっそう抱かれるだろう。パンデミックにおいて、ヒトとヒトの関係ならぬ人と人びとのつながりが、あるいは人とものや自然のかかわりが見なおされるなかにあって、そうした問いは増えているように思われる。

たとえば二〇二〇年、世界で最悪の死者を記録するパンデミックのさなか実施された大統領選にあって、トランプは前回より一一〇〇万票も多い七四〇〇万票をあつめて勝利を疑わず、対してバイデンは八一〇〇万票をあつめて「民主主義が勝利した」と宣言した。この光景を見ながら、われわれは何を思ったのだろうか。

そうした政治的、世界的な場面でなくてもよい。逆にごく私的な場面にあっても、喧噪からふいに意識が離れたとき、さきほどの問いが襲ってこないだろうか。何のために?――どこへ?――そしてこのあと何が?――と。そこに「ポスト・アメリカニズム」の世紀は始まっている。

注

引用文は、基本的に訳書にしたがったが、原書に基づき改訳したものもある。

プロローグ

1――Michael R. Bloomberg, Allison Blais, Lynn Rasic, *A Place of Remembrance: Official Book of the National September 11 Memorial (9/11 Memorial)*, National Geographic, 2011.

2――『聖書』新共同訳、日本聖書協会。以下、聖書からの引用は同じ。

第一章

1――エリック・ホブズボーム、河合秀和訳『20世紀の歴史　極端な時代（上・下）』（三省堂、1996年）。

2――Michael Lind, "The American Century is over: How our country went down in a blaze of shame," *Salon*, July 12, 2014. マイケル・リンドによれば、アメリカは19世紀後半までには世界最大の経済大国になっていたが、地政学で最も重要なプレーヤーになるには第一次世界大戦が必要であった。紀平英作『歴史としての「アメリカの世紀」――自由・権力・統合』（岩波書店、2010年）も参照。

3――ソフト・パワー論で大きな注目をあつめ、その後はスマート・パワーを提唱している国際政治学者ジョセフ・S・ナイは、第一次大戦に大きな変化があったことは認めつつも、より正確には「第二次大戦への参戦」が「アメリカの世紀」の始まりだった、としている。村井浩紀訳『アメリカの世紀は終わらない』（日本経済新聞出版社、2015年）、31頁。より大きく近代文明をとらえる視点は、田村正勝『社会哲学講義――近代文明の転生に向けて』（ミネルヴァ書房、2012年）。

4――M・ウェーバーは、1918年末、敗戦したドイツにあって、二〇世紀の覇権はアメリカが握るだろうという展望を抱いていた。中村貞二ほか訳『政治論集 第2巻』（みすず書房、1982年）、660頁。ウエーバーは、シュペングラーの文明理解には大いなる違和感をもっていたようである。

5――古矢旬によれば、「アメリカの世紀」は、「おおむね合衆国内における大量生産、大量消費型の経済システムの定着とともに一九二〇年代には助走を開始し、第二次世界大戦の到来によって劇的に全面展開をとげた」。古矢旬『アメリカニズム――「普遍国家」のナショナリズム』（東京大学出版会、2002年）、305頁。なお、同書のアメリカニズムの歴史研究に本書は多くを負っている。
6——フォード自動車会社については、Jonathan Schwartz, "Henry Ford's Melting Pot," in Otto Feinstein ed.,*Ethnic Groups in the City : Culture, Institutions and Power*, Heath Lexington Books : Studies in Social and Economic Process, 1971, pp.191-198などを参照。
7——アントニオ・グラムシ「アメリカニズムとフォーディズム」デイヴィド・フォーガチ編、東京グラムシ研究会監修・訳『グラムシ・リーダー』（御茶の水書房、１９９５年）。グラムシの議論に着想をえたものとして、佐伯啓思『「アメリカニズム」の終焉——シヴィック・リベラリズム精神の再発見へ』（ＴＢＳブリタニカ、１９９３年）〔→中公文庫、２０１４年〕があり、本書は同書に多くを負っている。また、佐伯の議論をふまえたものとして片桐薫『ポスト・アメリカニズムとグラムシ』（リベルタ出版、２００２年）を参照。
8——古矢『アメリカニズム』、38頁。
9——G. John Ikenberry, "The End of Liberal International Order?", *International Affairs*,94:1, January, 2018, pp. 7-23や Walter Russell Mead, "2018's Biggest Loser Was the Liberal International Order:The Runners-up Are China, the U.K., France's Macron and Saudi Arabia's Crown," Prince Mohammed", *The Wall Street Journal*, December 30, 2018, また細谷雄一『国際秩序——18世紀ヨーロッパから21世紀アジアへ』（中公新書、２０１１年）などを参照。
10——T., Luckmann, *The Invisible Religion : The Problem of Religion in Modern Society*, 1967, Macmillan, 赤池憲昭・ヤン・スィンゲドー訳『見えない宗教——現代宗教社会学入門』、ヨルダン社、１９７６年）。
11——Peter L.Berger, *The Sacred Canopy: Elements of A Sociological Theory of Religion*, Anchor Books Editions, 1967,1990, pp.19-28, 薗田稔訳『聖なる天蓋』（新曜社、１９７９年）、28—42頁。
12——R.N. Bellah, "Civil Religion in America," *Daedalus* 96, no.1, 1967(Winter), 河合秀和訳「アメリカの市民宗教」『社会変革と宗教倫理』（未來社、１９７３年）。
13——ジル・ケペル、中島ひかる訳『宗教の復讐』（晶文社、１９９２年）。
14——José Casanova, *Public Religions in the Mordern World*, The University of Chicago Press, 1994, 津城寛文訳『近代世界の公共宗教』（玉川大学出版部、１９９７年）。
15——Peter L. Berger, ed., *The Desecularization of the World : Resurgent Religion and World Politics,* Ethics and Public Policy Center, 1999.

16――J・ハーバーマス、鈴木直訳「信仰と知識」『引き裂かれた西洋』(法政大学出版局、2009年)。同、鏑木政彦訳「公共圏における宗教」島薗進・磯前順一編『宗教と公共空間』(東京大学出版会、2014年)。
17――J・ハーバーマス、三島憲一・鈴木直・大貫敦子訳『ああ、ヨーロッパ』(岩波書店、2010年)、110頁。
18――同上、110頁。
19――C・シュミット、田中浩・原田武雄訳『政治神学』(未來社、1971年)、49頁。
20――H・ブルーメンベルク、斉藤義彦訳『近代の正統性I 世俗化と自己主張』(法政大学出版局、1998年)、101頁。
21――千葉眞「近代の正統性問題――レーヴィット、ブルーメンベルク、テイラーを中心に」、千葉眞編『講座政治学II 政治思想史』(三嶺書房、2002年)も参照。
22――ハーバーマス『ああ、ヨーロッパ』、107頁。
23――同上、111―113頁。
24――H=G・ガダマー、川原栄峰訳「マルティン・ハイデッガーのただ一条の道」実存思想協会編『存在への問い 実存思想論集III』(以文社、1988年)、24頁。『哲学への寄与』については、鹿島徹ほか『ハイデガー『哲学への寄与』解読』(平凡社、2006年)、山本英輔『ハイデガー『哲学への寄与』研究』(法政大学出版局、2009年)などを参照。
25――S・ギャロウェイ、渡会圭子訳『the four GAFA 四騎士が創り変えた世界』(東洋経済新報社、2018年)などを参照。
26――W・ヘニス、雀部幸隆ほか訳『マックス・ヴェーバーの問題設定』(恒星社厚生閣、1991年)、D・ポイカート、雀部幸隆・小野清美訳『ウェーバー 近代への診断』(名古屋大学出版会、1994年)、山之内靖『ニーチェとヴェーバー』(未來社、1993年)などを参照。
27――たとえば、山之内靖「「時間の諸相」をめぐって マックス・ヴェーバーとマルティン・ハイデガー」『現代思想』第35巻第15号(青土社、2007年11月)や、鹿島ほか『ハイデガー『哲学への寄与』解読』、79―85頁などを参照。
28――Norbert Bolz, *Auszug aus der entzauberten Welt : philosophischer Extremismus zwischen den Weltkriegen*, Wilhelm. Fink, Verlag, 1989, p.7, 山本尤・大貫敦子訳『批判理論の系譜学――両大戦間の哲学的過激主義』(法政大学出版局、1997年)、

1頁。またボルツの『意味に餓える社会』（東京大学出版会、1998年）も参照。

第二章

1——近年の研究書としては、Michael Kazin and Joseph A. McCartin, ed.,, *Americanism: New Perspectives on the History of an Ideal*, University of North Carolina Press, 2006が挙げられる。
2——坂下昇『アメリカニズム——言葉と気質』（岩波新書、1979年）、3頁。
3——古矢は、アメリカニズムの起源を「辺境」「聖地」「理念国家」の三つから説明している。『アメリカニズム』、3—9頁。
4——R・W・B・ルーイス、斎藤光訳『アメリカのアダム』（研究社出版、1973年）、9頁。
5——ダニエル・ベル、正慶孝訳『二十世紀文化の散歩道』（ダイヤモンド社、1990年）、502頁。
6——トーマス・ペイン、小松春雄訳『コモン・センス——他三篇』（岩波文庫、1976年）、28頁。
7——第一次リヴァイヴァル運動とその影響については、藤本龍児『アメリカの公共宗教——多元社会における精神性』（NTT出版、2009年）、97頁〜を参照。
8——ペイン『コモン・センス』、97—98頁。
9——米西戦争が、アメリカ文明と宗教にどのようにかかわったかについては、森孝一『宗教からよむ「アメリカ」』（講談社選書メチエ、1996年）の「序章　アメリカ文明への信仰」を参照。
10——Schwartz, "Henry Ford's Melting Pot," p.192.
11——古矢『アメリカニズム』、36頁。
12——Schwartz, "Henry Ford's Melting Pot," p.191.
13——グラムシ「アメリカニズムとフォーディズム」、367頁。
14——同上、352頁。
15——マルティン・ハイデッガー「シュピーゲル対談」、川原栄峰訳『形而上学入門』（平凡社ライブラリー、1994年）、383頁。
16——代表的なものとしては、山本英輔ほか編『科学と技術への問い——ハイデッガー研究会第三論集』（理想社、2012年）がある。

17――ハイデガーとアメリカの関係については、ジェームズ・W・シーザーが、『反米の系譜学』（ミネルヴァ書房、2010年）の第8章で論じている。
18――J・デリダ、港道隆訳『精神について』（人文書院、1990年）、72―73頁。
19――ハイデガーの政治的言説と詩のかかわりについては、フィリップ・ラクー＝ラバルト、浅利誠・大谷尚文訳『政治という虚構――ハイデガー、芸術そして政治』（藤原書店、1992年）を参照。
20――デリダ『精神について』、100頁。この点については、『哲学への寄与』における「世界の脱魔術化」の捉え方も参照（GA65,124:135）。
21――ハイデガーのナチス加担をめぐる論争については、Richard Wolin ed., *The Heidegger Controversy: A Critical Reader*, Columbia University Press, 1991などを参照。ハイデガーの「存在の問い」の政治的含意を論じたものとして、轟孝夫『ハイデガーの超‐政治――ナチズムとの対決／存在・技術・国家への問い』（明石書店、2020年）を参照。
22――この訳語については、森一郎「物と総かり立て体制――『ブレーメン講演』再読」、山本ほか編『科学と技術への問い』所収を参照。訳語だけでなく、「総かり立て体制」を中心とするハイデガーの技術論については、森の一連の研究に多くを負っている。とくに「核時代のテクノロジー論」、佐伯啓思監修『ひらく』二号（A&F，2019年）と『核時代のテクノロジー論――ハイデガー『技術とは何だろうか』を読み直す』（現代書館、2020年）を参照。
23――パオロ・ヴィルノ、柱本元彦訳『ポストフォーディズムの資本主義――社会科学と「ヒューマン・ネイチャー」』（人文書院、2008年）、82頁。

第三章

1――近年においては、イスラーム理解の進展にともない、「イスラム教」は「イスラーム」に、「コーラン」は「クルアーン」に、といったように誤称や訛言の訂正が進んでいる。本書も「イスラム原理主義」や「イスラム国」など、メディアで用いられているもの以外は「イスラーム」と表記する。
2――多様な見方があるが代表的なものとしては、池内恵『イスラーム国の衝撃』（文春新書、2015年）、内藤正典『イスラム戦争 中東崩壊と欧米の敗北』（集英社新書、2015年）、中田考『イスラーム 生と死と聖戦』（集英社新書、2015年）を参照。

3——ライシテについては、伊達聖伸『ライシテから読む現代フランス——政治と宗教のいま』（岩波新書、2018年）を参照。そこで示されたライシテの「脱フランス化」は、本書で論じる公共宗教論の課題と重なるところがある。本書第七章3節を参照。

4——ベラー「アメリカの市民宗教」、森『宗教からよむ「アメリカ」』を参照。

5——ルソーやフランスの文脈における「市民宗教」の議論は多いが、近年のものではたとえば以下がある。伊達聖伸「ライシテは市民宗教か」『宗教研究』第81巻第3輯、三五四号、2007年、531—554頁。市野川容孝・宇城輝人編『社会的なもののために』（ナカニシヤ出版、2013年）、125—135頁。高山裕二「未完の「市民宗教」——ピエール・ルルーとリベラルな社会主義の萌芽」『年報政治学2013-Ⅰ宗教と政治』、101—121頁。

6——Robert N. Bellah, *The Broken Covenant: American Civil Religion in Time of Trial, 2nd* ed. University of Chicago Press, 1992, p. 3, 松本滋・中川徹子訳『[新装版]破られた契約アメリカ宗教思想の伝統と試練』（未來社、1983年）、29頁。

7——Robert Bellah, "Religion and the Legitimation of the American Republic," in Bellah and Hammond, *Varieties of Civil Religion*, Harper and Row Publishers, 1980, p. 3.

8——Robert Bellah, "Meaning and Modernity: America and the World," in Richard Madsen et al. eds, *Meaning and Modernity: Religion, Polity, and Self*, University of California Press, 2002, p. 261.

9——Bellah, "Meaning and the Modernity: America and the World," p. 262.

10——デモクラシーと宗教のかかわりは本書でも論じるが、とくにトクヴィルの見解については、藤本『アメリカの公共宗教』を参照。

11——カサノヴァ『近代世界の公共宗教』、81—82頁。

12——同上、82頁。

13——同上、14—15頁。

14——同上、30頁。

15——同上、13頁

16——同上、276—277頁。

17——同上、87—88頁。

18――同上、290―291頁。
19――同上、54頁。
20――同上、293頁、292頁。括弧内筆者。
21――ハーバーマス『ああ、ヨーロッパ』、111―113頁。同上『自然主義と宗教の間』（法政大学出版局、2014年）、7頁、159頁などを参照。
22――J・ハーバーマス、村上隆夫訳『哲学的・政治的プロフィール（上）――現代ヨーロッパの哲学者たち』（未來社、1984年）、47頁。
23――Iris Young, *Inclusion and Democracy*, Oxford University Press, 2000.
24――W・キムリッカ、岡﨑晴輝ほか監訳『土着語の政治――ナショナリズム・多文化主義・シティズンシップ』（法政大学出版局、2012年）、59頁。
25――J・ハーバーマス「民主主義的法治国家における政治以前の基盤」三島憲一訳『ポスト世俗化時代の哲学と宗教』（岩波書店、2007年）、2頁～。E・W・ベッケンフェルデ、初宿正典編訳『現代国家と憲法・自由・民主制』（風行社、1999年）も参照。
26――J. Habermas, "Reply to My Critics," in Craig Calhoun et al eds., *Habermas and Religion*, Polity, 2013, pp.347-390.
27――ハーバーマス「民主主義的法治国家における政治以前の基盤」、11―12頁。
28――同上、20頁。
29――同上、22頁。
30――J・ロールズ、中山竜一訳『万民の法』（岩波書店、2006年）、221頁。
31――木部尚志「共同翻訳と公共圏のポリフォニー――ハーバーマスの〈ポスト世俗社会〉論」『年報政治学2013－I宗教と政治』、60―80頁など。
32――ハーバーマス「民主主義的法治国家における政治以前の基盤」、14―15頁。
33――J・ハーバーマス、三島憲一ほか訳『近代の哲学的ディスクルスI・II』（岩波書店、1999年）も参照。
34――J・カサノヴァ、藤本龍児訳「公共宗教を論じなおす」磯前順一・山本達也編『宗教概念の彼方へ』（法藏館、2011年）、338頁。
35――同上、338―339頁。

36——カサノヴァ『近代世界の公共宗教』、54頁。
37——T・アサド、中村圭志訳『世俗の形成——キリスト教、イスラム、近代』(みすず書房、2006年)。José Casanova, "Secularization Revisited: A Reply to Talal Asad," in David Scott and Charles Hirschkind eds., *Powers of the Secular Modern: Talal Asad and his Interlocutors,* Stanford University Press, 2006, pp. 12-30. 宗教概念の見なおしについては、磯前順一・山本達也編『宗教概念の彼方へ』(法藏館、2011年)をはじめ、Hent de Vries, *Religion: Beyond a Concept (The Future of the Religious Past),* Fordham University Press, 2008、Hent de Vries, Lawrence E. Sullivan ed., *Political Theologies: Public Religions in a Post-Secular World,* Fordham University Press, 2016を参照。
38——カサノヴァ「公共宗教を論じなおす」341—343頁。
39——同上、346頁。
40——José Casanova, "Rethinkig Secularization: A Global Comparative Perspective," *The Hedgehog Review,* Spring/Summer 2006を参照。
41——カサノヴァ「公共宗教を論じなおす」347頁。
42——カサノヴァ『近代世界の公共宗教』76頁。
43——カサノヴァ「公共宗教を論じなおす」357頁。
44——「寛容」、そして後で論じる「政教分離」については、森本あんり『アメリカ的理念の身体——寛容と良心・政教分離・信教の自由をめぐる歴史的実験の軌跡』(創文社、2012年)から多くを学んでいる。詳しくは、藤本龍児「ポスト世俗主義とアメリカ」、森本あんり「有限は無限を容れるか(finitum capax infiniti)——三書評に答えて」を参照。いずれも『アメリカ太平洋研究』第14号、東京大学大学院総合文化研究科アメリカ太平洋地域研究センター、2014年所収。また、森本あんり『不寛容論——アメリカが生んだ「共存」の哲学』(新潮選書、2020年)も参照。
45——カサノヴァ『近代世界の公共宗教』19頁。
46——José Casanova, "Immigration and the new religious pluralism: a European Union-United States Comparison," in Geoffrey Brahm Levey & Tariq Modood, *Secularism, Religion and Multicultural Citizenship*, Cambridge University Press, 2009, pp.139-163.

1——John Rawls, *Political Liberalism, Expanded edition*, Columbia University Press, [1993]2005, p.10.

2——ロールズ『万民の法』。

3——おもにハーバーマス『自然主義と宗教の間』。

4——Martha C. Nussbaum, *Liberty of Conscience: In Defense of America's Tradition of Religious Equality*, Basic Books, 2008, pp.20-21, 河野哲也監訳『良心の自由——アメリカの宗教的平等の伝統』（慶應義塾大学出版会、2011年）、31頁。

5——小嶋和司『憲法解釈の諸問題』（木鐸社、1989年）、80—81頁。

6——主として以下を参照。樋口陽一『憲法　第3版』（創文社、2007年）。長谷部恭男『憲法 第5版』（新世社、2011年）。渋谷秀樹・赤坂正浩『憲法1 人権 第5版』（有斐閣アルマ、2013年）。長谷部恭男他編著『ケースブック憲法 第4版』（弘文堂、2013年）。芦部信喜『憲法 第六版』（岩波書店、2015年）など。

7——最大判五二・七・一三民集三一巻四号、533頁。

8——同上、541頁。松村比奈子『政教分離原則の適用基準に関する研究——目的・効果基準の再構成』（成文堂、1997年）なども参照。

9——一九九七年の愛媛玉串料訴訟上告審では、目的効果基準を前提としながらも、一般人に与える印象や関心を理由に違憲判決を下した。これと、後でみるアメリカの「是認テスト」の関係については、野坂泰司「愛媛玉串料訴訟大法廷判決の意義と問題点」『ジュリスト』1114号、34—35頁、1997年。

10——歴史的根拠としては「国家神道の反省」という歴史的根拠が挙げられる。

11——学説については、芦部信喜『憲法学Ⅲ　人権各論(1)［増補版］』（有斐閣、2000年）。学説の理論的問題については、安念潤司「信教の自由」樋口陽一編『講座憲法学3　権利の保障Ⅰ』（日本評論社、1994年）、190—217頁など。日本の憲法学における「国家と宗教」についての最新の見解は、山本健人「国家と宗教」山本龍彦・横大道聡編著『憲法学の現在地——判例・学説から探究する現代的論点』（日本評論社、2020年）を参照。本章の素材なった論文は2014年に書かれたが（あとがき参照）、その後、「国家と宗教」をめぐる近年の変化については、山本健人氏に教えられることが多かった。

12——安丸良夫・宮地正人校注『日本近代思想大系5 宗教と国家』（岩波書店、1988年）、235頁。

13——類型については、主に以下を参照。百地章『憲法と政教分離』（成文堂、1991年）、3—69頁。大石眞『憲法と宗教制度』（有斐閣、1996年）、2—10頁。松村『政教分離原則の適用基準に関する研究』、21—86頁。

14――エム・ソール・ベーツ、海老澤亮訳『信教の自由に関する研究』（教文館、１９４９年）、４５８―５４３頁。

15――各国の政教関係については、善家幸敏『国家と宗教――政教関係を中心として』（成文堂、１９９３年）も参照。

16――20世紀ヨーロッパの政治思想を描いたヤン＝ヴェルナー・ミュラーは、次のように言っている。「ヨーロッパがこんにちまで経験している政治世界を作り出した政治思想と政党をどれか特定するとすれば、それはキリスト教民主主義である。ヨーロッパを世界のなかで祝福された（立場によっては暗黒の）世俗主義の島とみる人びとにとっては、これは驚きかもしれない」。板橋拓己・田口晃監訳『試される民主主義（上）――20世紀ヨーロッパの政治思想』（岩波書店、２０１９年）、10頁。

17――山本龍彦「政教分離と信教の自由」、南野森編『憲法学の世界』（日本評論社、２０１３年）。

18――アメリカ史における「政教分離」の形成については、Philip Hamburger, *Separation of Church and State*, Harvard University Press, 2003を参照。ハンバーガーは、政教分離については、憲法や裁判所の見解など、制度上の発展を分析するだけでなく、「一般の民衆が抱く認識や恐怖心」を含めた「より広範な思想、文化、そして社会のコンテクスト」のなかで考えなければならない、と強調している。そうした考察は、藤本『アメリカの公共宗教』、84頁を参照。政教分離を、神学や宗教史、政治哲学の観点から考察したものとして、森本あんり『アメリカ的理念の身体』の第二部を参照。

19――具体的には、ニュージャージー州において、宗派立学校（大部分はカトリック）に通う児童の保護者に、バス通学の費用を償還することをめぐる裁判であった。熊本信夫『アメリカにおける政教分離の原則（増補版）』（北海道大学図書刊行会、１９８９年）、２９４頁～を参照。またハンバーガーによれば、「分離」論の歴史的背景には、啓蒙主義的リベラリズムのほかに、カトリックの移民が増加し、政治的影響力を強めてきたことに対するプロテスタントの反発があった。Hamburger, *Separation of Church and State*. P.193～を参照

20――Everson v. Board of Education - 330 U.S. 1 (1947), at 15-18.

21――佐藤圭一『米国政教関係の諸相〔改訂版〕』（成文堂、２００７年）、８頁。

22――高橋和之編『新版 世界憲法集 第二版』（岩波文庫、２０１２年）、81頁。

23――Cantwell v. Connecticut - 310 U.S. 296 (1940) at 303.

24――Reynolds v. United States - 98 U.S. 145 (1878) at 164.

25——Everson, 330 U.S. 1, at 18.

26——Ibid.

27——エヴァスン判決は合憲とされたが、その結論は、完全分離の理念と整合性に欠ける、という反対意見が複数あった。ゆえに、この判決でさえ、むしろ中立原理が基準になっていたとも考えられる。

28——McCollum v. Board of Education, 333 U.S.203(1948) at 210-211.

29——熊本『アメリカにおける政教分離の原則』、３３４—３３５頁。

30——Engel v. Vitale - 370 U.S. 421 (1962) at 431.

31——エンゲル判決と福音派の伸長については、藤本『アメリカの公共宗教』、１５５頁〜を参照。

32——School Dist. of Abington Tp. v. Schempp - 374 U.S. 203 (1963) at 225, 313.

33——"accommodation"は、「便宜供与」「便宜的措置」などとも訳されるが、ここでは広く使われている「便益供与」を用いることにする。

34——Marsh v. Chambers - 463 U.S. 783 (1983) at 784-795.

35——Lynch v. Donnelly - 465 U.S. 668 (1984) at 680-681.

36——Lynch, 465 U.S. 668 at 716.

37——佐藤圭一「アメリカにおける市民宗教と「国教禁止条項」を巡る諸問題」『宗教法』第27号、２００８年、27—54頁。

38——Lee v. Weisman 505 U.S. 577 (1992) at 589. この判決では、公立学校の卒業式における祈りについて争われたが、法廷意見でケネディ判事は、宗教的慣行を重んじて、強制の有無を違憲の基準とする「強制テスト」を採用した。これは、他の判決でも用いられているものの、安定したものにはなっていない。

39——Lynch, 465 U.S. 668 at 687-689.

40——Wallace v. Jaffree - 472 U.S. 38 (1985) at 62.

41——この後、最高裁は、一九九三年のマージェンス判決で、公立学校における自由な宗教活動を認め、また同年のラムズチャペル判決で、公立学校の敷地内における外部団体の宗教活動を認めた。

42——Jaffree - 472 U.S. at 53.

43——Allegheny County v. ACLU 492 U.S. 573 (1989) at 674.

44——桐ヶ谷章・藤田尚則『政教分離の日米比較』（第三文明社、２００１年）、３３１頁などを参照。

45——Nussbaum, *Liberty of Conscience*, p.288, 304,『良心の自由』４３６、４６２頁。

46——日本における「中立」原理の検討については、たとえば芦部信喜『宗教・人権・憲法学』（有斐閣、１９９９年）、25—52頁。

47——佐藤、『米国政教関係の諸相〔改訂版〕』など。

48——分離主義の誕生の背景には、「反カトリシズム」の風潮があったことも指摘されている。特定の宗派や宗教を、歴史的見地から危険視し、「分離」や「中立」を建前にして封じ込めようとする使命感や政治的イデオロギーが作用していた、ということである。分離主義と反カトリシズムについては、注19を参照。

49——Sherbert v. Verner 374 U.S. 398 (1963)

50——Wisconsin v. Yoder 406 U.S. 205 (1972)

51——Gonzales v. O Centro Espírita Beneficente União do Vegetal, 546 U.S. 418 (2006)

52——Michael J. Sandel, *Democracy's Discontent: America in Search of a Public Philosophy*, Belknap Press, 1996, pp.55-71, 金原恭子・小林正弥監訳『民主政の不満——公共哲学を求めるアメリカ〔上〕』（勁草書房、２０１０年）、67—88頁。

53——Elk Grove Unified School Dist. v. Newdow 542 U.S. 1 (2004).

54——Robert D. Putnam and David E. Campbell, *American Grace: How Religion Divides and Unites Us*, Simon & Schuster, 2010, p.518、柴内康文訳『アメリカの恩寵——宗教は社会をいかに分かち、結びつけるのか』（柏書房、２０１９年）、５１３頁。

55——Robert D. Putnam, *Bowling Alone: the collapse and revival of American community*, Simon & Schuster, 2000, pp.18-19、柴内康文訳『孤独なボウリング——米国コミュニティの崩壊と再生』（柏書房、２００６年）、14頁。本書は、１９９５年の論文に寄せられたさまざまな批判をふまえ、同名の著作として公刊された。

56——Barack Obama, *The Audacity of Hope: Thoughts on Reclaiming the American Dream*, Random House Audio, 2006, p218, 棚橋志行訳『合衆国再生——大いなる希望を抱いて』（楓書店、２００７年）、２４４頁。

57——J・クロッペンバーグ、古矢旬・中野勝郎訳『オバマを読む——アメリカ政治思想の文脈』（岩波書店、２０１２年）、１７８頁。

第五章

1——Rajesh Venugopal, "Neoliberalism as concept," *Economy and Society*, 44 (2), 2015, p.166.

2——Venugopal, "Neoliberalism as concept," pp.165-187. なお、系譜的に、欧米の新自由主義研究を見なおし、新自由主義の定義の多様性を明らかにしたものとして清水習「新自由主義研究とは何か」『同志社政策科学研究 今川晃教授追憶号』第19巻第1号、２０１７年、２４５―２５９頁を参照。

3——F.A.Hayek, *The Road to Serfdom : Text and Documents*, edited by Bruce Caldwell, Definitive ed., Routledge, 2008, pp85-86, 西山千明訳『隷属への道』春秋社、２００８年、41頁。

4——A・ギデンズ、佐和隆光訳『第三の道——効率と公正の新たな同盟』（日本経済新聞社、１９９９年）、１９６頁。

5——W. R. Mead, *God and Gold: Britain, America, and the Making of the Modern World*, Vintage Books, 2008, p. 337, 寺下滝郎訳『神と黄金（下）』（青灯社、２０１４年）、１９７頁。

6——J・デリダ、増田一夫訳『マルクスの亡霊たち』（藤原書店、２００７年）、１３６頁。

7——柴田史子「アメリカ社会における宗教と自発的結社《ヴォランタリー・アソシエーション》」、井門富二夫編『アメリカの宗教伝統と文化』（大明堂、１９９２年）、88―１０４頁を参照。

8——山本貴裕「ファンダメンタリズムと金ぴか時代のアメリカ文化」『広島大学 欧米文化研究』創刊号、１９９４年。

9——Ahlstrom, Sydney E., *A Religious History of the American People*, Image Books, 1975, vol. 2, p.322, 森孝一「ジョサイア・ストロングと社会的福音」『基督教研究』、第51巻第2号、１９９０年、１６６頁。

10——George M. Marsden, *Reforming Fundamntalism*, Eerdmans, 1995, p.166.

11——青木保憲「「新しい福音主義」の聖書理解とその実態」『基督教研究』第71巻第1号、２００９年。

12——Robert Booth Fowler, *A New Engagement: Evangelical Political Thought, 1966-1976*, Eerdmans,1982.

13——福音派の定義は統一されていないが、代表的なものとしては、David W. Bebbington, *Evangelicalism in Modern Britain: A History from the 1730s to the 1980s*, Unwin Hyman, 1989, pp.1-19を参照。また、福音派の多様性については、Mark A. Noll, *American Evangelical Christianity: An Introduction*, Blackwell, 2001を参照。福音派についての近年の研究成果を知るには、Mark A. Noll, David W. Bebbington, George M. Marsden, *Evangelicals: Who They Have Been, Are Now, and Could*

Be, Eerdmans Pub Co, 2019.

14——もう少し具体的な条件については『アメリカの公共宗教』、１５４頁を参照。また本書第六章の注10も参照。

15——Frank Lambert, *Religion in American Politics*, Princeton University Press,2008, pp.218-250.

16——ここでのサイジックの考えは、２０１０年の1月、かれが同志社大学一神教学際研究センターの研究会に訪れたときのものをまとめた。藤本龍児「アメリカの福音派にいま何が起こっているのか?——水面下で進む大変化について」*CISMOR VOICE*、同志社大学一神教学際研究センター、March 2010. Vol.11, pp. 4-5.

17——ティーパーティ運動を社会思想の面からも理解するには、次の論文が有益である。会田弘継「ティーパーティを腑分けする」『外交』創刊号。

18——Pew Research Center, "The Tea Party and Religion," February 23, 2011.

19——Robert P. Jones, Ph.D. and Daniel Cox, "Religion and the Tea Party in the 2010 Election: An Analysis of the Third Biennial American Values Survey," Public Religion Reserch Institute, October 2010.

20——David Van Biema and Jeff Chu, "Dose God Want You to Be Rich?" *Time*, Sep. 18, 2006.

21——原書も訳書も、題名や副題を変え、加筆され再版されている。詳しくは『徳川時代の宗教』（岩波文庫、１９９６年）の解説を参照。

22——二〇二〇年はウェーバー没後百年であり、関連書や雑誌の特集が増えた。たとえば、『現代思想 特集＝マックス・ウェーバー没後一〇〇年』２０２０年12月号。

23——M・ウェーバー、木全徳雄訳『儒教と道教』（創文社、１９７１年）、深沢宏訳『ヒンドゥー教と仏教』（東洋経済新報社、２００２年）を参照。

24——ウェーバーに依拠しつつ、「世俗外／世俗内」という概念を用いたインド研究としてルイ・デュモン、田中雅一・渡辺公三共訳『ホモ・ヒエラルキクス』（みすず書房、２００１年）を参照。またデュモンは、これを発展させ、渡辺公三・浅野房一訳『個人主義論考』（言叢社、１９９３年）で、西欧と東洋の個人主義の発生を論じた。詳しくは藤本『アメリカの公共宗教』第一章。

25——M・ヴェーバー、内田芳明訳『古代ユダヤ教（上・中・下）』（岩波文庫、１９９６年）。

26——こうした文明論への拡大は、１９０５年の第一次ロシア革命や、西欧における「カウンターカルチャー」の興隆を受けてのことでもある。また１９１０年代は、なぜ西欧においてのみ和声音楽は発展しえたのかを問う『音楽の合理的・社会学的基礎』にも取り組みはじめた。ウェーバーの研究とその進展については、徳永恂・厚東洋輔編『人間ウェーバー 人と政治と学問』（有斐閣、1995年）などを参照。
27――ポイカートは、この現象と第二次世界大戦の関連を指摘している。『ウェーバー 近代への診断』、114―5頁。
28――Herausgegeben von Walter Biemel und Hans Saner, *Martin Heidegger, Karl Jaspers; Briefwechsel 1920-1963*, Klostermann, 1990, p.148, 渡邊二郎訳『ハイデッガー＝ヤスパース往復書簡 1920-1963』（名古屋大学出版会、1994年）、231頁。
29――Anwesenheit は、古代の存在概念「ウーシア」にあたる現代ドイツ語としてハイデガーが用いる語である。「制作性」と「現前性」の関係については、『現象学の根本問題』を参照（GA24,153:179）。
30――Machenschaft の訳語としては、他に「作為」「工作機構」などがあり、「作為構造」は、鹿島ほか『ハイデガー『哲学への寄与』解読』で用いられている。
31――「総かり立て体制」、そして後期ハイデガーの技術論については、マルティン・ハイデガー、森一郎編訳『技術とは何だろうか――三つの講演』（講談社学術文庫、2019年）を参照。
32――たとえば、「Berechnen」については、樋口辰雄『逆説の歴史社会学――ニーチェとヴェーバーへ』（尚学社、1998年）、23頁を参照。
33――経済産業省『平成27年度地域経済産業活性化対策調査報告書』などを参照。
34――もちろん、だからといって必ずしもウェーバーの議論が乗り越えられたとか無効になったというわけではない。貨幣と数学的思考の結びつき、政治に寄生する資本主義の回帰、あるいは「世俗内／世俗外」という枠組みとハイデガーの「形而上／形而下」という見方など、重要な論点は他にもある。

第六章

1――古矢『アメリカニズム』、53―87頁。
2――カス・ミュデ、クリストバル・ロビラ・カルトワッセル、永井大輔・髙山裕二訳『ポピュリズム――デモクラシーの友と敵』（白水社、2018年）、14頁。
3――ミュデ、カルトワッセル『ポピュリズム』、14頁。

4——R. Rorty, *Achieving Our Country: Leftist Thought in Twentieth-Century America,* Harvard University Press, 1998, p.91, 小澤照彦訳『アメリカ未完のプロジェクト――20世紀アメリカにおける左翼思想』（晃洋書房、２０００年）、97頁。
5——Rorty, *Achieving Our Country,* p.83、『アメリカ未完のプロジェクト』、89頁。
6——詳しくは、藤本龍児「トランプ支持者のアメリカ観――「移民の国」をめぐる文化戦争」『US Report』vol. 11、日本国際問題研究所、２０１７年を参照。
7——Rogers Brubaker, "The New Language of European Populism: Why "Civilization" Is Replacing the Nation", *Foreign Affairs Report*, December 6 2017.
8——James Davison Hunter, *Culture Wars: The Struggle to Define America*, Basic Books, 1991.
9——文化戦争の詳細については、藤本龍児「文化戦争による分裂――同性婚／中絶／福音派」『米国の対外政策に影響を与える国内的諸要因』日本国際問題研究所、２０１６年、１５９―１７７頁を参照。
10——宗教保守は、福音派を中心に、カトリック、ユダヤ、モルモンなどの保守派から構成される。福音派に確固とした条件はないが、宗教的な体験に基づいて精神的な生まれ変わりをする経験、すなわち「ボーン・アゲイン born again」の経験をもつことが特徴として挙げられる。福音派の規模は、ボーン・アゲインだけを条件とすれば成人の四〇％にものぼる。少し狭くとらえても、白人だけで二割強、黒人などを含めれば三割強ほどと考えるのが適当だとされている。Putnam and Campbell, *American Grace* P16,『アメリカの恩寵』23頁などを参照。
11——John C. Green, *The Faith Factor: How Religion Influences American Elections*, Praeger Publishers, 2007.
12——*Exit Polls* 2016*: National President*, CNN Politics, http://edition.cnn.com/election/results/exit-polls や *Religious Landscape Study: Evangelical Protestants by State*, Pew Research Center Religion & Public Life, http://www.pewforum.org/religious-landscape-study/religious-tradition/evangelical-protestant/ などを参照（最終閲覧日２０２１年２月20日）。
13——Harry Farley, "Evangelicals Hand Victory To Donald Trump," *Christian Today,* 2016.11.9.
14——Lazaro Gamio and Scott Clement, "Iowa Caucus entrance poll results," *The Washington Post*, Feb. 1, 2016.
15——ABC NEWS ANALYSIS DESK, "Super Tuesday Republican Exit Poll Analysis," ABC NEWS, Mar 1, 2016.
16——"Indiana Results," *Election* 2016 *results from The Associated Press, Dave Leip's Atlas of U.S. Presidential Elections and David Wasserman of the Cook Political Report by the New York Times,* sept. 29, 2016.
17——Anugrah Kumar, "500 Evangelical Leaders to Meet Trump to Test His Faith, Values." *Christian Post Contributor,* May 23,

2016.

18――これまでの福音派と共和党の結びつきについては、飯山雅史「アメリカの政党支持に与える宗教の影響――2012年大統領選挙をめぐって」『人文論究』第85号、北海道教育大学函館人文学会、2016年、51―62頁を参照。

18――David Van Biema and Jeff Chu, "Dose God Want You to Be Rich?" *Time*, Sep. 18, 2006, 48.

19――「富の福音」とトランプ支持の関係については、森本あんり「ドナルド・トランプの神学――プロテスタント倫理から富の福音へ」『世界』2017年1月号、81―89頁を参照。

20――Ruth Gledhill, "Franklin Graham: 'Donald Trump Is A Changed Man. I Trust Him,'" *Christian Today*, 2016.11.12.

21――詳細については、藤本「文化戦争による分裂」を参照。

22――Ashley Parker, "Donald Trump Says Transgender People Should Use the Bathroom They Want," *The New York Times*, 2016, Apr.21.

23――"Evangelicals Rally to Trump, Religious 'Nones' Back Clinton," Pew Research Center, July 13, 2016.

24――文化戦争の歴史的経緯については、藤本「文化戦争による分裂」を参照。

25――Aaron Blake, "Donald Trump has a massive Catholic problem," *The Washington Post*, August 30, 2016.

26――Bradford Richardson, "Catholic comeback helps propel Donald Trump to White House win," *The Washington Times*, November 10, 2016.

27――「部分出産中絶」については、藤本「文化戦争による分裂」を参照。

28――詳しくは、藤本『アメリカの公共宗教』第四章「新保守主義と宗教右派」を参照。なお、トランプ現象と保守思想の関係については、会田弘継『トランプ現象とアメリカ保守思想』（左右社、2016年）や井上弘貴『アメリカ保守主義の思想史』（青土社、2020年）などを参照。

29――この点については、森孝一「ファンダメンタリストの政治化現象――1980年代の「新宗教右翼」の研究」『同志社アメリカ研究』第20号、1984年も参照。

30――Jeff Diamant, "6 facts about faith and the inauguration," Pew Research Center, January 19, 2017.

31――就任演説をはじめ、当初トランプが示していた世界観のほとんどは、主席戦略官となったスティーヴ・バノンによるものだと言われている。バノンは、カトリックの信者であり、西洋文明も資本主義も、ユダヤ－キリスト教的基盤Judeo-Christian foundationから乖離したゆえに危機に瀕している、と考えている。J. Lester Feder, "This is How Steve Bannon Sees The Entire World," *BuzzFeed*, Nov. 17, 2016.

32——Ronald F. Inglehart, Pippa Norris, "Trump, Brexit, and the Rise of Populism: Economic Have-Nots and Cultural Backlash," *Faculty Research Working Paper*, HARVARD Kennedy School, Aug. 2016.

33——Gledhill, "Franklin Graham".

第七章

1——「ポスト世俗主義」については、以下の共同研究に多くを負っている。「現代社会における宗教社会学の可能性——「世俗化論」以後の課題と応答」（2010年度学術大会・テーマセッション記録「宗教と社会」学会 第18回学術大会　報告：岡本亮輔、塚田穂高、高尾賢一郎、藤本龍児　コメント：島薗進、山中弘）」『宗教と社会』17号（「宗教と社会」学会、2011年）、125—134頁。また、日本宗教学会第七十一回学術大会パネル「ポスト世俗主義と公共性」における島薗進報告では、その後の議論の基本的前提ともいうべき点がまとめて示されていた。「①世俗化論の限界が明らかになり、近代化の進展にも拘らず、宗教的なものの機能が衰えない、あるいは新たな展開をとげることを重視する考え方。②政教分離＝世俗主義を強くとって、公共空間での宗教の役割を排除する、あるいは小さく限定しようとする意識からの脱却の考え方。③自らが「世俗」の側にいて、「世俗の知」こそが世界を統御する主体だという意識の脱却の考え方。」、藤本龍児（研究代表）「パネルの主旨とまとめ」『宗教研究』第86巻第4輯、日本宗教学会、2013年、866—867頁。

2——Ariel Edwards-Levy, "Americans Are Split Over Donald Trump's Travel Ban: Most view the executive order as specifically intended to target Muslims," The Huffington Post, Feb 02, 2017.

3——M・M・ゴードン、倉田和四生・山本剛郎訳編『アメリカンライフにおける同化理論の諸相——人種・宗教および出身国の役割』（晃洋書房、2000年）、81—127頁。

4——こうした考え方は1915年、ユダヤ系アメリカ人の哲学者ホレス・カレンによって提唱された。Horace Kallen, "Democracy Versus the Melting-Pot," *The Nation*, February 18, 1915, pp. 190-194, February 25, 1915, pp. 217-220.

5——社会思想の観点からではなく、広範かつ具体的な視点から「移民の国」について論じたものとしては、西山隆行『移民大国アメリカ』（ちくま新書、2016年）が参考になる。本書はまた、トランプ以後の移民政策についても示唆に富んでいる。

6——一例としては、井上『アメリカ保守主義の思想史』、２４４頁を参照。

7——この弱点は当初から、アーサー・シュレジンガーJr.など、文化多元主義にたつリベラル派の論者からも批判されてきた。詳しくは、藤本『アメリカの公共宗教』、第五章を参照。

8——"More white evangelicals than American Jews say God gave Israel to the Jewish people," Pew Research Center, OCTOBER 3, 2013.

9——The Tarrance Group, *American Christians and support for Israel*, October 11, 2002. http://www.imra.org.il/story.php3?id=14013（最終閲覧日：2021.2.20）

10——これについては、Michael Warner, Jonathan VanAntwerpen, Craig Calhoun ed., *Varieties of Secularism in a Secular Age*, Harvard University Press , 2010. Craig Calhoun, Mark Juergensmeyer, Jonathan VanAntwerpen ed., *Rethinking Secularism*, Oxford University Press, 2011を参照。

11——Hent de Vries and Lawrence E. Sullivan ed., *Political Theologies : Public Religions in a Post-Secular World*, Fordham University Press, 2006を参照。

12——Ruth Abbey, "Turning or Spinning? Charles Taylor's Catholicism" *Contemporary , Political Theory* Vol. 5, No.2, May 2006. テイラーについては、高田宏史『世俗と宗教のあいだ——チャールズ・テイラーの政治理論』（風行社、２０１１年）、ルース・アビィ、梅川佳子訳『チャールズ・テイラーの思想』（名古屋大学出版会、２０１９年）を参照。

13——Charles Taylor, *A Secular Age*, The Belknap Press of Harvard University Press, 2007, p.532、千葉眞監訳『世俗の時代（下）』（名古屋大学出版会、２０２０年）、６２９頁。

14——Charles Taylor, *Modern Social Imaginaries*, Duke University Press, 2004, pp.193-194, 上野成利訳『近代 想像された社会の系譜』（岩波書店、２０１１年）、２８１—２８２頁。

15——Charles Taylor, "Foreword. What is secularism," in Levey Brahm & Tariq Modood, Secularism, *Religion and Multicultural Citizenship*, Cambridge University Press, 2009, pp.xi-xxii. Charles Taylor, "Why We need a Radical Redefinition of Secularism," in Eduardo Mendieta & Jonathan VanAntwerpen ed., *The Power of Religion in the Public Sphere*, Columbia University Press, 2011, pp.34-35,『公共圏に挑戦する宗教——ポスト世俗化時代における共棲のために』（岩波書店、２０１４年）、33—34頁。

16——Ibid. P.64, 68頁。
17——R.N.Bellah et al., *The Good Society*, Vintage Books,1992, p.179,『善い社会——道徳的エコロジーの制度論』（みすず書房、2000年）、185頁。
18——R. Bellah and S. Tipton eds., *The Robert Bellah Reader*, Duke University Press, 2006, pp.451-453.
19——ハーバーマス、「民主主義的法治国家における政治以前の基盤」、23頁。
20——この点は、ロールズの宗教論と類似した問題を見て取ることができるだろう。政治的構想や政治的公共圏は、宗教的価値に根ざした包括的教説だけでなく、世俗的価値に根ざした包括的教説からも独立している、とされている。しかし同時に、それでも宗教が公的領域において政治的主張をおこなうばあいには、しかるべき時点で、他の市民にも分かるような政治的理由を示さなければならないという「制度的付帯条件」が課されている。すでに見たように、政治的理由は、宗教的価値に基づいて説明することはできず、あくまで公共的理性によって説明されなければならない、という条件が付されているのである。
21——ハーバーマス『ああ、ヨーロッパ』、121頁。
22——Putnam and Campbell, *American Grace*:, p.518,『アメリカの恩寵』、513頁。
23——Michael Walzer, *On Toleration*, Yale University Press, 1997, pp. 78-79, 大川正彦訳『寛容について』（みすず書房2003年）、124—126頁。
24——Putnam and Campbell, *American Grace*, p.517『アメリカの恩寵』、512頁。

エピローグ

1——ノルベルト・ボルツは、1993年に次のように述べていた。「新しいメディアの技術的現実のなかでは、人間はもはや情報の支配者ではない。人間自身が、フィードバック回路のなかに取り込まれている」、識名章喜・足立典子訳『グーテンベルク銀河系の終焉——新しいコミュニケーションのすがた』（法政大学出版局、1999年）、122頁。
2——山本太郎『感染症と文明 共生への道』（岩波新書、2011年）、55—56頁。
3——ハイデガー『技術とは何だろうか』、68頁。ハイデガーの教え子の一人ウーテ・グッツォーニが、「住むこと」についての思索を展開している。米田美智子訳『住まうこととさすらうこと』（晃洋書房、2002年）。また、彼女の思索を手がかりにナショナリズムを考察したものとして、黒宮一太『ネイションとの再会――記憶への帰属』（ＮＴＴ出版、２００７年）を参照。

あとがき

本書は、二〇〇九年に『アメリカの公共宗教――多元社会における精神性』（ＮＴＴ出版）を刊行して以降、諸所で書いてきた論考を素材にしたものである。前著でも大きな視点として「ポスト・アメリカニズム」について述べていたが、今度はそれを軸に、ここ一〇年の拙稿の中から適当なものを選び出し、一書としてまとめることになった。

前著でも社会哲学と宗教を基本としていたが、本書では、ある種の「文明論」の色合いが濃くなっている。もとより多分野にまたがる学際研究をおこなってきたからには、それも自然なことと言えようが、やはり身のほど知らずで、向こう見ずな試みだったと言わざるをえない。

周知のとおり、現在の学術研究にあっては細かく専門化が進んだうえに、たとえ一つの分野、一つの専門であっても、参照すべき文献や資料は膨大になっている。それが多分野にまたがるとなれば途方もない量になるのであって、文明論のような試みは実際には不可能だとされている。いくら分野の横断や総合化の必要性が叫ばれようとも、そうした試みは、従来のアカデミックな世界ではまともな学術研究とは見なされない。わたしはそれで仕方ないと思ってやってきたのであるが、それにもかかわらず諸所で書く場を与えられ、こうして一書にまとめることができたのは、多くの方々のご理解やご助言、ご支援があったからにほかならない。本書の素材になった拙稿のなかで、それなりに原形が残っているものや、本書の理解に参考になると思われるものを挙げて、そうした方々に謝意をあらわしておきたい。

・「ニューヨークのグランド・ゼロ：「文明の繁栄と自省」の聖地」、星野英紀・山中弘・岡本亮輔編『聖地巡礼ツーリズム』（弘文堂、2012年）。
・「ポスト世俗主義と「アメリカ」」『アメリカ太平洋研究』第14号（東京大学大学院総合文化研究科アメリカ太平洋地域研究センター、2014年）。
・「二つの世俗主義：公共宗教論の更新」、島薗進・磯前順一編『宗教と公共空間――見直される宗教の役割』（東京大学出版会、2014年）。
・「アメリカにおける国家と宗教：リベラル・デモクラシーと政教分離」『宗教研究〈特集〉国家と宗教』89巻2号（日本宗教学会、2015年）。
・「「世俗主義と過激主義」の連鎖：グローバル・テロリズムの文明論的背景」『創文』17号（創文社、2015年）。
・「ポスト世俗化時代の宗教の力」『中央公論』第129巻5号（中央公論新社、2015年）。

・「トランプ現象の震源：反グローバリズム？／文化戦争／宗教復興」『平成28年度外務省外交・安全保障調査研究事業「国際秩序動揺期における米中の動勢と米中関係 米国の対外政策に影響を与える国内的諸要因」』（公益財団法人日本国際問題研究所、２０１７年）。
・「リベラル・デモクラシーのディレンマとポピュリズム：ポピュリズムに寄生される保守」『表現者クライテリオン』第80号（啓文社書房、２０１８年９月）。
・「改定された新自由主義：批判をのみこむ思想からの離脱」『表現者クライテリオン』第81号（啓文社書房、２０１８年11月）。
・「「ポスト・アメリカニズム」の世紀：キリスト教文明と「総かり立て体制」のゆくえ」『ひらく』創刊号（A&F、２０１９年５月）。
・「現代の魔術化：M・ウェーバーからM・ハイデガーへ」『ひらく』第二号（A&F、２０１９年11月）。
・「文化と宗教からみる「州と連邦」」、久保文明・前嶋和弘編『50州が動かすアメリカ政治』（勁草書房、２０２１年）。

最後に挙げたものは、本書の素材になったというより、同時に書き進められながらも本書ではあまり具体的には論じられなかった「文化戦争」や「州と連邦」にかんする論考である。編者である久保文明先生と前嶋和弘先生には、二〇一五年以降、アメリカの大統領選を分析するプロジェクトのメンバーに加えていただいている。アメリカの最前線の情勢を実証的かつ詳細に分析するスペシャリストの集まりにあって、わたしは場違いなほど異質な存在である。にもかかわらず、それが許されているのは、ひとえに両先生の懐の深さによる。社会哲学であれ宗教研究であれ、実社会とのあいだでどのような距離を保つかということは最も留意すべき点の一つであるが、本書でその点における齟齬が少なくなっているとすれば、両先生のご理解とご支援によるものである。

本書が各分野の重要な研究に多くを負っていることは、本論の注で詳しく示したので、ここで改めて学恩ある先生方や友人たちの名前を一人ずつ挙げることはしない。しかし、なかでもお二人の先生には、前著から本書まで継続して、また本書の全体にわたってお世話になっている。

森孝一先生は、本書の両輪の一つである「市民宗教」の研究をロバート・ベラーから引き継がれ、『宗教からよむ「アメリカ」』（講談社、一九九六年）などによって、日本における「アメリカの宗教」の理解に多大なる貢献をされてきた。ベラーが亡くなる少し前、二〇一二年の秋に来日されたおりには「市民宗教という概念は復活している」と微笑みながらも力強く話され、わたしは大いに励まされた。しかし、「市民宗教」という概念が多くの誤解にさらされ、ベラーすら仕方なくその使用を中断していたあいだにも、それを「見えざる国教」と言い換え、アメリカの宗教の研究と理解に尽力されてきたのは森先生である。森先生の跡づけられた研究の轍がなければ、深い霧に覆われた宗教研究の道のりにあって、わたしは間違いなく途方に暮れていただろう。

佐伯啓思先生は、本書の両輪のもう一つである「アメリカニズム」について論じてこられた。先生が取り組まれているテーマは多岐にわたるが、その核は「近代主義」であり、それと「日本」とのかかわりであって、そこで中心となるのが「アメリカニズム」であると言ってよいと思われる。もちろん、わたしがそれを引き継いだというのではない。本書では、多様な側面をもつアメリカニズムについて、その中心に「宗教」があると見さだめ、自分なりに論じてみたにすぎない。いまでは先生のご関心の軸は、近代主義やアメリカニズムから「日本」に移ったとも言える。また、わたしが京都を離れて一〇年が経とうとしており、お会いする機会は比較にならないほど減ってしまった。しかし、わたしの試みの原型が、先生の取り組まれてこられたテーマに既定されていることは間違いない。

本書は、多くの方々のおかげでようやく一書となった。もちろん、各分野ではそれなりに妥当だとされた成果であっても、それらを合わせた本書のような試みは別次元のものと言わねばならない。その点、本書を世に出してくださった筑摩書房の石島裕之さんには感謝するほかない。形式的なことにかんする打ち合わせのさいにも、いつのまにか本書の内容の深いところまで話が及んでいる、という経験は楽しいものであった。

そもそも、社会哲学などという実学ではない学問をやっている人間に、いまの社会でなんらかの用があるとすれば、時代に反したり世間からズレたりしている誰かの気分をいくらか形にするために、いまの時代からは離れた解釈や視座を示すことぐらいかとも思われる。そして願わくは、それが少しでも次の時代を切り拓くための指針につながれば、と思う。そうした本書の試みについての評価は、もちろん読者にゆだねるしかない。

「文明論」という壮大なテーマを、菲才で能力に欠けた人間が時代から外れて考え続けるにあたっては、周囲に多大な負担をかけることになる。自らの資質や状況についてのこうした言葉が、謙遜によるものではなく実際のものであることは、より身近な存在には明らかである。家族に切なる感謝の念をいだくとともに、その想いを本書とはまた別のかたちで示すにはどうしたらよいか、と考えることが、今後も続くわたしのもう一つのテーマなのである。

令和三年　家族がそれぞれ新学期を迎える頃

藤本　龍児

Age, Harvard University Press, 2010.

Weber, Max, Hrsg. v. Wolfgang J. Mommsen und Wolfgang Schluchter, *Max Weber-Gesamtausgabe, Abt. I, Bd. 17: Wissenschaft als Beruf 1917/1919 - Politik als Beruf 1919,* in Zus.-Arb. m. Birgitt Morgenbrod, J. C. B. Mohr(Paul Siebeck), 1992、尾高邦雄訳『職業としての学問』（岩波書店、1936年）、野口雅弘訳『仕事としての学問 仕事としての政治』（講談社学術文庫、2018年）。

Weber, Max, Hrsg. v. Wolfgang Schluchter, *Max Weber-Gesamtausgabe, Abt. I, Bd. 18: Die protestantische Ethik und der Geist des Kapitalismus. Die protestantischen Sekten und der Geist des Kapitalismus. Schriften 1904–1920*, in Zus.-Arb. m. Ursula Bube, J. C. B. Mohr(Paul Siebeck), 2016、大塚久雄訳『プロテスタンティズムの倫理と資本主義の精神』（岩波文庫、1989年）。

Weber, Max, Hrsg. v. Hans G. Kippenberg, *Max Weber-Gesamtausgabe, Abt. I, Bd. 22, 2: Wirtschaft und Gesellschaft. Religiöse Gemeinschaften. Schriften 1904–1920*, in Zus.-Arb. m. Petra Schilm, unter Mitw. v. Jutta Niemeier, J. C. B. Mohr(Paul Siebeck), 2001、武藤一雄・薗田宗人・薗田坦訳『宗教社会学』（創文社、1976年）。

Weber, Max, Hrsg. v. Knut Borchardt, Edith Hanke u. Wolfgang Schluchter, *Max Weber-Gesamtausgabe, Abt. I, Bd. 23: Wirtschaft und Gesellschaft. Soziologie. Unvollendet. 1919–1920*, J. C. B. Mohr(Paul Siebeck), 2013、清水幾太郎訳『社会学の根本概念』（岩波文庫、1972年）、富永健一訳「経済行為の社会学的基礎範疇」『世界の名著50 ウェーバー』（中央公論社、1975年）。

Wolin, Richard ed., *The Heidegger Controversy: A Critical Reader*, Columbia University Press, 1991.

Wuthnow, Robert, "The Political Rebirth of American Evangelicals," in Robert C. Liebman and Robert Wuthnow eds., *The New Christian Right: Mobilization and Legitimation*, Aldine Pub, 1983.

Wuthnow, Robert, *The Restructuring of American Religion: Society and Faith since World War II,* Princeton University Press, 1988.

Young, Iris, *Inclusion and Democracy*, Oxford University Press, 2000.

Sandel, Michael, *Democracy's Discontent: America in Search of a Public Philosophy*, Belknap Press of Harvard University Press, 1996、小林正弥監訳『民主政の不満――公共哲学を求めるアメリカ』（勁草書房、2010年）。

Schlesinger Jr., Arthur, *The Disuniting of America: Reflections on a Multicultural Society,* Whittle Direct Books, 1991、都留重人監訳『アメリカの分裂――多元文化社会についての所見』（岩波書店、1992年）。

Schwartz, "Henry Ford's Melting Pot," in Otto Feinstein ed., *Ethnic Groups in the City : Culture, Institutions and Power*, Heath Lexington Books, 1971.

Taylor, Charles, "Foreword. What is secularism?" in *Secularism, Religion and Multicultural Citizenship*, Cambridge University Press, 2008, pp.xi-xxii.

Taylor, Charles, "Why We need a Radical Redefinition of Secularism," in Eduardo Mendieta & Jonathan VanAntwerpen eds., *The Power of Religion in the Public Sphere*, Columbia University Press, 2011、箱田徹・金城美幸訳『公共圏に挑戦する宗教――ポスト世俗化時代における共棲のために』（岩波書店、2014年）。

Taylor Charles, *Modern Social Imaginaries*, Duke University Press, 2004、上野成利訳『近代――想像された社会の系譜』（岩波書店、2011年）。

Taylor, Charles, *A Secular Age*, The Belknap Press of Harvard University Press, 2007、千葉眞監訳『世俗の時代（上・下）』（名古屋大学出版会、2020年）。

Taylor, Charles, *Sources of the Self: The Making of the Modern Identity*, Harvard University Press, 1989、下川潔、桜井徹、田中智彦訳『自我の源泉――近代的アイデンティティの形成』（名古屋大学出版会、2010年）。

Taylor, Charles, "The politics of Recognition" in Amy Gutmann ed., *Multiculturalism: Examining the Politics of Recognition*, Princeton University Press, 1994、佐々木毅・辻康夫・向山恭一訳『マルチカルチュラリズム』（岩波書店、1996年）。

Taylor, Charles, *The Ethics of Authenticity: Malaise of Modernity*, Harvard University Press, 1991.

Taylor, Charles, *Varieties of Religion Today: William James Revisited*, Harvard University Press, 2002.

Venugopal, Rajesh, "Neoliberalism as concept," *Economy and Society*, 44 (2), 2015.

de Vries, Hent and Lawrence E. Sullivan ed., *Political Theologies : Public Religions in a Post-Secular World*, Fordham University Press, 2006.

Walzer Michael, *On Toleration*, Yale University Press, 1997、大川正彦訳『寛容について』（みすず書房、2003年）。

Warner, Michael, Jonathan VanAntwerpen, Craig Calhoun eds., *Varieties of Secularism in a Secular*

Leip' s Atlas of U.S. Presidential Elections and David Wasserman of the Cook Political Report .

Nisbet, Robert, *Conservatism: Dream and Reality*, Open University Press, 1986、富沢克ほか訳『保守主義——夢と現実』(昭和堂、1990年)。

Noll, Mark A., *A History of Christianity in the United States and Canada*, W.B. Eerdmans, 1992.

Noll, Mark A., *American Evangelical Christianity: An Introduction*, Wieley-Blackwell, 2001.

Noll, Mark A., David W. Bebbington, George M. Marsden, *Evangelicals: Who They Have Been, Are Now, and Could Be*, Eerdmans Pub Co, 2019.

Noll, Mark A., David W. Bebbington, George A. Rawlyk. eds., *Evangelicalism : Comparative Studies of Popular Protestantism in North America, the British Isles, and Beyond, 1700-1990,* Oxford University Press, 1994.

Nussbaum, Martha, *Liberty of Conscience: In Defense of America's Tradition of Religious Equality*, Basic Books, 2010、河野哲也監訳『良心の自由——アメリカの宗教的平等の伝統』(慶應義塾大学出版会、2011年)。

Parker, Ashley, "Donald Trump Says Transgender People Should Use the Bathroom They Want," *The New York Times*, Apr.21, 2016.

Pew Research Center, "Evangelicals Rally to Trump, Religious 'Nones' Back Clinton,", July 13, 2016.

Pierard Richard V. and Robert D. Linder, *Civil religion & the Presidency* , Academie Books, 1988、堀内一史・犬飼孝夫・日影尚之訳『アメリカの市民宗教と大統領』(麗澤大学出版会、2003年)。

Putnam, Robert D., *Bowling Alone: the collapse and revival of American community*, Simon & Schuster, 2000、柴内康文訳『孤独なボウリング——米国コミュニティの崩壊と再生』(柏書房、2006年)。

Putnam, Robert D. and David E. Campbell, *American Grace: How Religion Divides and Unites Us*, Simon & Schuster, 2010、柴内康文訳『アメリカの恩寵——宗教は社会をいかに分かち、結びつけるのか』(柏書房、2019年)。

Rawls, John, *A Theory of Justice*, Belknap Press of Harvard University Press, 1979.

Rawls, John, *Political Liberalism, Expanded edition*, Columbia University Press, [1993]2005.

Reichley, James A., *Religion in American Public Life*, Brookings Inst Press, 1985.

Richardson, Bradford, "Catholic comeback helps propel Donald Trump to White House win," *The Washington Times*, November 10, 2016.

Richey, Russell E. and Donald G. Jones eds., *American Civil Religion*, Harper and Row, 1974.

Lambert, Frank, *Religion in American Politics: A Short History*, Princeton University Press, 2008.
Lambert, Frank, *Separation of Church and State: Founding Principle of Religious Liberty*, Mercer University Press, 2014.
Levey, Geoffrey Brahm and Tariq Modood eds.; foreword by Charles Taylor, *Secularism, Religion and Multicultural Citizenship*, Cambridge University Press, 2008.
Lind, Michael, "The American Century is over: How our country went down in a blaze of shame," *Salon*, July 12, 2014.
Marsden, George M., *Fundamentalism and American Culture*, Oxford University Press, 2006.
Marsden, George M., *Reforming Fundamentalism: Fuller Seminary and the New Evangelicalism*, Eerdmans Pub Co., 1995.
Marsden, George M., *Religion and American Culture*, Wadsworth Pub Co, 2000.
Marsden, George M., *Understanding Fundamentalism and Evangelicalism*, Wm. B. Eerdmans Publishing Co., 1990.
Martin Marty, E. "Two Kinds of Two Kinds of Civil Religion", in Richey and Jones eds., *American Civil Religion*, Harper and Row, 1974.
Martin Marty, E. and R. Scott Appleby ed., *Fundamentalism Comprehended*, University of Chicago Press, 1995.
Marx, Leo, "The Uncivil Response of American Writers to Civil Religion," in Russell E.Richey and Donald G. Jones, *American Civil Religion*, Harper and Row, 1974.
McLoughlin, William G., *Revivals, Awakenings, and Reform: an Essay on Religion and Social Change in America, 1607-1977*, University of Chicago Press, 1978.
Mead, Sidney E., "The Nation with the Soul of a Church," in Russell E. Richey and Donald G. Jones, *American Civil Religion*, Harper and Row, 1974.
Mead, W. R., *God and Gold: Britain, America, and the Making of the Modern World*, Vintage Books, 2008、寺下滝郎訳『神と黄金（上・下）』（青灯社、2014年）。
Mead, Walter Russell, "2018's Biggest Loser Was the Liberal International Order: The Runners-up Are China, the U.K., France's Macron and Saudi Arabia's Crown Prince Mohammed", *The Wall Street Journal*, Dec. 30, 2018
Morone, James A., *Hellfire Nation: The Politics of Sin in American History*, Yale University Press, 2003.
Neske Gunther, Emil Kettering, *Martin Heidegger and National Socialism: Questions and Answers*, Paragon House, 1990.
New York Times, "Indiana Results," Election 2016 results from The Associated Press, Dave

Heidegger, Martin, Hrsg. V. Friedrich-Wilhelm v. Herrmann, *Martin Heidegger Gesamtausgabe Band 65, Beiträge zur Philosophie : vom Ereignis,* Vittorio Klostermann, 1989、大橋良介、秋富克哉、ハルトムート・ブッナー訳『ハイデッガー全集第65巻 哲学への寄与論稿』（創文社、2005年）。

Heidegger, Martin, Hrsg. V. Petra Jaeger, *Martin Heidegger Gesamtausgabe Band 79, Bremer und Freiburger Vorträge,* Vittorio Klostermann, 1994、森一郎、ハルトムート・ブッナー訳『ハイデッガー全集第79巻 ブレーメン講演とフライブルク講演』（創文社、2003年）。

Herberg Will, "America's Civil Religion: What It Is and Whence It Comes," in Russell E.Richey and Donald G. Joneseds., *American Civil Religion*, Harper and Row, 1974.

Heyrman, Christine Leigh, *Southern Cross: The Beginnings of the Bible Belt*, University of North Carolina Press, 1997.

Higham, John, *Send These to Me : Immigrants in Urban America*, John Hopkins University Press, 1984、斎藤眞訳『自由の女神のもとへ――移民とエスニシティ』（平凡社、1994年）。

Hunter, James Davison, *Culture Wars: The Struggle to Define America*, Basic Books, 1991.

Hutchison, William R., *Religious Pluralism in America: The Contentious History of a Founding Ideal*, Yale University Press, 2004.

Ikenberry, G. John, "The End of Liberal International Order?", *International Affairs*,vol. 94:1, Jan. 2018

Inglehart Ronald F., Pippa Norris, "Trump, Brexit, and the Rise of Populism: Economic Have-Nots and Cultural Backlash ," *Faculty Research Working Paper*, Harvard Kennedy School, Aug. 2016.

Jones, Robert P., Ph.D. and Daniel Cox, "Religion and the Tea Party in the 2010 Election: An Analysis of the Third Biennial American Values Survey," *Public Religion Research Institute*, Oct. 2010.

Kallen, Horace, "Democracy Versus the Melting-Pot," *The Nation*, vol.100, 1915.

Kazin, Michael and Joseph A. McCartin eds., *Americanism: New Perspectives on the History of an Ideal*, University of North Carolina Press, 2006.

Kumar Anugrah, "500 Evangelical Leaders to Meet Trump to Test His Faith, Values." *Christian Post Contributor*, May 23, 2016.

Lambert, Frank, *Pedlar in Divinity: George Whitefield and the Transatlantic Revivals, 1737-1770* , Princeton University Press, 1994.

Huntington,Samuel, *Who Are We? : The Challenges to America's National Identity*, Simon & Schuster, 2004、鈴木主税訳『分断されるアメリカ』（集英社、2004年）。

Harry Farley, "Evangelicals Hand Victory To Donald Trump," *Christian Today*, 2016.11.9.

Hayek F.A., *The Road to Serfdom : Text and Documents*, Bruce Caldwell, Definitive ed., Routledge, 2007、西山千明訳『隷属への道』（春秋社、2008年）。

Heidegger, Martin, Hrsg. V. Friedrich-Wilhelm v. Herrmann, *Martin Heidegger Gesamtausgabe Band 2, Sein und Zeit*, Vittorio Klostermann, 2001、細谷貞雄訳『存在と時間 上・下』（ちくま学芸文庫、1994年）。

Heidegger, Martin, Hrsg. V. Friedrich-Wilhelm v. Herrmann, *Martin Heidegger Gesamtausgabe Band 5, Holzwege*, Vittorio Klostermann, 1977、茅野良男、ハンス・ブロッカルト訳『ハイデッガー全集第5巻 杣径』（創文社、1988年）。

Heidegger, Martin, Hrsg. V. Friedrich-Wilhelm v. Herrmann, *Martin Heidegger Gesamtausgabe Band 7, Vorträge und Aufsätze,* Vittorio Klostermann, 2000、小島威彦 , アルムブルスター訳『ハイデッガー選集XVIII　技術論』（理想社、1965年）、関口浩訳『技術への問い』（平凡社、2009年）、森一郎編訳『技術とは何だろうか――三つの講演』（講談社学術文庫、2019年）。

Heidegger, Martin, Hrsg. V. Friedrich-Wilhelm V. Herrmann, *Martin Heidegger Gesamtausgabe Band 9, Wegmarken*, Vittorio Klostermann, 2004、辻村公一 , ハルトムート・ブフナー訳『ハイデッガー全集第9巻 道標』（創文社、1985年）、渡邊二郎訳『「ヒューマニズム」について』（ちくま学芸文庫、1997年）。

Heidegger, Martin, Hrsg. V. Friedrich-Wilhelm v. Herrmann, *Martin Heidegger Gesamtausgabe Band 12, Unterwegs zur Sprache*, Vittorio Klostermann, 1985、亀山健吉、ヘルムート・グロス訳『ハイデッガー全集第12巻 言葉への途上』（創文社、1996年）。

Heidegger, Martin, Hrsg. V. Friedrich-Wilhelm v. Herrmann, *Martin Heidegger Gesamtausgabe Band 24, Die Grundprobleme der Phänomenologie,* Vittorio Klostermann, 1975、木田元監訳『現象学の根本問題』（作品社、2010年）。

Heidegger, Martin, Hrsg. V. Petra Jaeger, *Martin Heidegger Gesam*tausgabe *Band 40, Einführung in die Metaphysik,* Vittorio Klostermann, 1983、川原栄峰訳『形而上学入門』（平凡社ライブラリー、1994年）。

Heidegger, Martin, Hrsg. V. Walter Biemel, *Martin Heidegger Gesamtausgabe Band 53, Hölderlins Hymne "Der Ister"*, Vittorio Klostermann, 1984、三木正之、エルマー・ヴァインマイアー訳『ハイデッガー全集第53巻 ヘルダーリンの讃歌『イスター』』（創文社、1987年）。

de Vries, Hent ed. *Religion: Beyond a Concept (The Future of the Religious Past)*, Fordham University Press, 2008.

de Vries Hent and Lawrence E. Sullivan eds., *Political Theologies: Public Religions in a Post-Secular World*, Fordham University Press, 2016.

Diamant, Jeff, "6 facts about faith and the inauguration," Pew Research Center, January 19, 2017.

Edwards-Levy, Ariel, "Americans Are Split Over Donald Trump's Travel Ban: Most view the executive order as specifically intended to target Muslims," *The Huffington Post*, Feb 02, 2017.

Feder, J. Lester "This is How Steve Bannon Sees The Entire World," *BuzzFeed*, News Nov. 16, 2016.

Feldman Noah, *Divided by God*, FSG Adult, 2006.

Fowler, Robert Booth *A New Engagement: Evangelical Political Thought, 1966-1976*, Eerdmans,1982.

Fukuyama, Francis, *America at the Crossroads: Democracy, Power, and the Neoconservative Legacy*, Yale University Press, 2007.

Gamio Lazaro and Scott Clement, "Iowa Caucus entrance poll results," *The Washington Post*, Feb. 1, 2016.

Glazer, Nathan and Daniel Moynihan, *Beyond the Melting Pot: the Negroes, Puerto Ricans, Jews, Italians, and Irish of New York City*, M. l. T. Press and Harvard University Press, 1963、阿部齊ほか訳『人種のるつぼを越えて――多民族社会アメリカ』(南雲堂、1986年)。

Gledhill, Ruth, "Franklin Graham: Donald Trump Is A Changed Man. I Trust Him," *Christian Today*, 2016.11.12.

Goldberger Paul, *Up from Zero: Politics, Architecture, and the Rebuilding of New York*, Random House Trade Paperbacks, 2005.

Gordon, Milton, *Assimilation in American Life: The Role of Race, Religion, and National Origins*, Oxford University Press, 1964、倉田和四生ほか訳『アメリカンライフにおける同化理論の諸相:人種・宗教および出身国の役割』(晃洋書房、2000年)。

Green, John C., *The Face Factor*, Praeger Publishers, 2007.

Habermas, J., "Reply to My Critics," in Craig Calhoun et al (eds.), *Habermas and Religion,* Polity, 2013.

Hamburger, Philip, *Separation of Church and State*, Harvard University Press, 2003.

Hankins Barry ed., *Evangelicalism and Fundamentalism: A Documentary Reader*, NYU Press, 2010.

1979年)。

Berger, Peter ed., *The Desecularization of the World: Resurgent Religion and World Politics,* Ethics and Public Policy Center, 1999.

Berger, Peter L., "Democracy and the Religious Right " *Commentary*, 103,Jan.l, 1997.

Berger Peter L., *The Many Altars of Modernity: Toward a Paradigm for Religion in a Pluralist Age*, De Gruyter, 2014.

Biema, David Van and Jeff Chu, "Dose God Want You to Be Rich?" *Time*, 48, Sep. 18, 2006.

Heidegger, Martin, Karl Jaspers, Herausgegeben von Walter Biemel und Hans Saner, *Martin Heidegger, Karl Jaspers; Briefwechsel 1920-1963*, Klostermann Piper, 1990、渡邊二郎訳『ハイデッガー＝ヤスパース往復書簡1920-1963』(名古屋大学出版会、1994年)。

Blake Aaron, "Donald Trump has a massive Catholic problem," *The Washington Post*, August 31, 2016.

Bolz Norbert, *Auszug aus der Entzauberten Welt — Philosophischer Extremismus Zwischen den Weltkriegen*, Wilhelm Fink Verlag, 1989、山本尤・大貫敦子訳『批判理論の系譜学——両大戦間の哲学的過激主義』(法政大学出版局、1997年)。

Calhoun, Craig, Mark Juergensmeyer, Jonathan VanAntwerpen, *Rethinking Secularism,* Oxford University Press, 2011.

Casanova José, "Immigration and the new religious pluralism: José Casanova, Immigration and the New Religious Pluralism: a European Union-United States Comparison," in Geoffrey Brahm Levey & Tariq Modood, *Secularism, Religion and Multicultural Citizenship*, Cambridge University Press, 2008.

Casanova, José, *Public Religions in the Modern World*, University of Chicago Press, 1994 、津城寛文訳『近代世界の公共宗教』(玉川大学出版、1997年)。

Casanova, José, "Rethinkig Secularization: A Global Comparative Perspective," *The Hedgehog Review*, Spring/Summer 2006.

Casanova, José, "Secularization Revisited: A Reply to Talal Asad, " in David Scott and Charles Hirschkind eds., *Powers of the Secular Modern: Talal Asad and his Interlocutors*, Stanford University Press, 2006.

Casanova, José, "Public Religin Revisited," in Hent de Vries ed., *Religion: Beyond a Concept.* Fordham University Press, 2008、藤本龍児訳「公共宗教を論じなおす」磯前順一・山本達也編『宗教概念の彼方へ』(法藏館、2011年)。

Coles, Roberta L. "Manifest Destiny Adapted for 1990s' War Discourse: Mission and Destiny Intertwined," *Sociology of Religion* vol. 63(4), pp.403-427, Winter, 2002.

渡辺将人『アメリカ政治の壁——利益と理念の狭間で』（岩波新書、2016年）。

渡辺将人『現代アメリカ選挙の変貌——アウトリーチ・政党・デモクラシー』（名古屋大学出版会、2016年）。

和田守編著『日米における政教分離と「良心の自由」』（ミネルヴァ書房、2014年）。

『現代思想 特集＝マックス・ウェーバー 没後一〇〇年』2020年12月号。

Abbey, Ruth, "Turning or Spinning? Charles Taylor's Catholicism," *Contemporary Political Theory*, Vol. 5, No.2, May 2006.
ABC NEWS ANALYSIS DESK, "Super Tuesday Republican Exit Poll Analysis," ABC NEWS, Mar. 1, 2016.
Bebbington, David W., *Evangelicalism in Modern Britain: A History from the 1730s to the 1980s*, Unwin Hyman, 1989.
Bellah, Robert N., "Civil Religion in America", Daedalus, Winter, pp.1-21, 1967, Reprinted in *Beyond Belief: Essays on Religion in a Post-Traditional World*, University of California Press, 1991、河合秀和訳「アメリカの市民宗教」『社会変革と宗教倫理』（未來社, 1973年）。
Bellah, Robert N. "Religion and the Legitimation of the American Republic," in Robert N. Bellah and Phillip Hammond, *Varieties of Civil Religion*, Harper and Row, 1980.
Bellah, Robert N. and Phillip Hammond, *Varieties of Civil Religion,* Harper and Row, 1980.
Bellah, Robert N. et al., *Habits of the Heart: Individualism and Commitment in American Life*, University of California Press, 1985、島薗進・中村圭志訳『心の習慣——アメリカ個人主義のゆくえ』（みすず書房, 1991年）。
Bellah, Robert N., Richard Madsen, Steven Tipton, *The Good Society,* Vintage Books,1991、中村圭志訳『善い社会——道徳的エコロジーの制度論』（みすず書房、2000年）。
Bellah, Robert N., *The Broken Covenant : American Civil Religion in Time of Trial, 2nd ed.,* University of Chicago Press, 1992、松本滋、中川徹子訳『［新装版］破られた契約：アメリカ宗教思想の伝統と試練』（未來社, 1988年）。
Bellah, Robert N., "Meaning and Modernity: America and the World," Richard Madsen et al. eds, *Meaning and Modernity: Religion, Polity, and Self* , University of California Press, 2002.
Bellah, Robert N., *Religion in Human Evolution: From the Paleolithic to the Axial Age*, Belknap Press, 2011.
Berger, Peter L., *The Sacred Canopy: Elements of a Sociological Theory of Religion,* Anchor Books Editions, 1967,1990、薗田稔訳『聖なる天蓋——神聖世界の社会学』（新曜社、

川大学出版部、1995年)。

ユルゲンスマイヤー、マーク、古賀林幸・櫻井元雄訳『グローバル時代の宗教とテロリズム』(明石書店、2003年)。

善家幸敏『国家と宗教——政教関係を中心として』(成文堂、1993年)。

吉田徹『ポピュリズムを考える——民主主義への再入門』(NHKブックス、2011年)。

ラバルト、ラクー、浅利誠・大谷尚文訳『政治という虚構——ハイデガー、芸術そして政治』(藤原書店、1992年)。

リッテル、フランクリン、柳生望・山形正男訳『アメリカ宗教の歴史的展開:その宗教社会学的構造』(ヨルダン社, 1974年)。

リプセット、シーモア・M、上坂昇・金重紘訳『アメリカ例外論——日欧とも異質な超大国の論理とは』(明石書店、1999年)。

リラ、マーク、鈴木佳秀訳『神と国家の政治哲学——政教分離をめぐる戦いの歴史』(NTT出版、2011年)。

リラ、マーク、夏目大訳『リベラル再生宣言』(早川書房、2018年)。

ルーイス、R・W・B・、斎藤光訳『アメリカのアダム』(研究社出版、1973年)。

ルソー、ジャン・ジャック、桑原武夫・前川貞次郎訳『社会契約論』(岩波書店、1954年)。

ルックマン、トーマス、赤池憲昭、ヤン・スィンゲドー訳『見えない宗教——現代宗教社会学入門』(ヨルダン社, 1976年)。

レビツキー、スティーブン、ダニエル・ジブラット、濱野大道訳『民主主義の死に方——二極化する政治が招く独裁への道』(新潮社、2018年)。

ローゼンブラット、ヘレナ、三牧聖子・川上洋平訳『リベラリズム:失われた歴史と現在』(青土社、2020年)。

ロールズ、ジョン、中山竜一訳『万民の法』(岩波書店、2006年)。

ロドリック、ダニ、柴山桂太、大川良文訳『グローバリゼーション・パラドクス——世界経済の未来を決める三つの道』(白水社、2013年)。

渡辺靖『アメリカのジレンマ——実験国家はどこへゆくのか』(NHK出版新書、2015年)。

渡辺靖『沈まぬアメリカ——拡散するソフト・パワーとその真価』(新潮社、2015年)。

渡辺靖『白人ナショナリズム——アメリカを揺るがす「文化的反動」』(中公新書、2020年)。

渡辺将人『見えないアメリカ——保守とリベラルのあいだ』(講談社現代新書、2008年)。

『歴史のなかの政教分離英米におけるその起源と展開』(彩流社、2006年)。

森本あんり『アメリカ的理念の身体——寛容と良心・政教分離・信教の自由をめぐる歴史的実験の軌跡』(創文社、2012年)

森本あんり「ドナルド・トランプの神学——プロテスタント倫理から富の福音へ」『世界』2017年1月号、岩波書店、2016年。

森本あんり「有限は無限を容れるか(finitum capax infiniti)——三書評に答えて」『アメリカ太平洋研究』第14号、東京大学大学院総合文化研究科 アメリカ太平洋地域研究センター、2014年。

森本あんり『反知性主義——アメリカが生んだ「熱病」の正体』(新潮選書、2015年)。

森本あんり『宗教国家アメリカのふしぎな論理』(NHK出版新書、2017年)。

森本あんり『不寛容論——アメリカが生んだ「共存」の哲学』(新潮選書、2020年)

安丸良夫・宮地正人編『日本近代思想大系 宗教と国家』(岩波書店、1988年)。

山岸義夫『アメリカ膨張主義の展開——マニフェスト・デスティニーと大陸帝国』(勁草書房、1995年)。

山之内靖『ニーチェとヴェーバー』(未來社、1993年)。

山之内靖「時間の諸相をめぐって——マックス・ヴェーバーとマルティン・ハイデガー」『現代思想』第35巻15号、青土社、2007年。

山本圭『現代民主主義——指導者論から熟議、ポピュリズムまで』(中公新書、2021年)。

山本健人「国家と宗教」、山本龍彦・横大道聡編著『憲法学の現在地——判例・学説から探究する現代的論点』(日本評論社、2020年)。

山本貴裕「ファンダメンタリズムと金ぴか時代のアメリカ文化」『広島大学 欧米文化研究』創刊号、1994年。

山本太郎『感染症と文明——共生への道』(岩波新書、2011年)

山本英輔『ハイデガー『哲学への寄与』研究』(法政大学出版局、2009年)。

山本英輔・齋藤元紀・相楽勉・小柳美代子・関口浩編『科学と技術への問い——ハイデッガー研究会第三論集』(理想社、2012年)

山本龍彦・横大道聡編著『憲法学の現在地——判例・学説から探究する現代的論点』(日本評論社、2020年)。

山本龍彦・大林啓吾編『アメリカ憲法の群像 裁判官編』(尚学社、2020年)。

油井大三郎・遠藤泰生編『多文化主義のアメリカ——揺らぐナショナル・アイデンティティ』(東京大学出版会、1999年)。

ユルゲンスマイヤー、マーク、阿倍美哉訳『ナショナリズムの世俗性と宗教性』(玉

ミュラー、ヤン＝ヴェルナー、板橋拓己訳『ポピュリズムとは何か』（岩波書店、2017年）。

ミュラー、ヤン＝ヴェルナー、板橋拓己ほか訳『試される民主主義(上・下)――20世紀ヨーロッパの政治思想』（岩波書店、2019年）。

ムフ、シャンタル、山本圭・塩田潤訳『左派ポピュリズムのために』（明石書店、2019年）。

村上陽一郎編『コロナ後の世界を生きる』（岩波新書、2020年）。

百地章『憲法と政教分離』（成文堂、1991年）。

森一郎「物と総かり立て体制――『ブレーメン講演』再読」山本英輔・齋藤元紀・相楽勉・小柳美代子・関口浩編『科学と技術への問い』（理想社、2012年）。

森一郎『死と誕生――ハイデガー・九鬼周造・アーレント』（東京大学出版会、2008年）。

森一郎『ハイデガーと哲学の可能性――世界・時間・政治』（法政大学出版局、2018年）。

森一郎『核時代のテクノロジー論』（現代書館、2020年）。

森孝一「ファンダメンタリストの政治化現象――1980年代の『新宗教右翼』の研究」『同志社アメリカ研究』1984年。

森孝一「アメリカにおけるファンダメンタリズムの歴史」『キリスト教研究』第46巻,第2号、1985年。

森孝一「ジョサイア・ストロングと社会的福音」『基督教研究』第51巻第2号、1990年。

森孝一『宗教からよむ「アメリカ」』（講談社選書メチエ、1996年）。

森孝一「統計からみるアメリカ宗教の現状と特質」、森孝一編『アメリカと宗教』（日本国際問題研究所、1997年）。

森孝一「フロンティアとキリスト教」『近代ヨーロッパの探究(3) 教会』（ミネルヴァ書房、2000年）。

森孝一『「ジョージ・ブッシュ」のアタマの中身――アメリカ「超保守派」の世界観』（講談社，2003年）。

森孝一「『9・11』とアメリカの『見えざる国教』」『一神教学際研究』vol.1同志社大学一神教学際研究センター、2005年
森孝一編『アメリカと宗教』（日本国際問題研究所、1997年）。

森本あんり「ジョナサン・エドワーズと『大覚醒』」『聖学院大学総合研究所紀要』第31号、2005年。

森本あんり「ロジャー・ウィリアムズに見る政教分離論の相克」大西直樹・千葉眞編

ベル、ダニエル、正慶孝訳『二十世紀文化の散歩道』(ダイヤモンド社、1990年)

ポイカート、デートレフ、雀部幸隆、小野清美訳『ウェーバー 近代への診断』(名古屋大学出版会、1994年)。

ホーフスタッター、リチャード、田村哲夫訳『アメリカの反知性主義』(みすず書房、2003年)。

細谷雄一『国際秩序——18世紀ヨーロッパから21世紀アジアへ』(中公新書、2012年)。

ホックシールド、アーリー・ラッセル、布施由紀子訳『壁の向こうの住人たち——アメリカの右派を覆う怒りと嘆き』(岩波書店、2018年)。

ホブズボーム、エリック、河合秀和訳『20世紀の歴史——極端な時代(上・下)』(三省堂、1996年)。

ホリンガー、デイヴィッド・A、藤田文子訳『ポストエスニック・アメリカ:多文化主義を超えて』(明石書店、2002年)。

ボルツ、ノルベルト、識名章喜・足立典子訳『グーテンベルク銀河系の終焉:新しいコミュニケーションのすがた』(法政大学出版局、1999年)。

ボルツ、ノルベルト、村上淳一訳『意味に餓える社会』(東京大学出版会、1998年)。

マーティン、デイヴィッド、阿部美哉訳『現代宗教のジレンマ——世俗化の社会論理』(ヨルダン社、1981年)。

マイアー、ハインリヒ、中道寿一・清水満訳『政治神学か政治哲学か——カール・シュミットの通奏低音』(風行社、2015年)。

マクウォーリー、ジョン、村上喜良訳『ハイデガーとキリスト教』(勁草書房、2013年)。

増井志津代『植民地時代アメリカの宗教思想——ピューリタニズムと大西洋世界』(上智大学出版会、2006年)。

松村比奈子『政教分離原則の適用基準に関する研究——目的・効果基準の再構成』(成文堂、1997年)。

松本佐保『熱狂する「神の国」——アメリカ 大統領とキリスト教』(文春新書、2016年)。

松本佐保『アメリカを動かす宗教ナショナリズム』(ちくま新書、2021年)。

水島治郎編『ポピュリズムという挑戦:岐路に立つ現代デモクラシー』(岩波書店、2020年)。

南野森編『憲法学の世界』(日本評論社、2013年)。

ミュデ、カス、クリストバル・ロビラ・カルトワッセル、永井大輔、髙山 裕二訳『ポピュリズム——デモクラシーの友と敵』(白水社、2018年)。

りの政治』（朝日新聞出版社、2019年）。

藤本龍児『アメリカの公共宗教——多元社会における精神性』（NTT出版、2009年）。

藤本龍児「パネルの主旨とまとめ」『宗教研究』日本宗教学会、86巻4号、2012年。

藤本龍児「ポスト世俗主義と「アメリカ」」『アメリカ太平洋研究』第14号、東京大学大学院総合文化研究科 アメリカ太平洋地域研究センター、2014年。

藤本龍児「文化戦争による分裂——同性婚／中絶／福音派」『米国の対外政策に影響を与える国内的諸要因』（日本国際問題研究所、2016年）。

ブルーメンベルク、ハンス、斎藤義彦訳『近代の正統性Ⅰ 世俗化と自己主張』（法政大学出版局、1998年）。

ブルーメンベルク、ハンス、忽那敬三訳『近代の正統性Ⅱ　理論的好奇心に対する審判のプロセス』（法政大学出版局、2001年）。

ブルーメンベルク、ハンス、村井則夫訳『近代の正統性Ⅲ　時代転換の局面』（法政大学出版局、2002年）。

古矢旬『アメリカニズム——「普遍国家」のナショナリズム』（東京大学出版会、2002年）。

古矢旬『アメリカ 過去と現在の間』（岩波新書、2004年）。

古矢旬『ブッシュからオバマへ—アメリカ 変革のゆくえ』（岩波書店、2009年）

古矢旬『グローバル時代のアメリカ 冷戦時代からの21世紀』（岩波新書、2020年）。

古矢旬・山田史郎編著『シリーズ・アメリカ研究の越境——権力と暴力』（ミネルヴァ書房、2007年）。

ペイン、トーマス、小松春雄訳『コモン・センス——他三篇』（岩波書店、1976年）。

ベーツ、エム・ソール、海老沢亮訳『信教の自由に関する研究』（教文館、1946年）。

ベッケンフェルデ、E・W、初宿正典編訳『現代国家と憲法・自由・民主制』（風行社、1999年）。

ベック、ウルリッヒ、鈴木直訳『〈私〉だけの神——平和と暴力のはざまにある宗教』（岩波書店、2011年）。

ヘニス、ヴィルヘルム、雀部幸隆・豊田謙二・嘉目克彦・勝又正直訳『マックス・ヴェーバーの問題設定』（恒星社厚生閣、1991年）。

ベラー、ロバート・N、島薗進・奥村隆 編『宗教とグローバル市民社会——ロバート・ベラーとの対話』（岩波書店、2014年）。

ベラー、ロバート・N、池田昭訳『徳川時代の宗教』（岩波書店、1996年）。

ベル、ダニエル、内田忠夫ほか訳『脱工業社会の到来——社会予測の一つの試み』（ダイヤモンド社、1975年）。

野口雅弘『マックス・ウェーバー——近代と格闘した思想家』(中公新書、2020年)。

野坂泰司「愛媛玉串料訴訟大法廷判決の意義と問題点」『ジュリスト』1114号、1997年。

ハーツ、ルイス、有賀貞訳『アメリカ自由主義の伝統』(講談社学術文庫、1994年)。

ハーバーマス 、ユルゲン、小牧治・村上隆夫訳『哲学的・政治的プロフィール(上)——現代ヨーロッパの哲学者たち』(未來社、1984年)。

ハーバーマス、ユルゲン、大貫敦子・木前利秋・鈴木直・三島憲一訳『引き裂かれた西洋』(法政大学出版局、2009年)。

ハーバーマス、ユルゲン、鏑木政彦訳「公共圏における宗教」、島薗進・磯前順一編『宗教と公共空間——見直される宗教の役割』(東京大学出版会、2014年)。

ハーバーマス、ユルゲン、三島憲一・鈴木直・大貫敦子訳『ああ、ヨーロッパ』(岩波書店、2010年)。

ハーバーマス、ユルゲン、ヨーゼフ・ラッツィンガー、三島憲一訳『ポスト世俗化時代の哲学と宗教』(岩波書店、2007年)。

ハーバーマス、ユルゲン、三島憲一・轡田収・木前利秋・大貫敦子 訳『近代の哲学的ディスクルスⅠ・Ⅱ』(岩波書店、1999年)。

ハーバーマス、ユルゲン、庄司信・日暮雅夫・池田成一・福山隆夫訳『自然主義と宗教の間——哲学論集』(法政大学出版局、2014年)。

バーマン、モリス、柴田元幸訳『デカルトからベイトソンへ——世界の再魔術化』(国文社、1989年)。

長谷部恭男『憲法 第5版』(新世社、2011年)。

長谷部恭男他『ケースブック憲法 第4版』(弘文堂、2013年)。

ハンチントン、サミュエル、鈴木主税訳『分断されるアメリカ』(集英社、2004年)。

樋口辰雄『逆説の歴史社会学』(尚学社、1998年)。

樋口陽一『憲法　第3版』(創文社、2007年)。

ピケティ、トマ、山形浩生・守岡桜・森本正史訳『21世紀の資本』(みすず書房、2014年)。

ピラード、リチャード・V、ロバート・D・リンダー、堀内一史・犬飼孝夫・日影尚之訳『アメリカの市民宗教と大統領』(麗澤大学出版会、2003年)。

フォーガチ、デイヴィド編、東京グラムシ研究会監修訳『グラムシ・リーダー』(御茶の水書房、1995年)。

フクヤマ、フランシス、渡部昇一訳『歴史の終わり(上・下)』(三笠書房, 1992年)。

フクヤマ、フランシス、山田文訳『IDENTITY(アイデンティティ)尊厳の欲求と憤伊達聖伸編著『ヨーロッパの世俗と宗教――近世から現代まで』（勁草書房、2020年）。

伊達聖伸「ライシテは市民宗教か」『宗教研究』81(3)、2007年。

伊達聖伸『ライシテから読む現代フランス――政治と宗教のいま』（岩波新書、2018年）。

田上雅徳『入門講義 キリスト教と政治』（慶應義塾大学出版会、2015年）。

田村哲樹、加藤哲理編『ハーバーマスを読む』（ナカニシヤ出版、2020年）。

千葉眞「近代の正統性問題――レーヴィット、ブルーメンベルク、テイラーを中心に」、千葉眞編『講座　政治学II 政治思想史』（三嶺書房、2002年）。

水島治郎『ポピュリズムとは何か――民主主義の敵か、改革の希望か』（中公新書、2016年）。

辻内鏡人『現代アメリカの政治文化』（ミネルヴァ書房、2001年）。

津城寛文『〈公共宗教〉の光と影』（春秋社、2005年）。

テイラー、チャールズ「多文化主義・承認・ヘーゲル」『思想』第865号、1996年。

デニーン、パトリック・J、角敦子訳『リベラリズムはなぜ失敗したのか』（原書房、2019年）。

デュモン、ルイ、渡辺公三・浅野房一訳『個人主義論考』（言叢社，1993年）。

デュモン、ルイ、田中雅一・渡辺公三訳『ホモ・ヒエラルキクス』（みすず書房、2001年）。

デリダ、ジャック、港道隆訳『精神について――ハイデッガーと問い』（人文書院、1990年）。

デリダ、ジャック、増田一夫訳『マルクスの亡霊たち』（藤原書店、2007年）。

徳永恂・厚東洋輔編『人間ウェーバー――人と政治と学問』（有斐閣、1995年）。

轟孝夫『ハイデガーの超－政治――ナチズムとの対決／存在・技術・国家への問い』（明石書店、2020年）。

ナイ、ジョセフ・S『アメリカの世紀は終わらない』（日本経済新聞出版社、2015年）。

内藤正典『イスラム戦争――中東崩壊と欧米の敗北』（集英社新書、2015年）。

中田考『イスラーム 生と死と聖戦』（集英社新書、2015年）。

中山俊宏『アメリカン・イデオロギー――保守主義運動と政治的分断』（勁草書房、2013年）。

西山隆行『移民大国アメリカ』（ちくま新書、2016年）。

日本政治学会編『年報政治学2013－I　宗教と政治』（木鐸社、2013年）。

ノール、マーク・A、赤木昭夫訳『神と人種――アメリカ政治を動かすもの』（岩波書店、2010年）。

斎藤眞（著）、古矢旬、久保文明（監）『アメリカを探る』（みすず書房、2017年）。

佐伯啓思『「アメリカニズム」の終焉――シヴィック・リベラリズム精神の再発見へ』（TBSブリタニカ、1993年）。

佐伯啓思『新「帝国」アメリカを解剖する』（ちくま新書、2003年）。

坂下昇『アメリカニズム――言葉と気質』（岩波新書、1979年）。

佐藤圭一「アメリカにおける市民宗教と『国教禁止条項』を巡る諸問題」『宗教法』27巻、2008年。

佐藤圭一『米国政教関係の諸相〔改訂版〕』（成文堂、2007年）。

サリヴァン、アンドリュー、本山哲人・脇田玲子・板津木綿子・加藤健太訳『同性愛と同性婚の政治学』（明石書店、2015年）。

ザンズ、オリヴィエ、有賀貞・西崎文子訳『アメリカの世紀――それはいかにして創られたか?』（刀水書房、2005年）。

サントリー文化財団・アステイオン編集委員会『アステイオン93 特集：新しい「アメリカの世紀」？』（CCCメディアハウス、2020年）。

シーザー、ジェームズ・W、村田晃嗣・伊藤豊・長谷川一年・竹島博之訳『反米の系譜学』（ミネルヴァ書房、2010年）。

柴田史子「アメリカ社会における宗教と自発的結社」、井門富二夫編『アメリカの宗教伝統と文化』（大明堂、1992年）。

渋谷秀樹・赤坂正浩『憲法1 人権 第5版』（有斐閣、2013年）。

清水習「新自由主義研究とは何か？」『同志社政策科学研究』19巻1、2017年。

シュミット、カール、田中浩、原田武雄訳『政治神学』（未來社、1971年）。

上智大学アメリカ・カナダ研究所編『キリスト教のアメリカ的展開――継承と変容』（上智大学出版、2011年）。

スコット、ユージーニー・C、鵜浦裕・井上徹訳『聖書と科学のカルチャー・ウォー――概説 アメリカの「創造vs.生物進化」論争』（東信堂、2017年）。

鈴木崇巨『福音派とは何か?――トランプ大統領と福音派』（春秋社、2019年）。

髙田宏史『世俗と宗教のあいだ――チャールズ・テイラーの政治理論』（風行社、2011年）。

高橋和之編『新版 世界憲法集 第2版』（岩波文庫、2012年）。

髙山裕二「未完の『市民宗教』――ピエール・ルルーとリベラルな社会主義の萌芽」日本政治学会編『年報政治学2013－Ⅰ　宗教と政治』木鐸社、2013年。

竹沢尚一郎編『宗教とモダニティ』（世界思想社、2006年）。

田村正勝『社会哲学講義――近代文明の転生に向けて』（ミネルヴァ書房、2012年）。

2002年)。

久保文明、金成隆一『アメリカ大統領選』(岩波新書、2020年)。

久保文明編『G・W・ブッシュ政権とアメリカの保守勢力——共和党の分析』(日本国際問題研究所、2003年)。

久保文明編『アメリカ外交の諸潮流——リベラルから保守まで』(日本国際問題研究所、2007年)。

久保文明、東京財団・現代アメリカ研究会『ティーパーティ運動の研究——アメリカ保守主義の変容』(NTT出版、2012年)。

熊本信夫『アメリカにおける政教分離の原則(増補版)』(北海道大学図書刊行会、1989年)。

栗林輝夫『キリスト教帝国アメリカ——ブッシュの神学とネオコン、宗教右派』(キリスト新聞社、2005年)。

栗林輝夫『アメリカ大統領の信仰と政治——ワシントンからオバマまで』(キリスト新聞社、2009年)。

クロッペンバーグ、ジェイムズ、古矢旬、中野勝郎訳『オバマを読む:アメリカ政治思想の文脈』(岩波書店、2012年)。

黒宮一太『ネイションとの再会——記憶への帰属』(NTT出版、2007年)。

経済産業省『平成27年度地域経済産業活性化対策調査報告書』2015年。

ケペル、ジル、中島ひかる訳『宗教の復讐』(晶文社、1992年)。

上坂昇『神の国アメリカの論理』(明石書店、2008年)。

ゴーシェ、マルセル、伊達聖伸・藤田尚志訳『民主主義と宗教』(トランスビュー、2010年)。

ゴードン、ミルトン、倉田和四生・山本剛郎訳編『アメリカンライフにおける同化理論の諸相——人種・宗教および出身国の役割』(晃洋書房、2000年)。

小嶋和司『憲法解釈の諸問題』(木鐸社、1989年)。

駒村圭吾・山本龍彦・大林啓吾編『アメリカ憲法の群像 理論家編』(尚学社、2010年)。

駒村圭吾編『テクストとしての判決——「近代」と「憲法」を読み解く』(有斐閣、2016年)。

斎藤眞『アメリカ革命史研究:自由と統合』(東京大学出版会, 1992年)。

斎藤眞『アメリカとは何か』(平凡社ライブラリー、1995年)。

斎藤眞「アメリカ革命と宗教:文化的多元性・政教分離・統合」、森孝一編『アメリカと宗教』(日本国際問題研究所、1997年)。

斎藤眞・古矢旬『アメリカ政治外交史 第二版』(東京大学出版会、2012年)。

伝』（ダイヤモンド社、2007年）。

オバマ、バラク、棚橋志行訳『合衆国再生：大いなる希望を抱いて』（ダイヤモンド社、2007年）。

ガウスタッド，エドウィン・S、大西直樹訳『アメリカの政教分離――植民地時代から今日まで』（みすず書房、2007年）。

鹿島徹・相楽勉・佐藤優子・関口浩・山本英輔『ハイデガー『哲学への寄与』解読』（平凡社、2006年）。

片桐薫『ポスト・アメリカニズムとグラムシ』（リベルタ出版、2002年）。

ガダマー、ハンス＝ゲオルク、川原栄峰訳「マルティン・ハイデッガーのただ一条の道」、実存思想協会編『存在への問い 実存思想論集Ⅲ』（以文社、1988年）。

金成隆一『ルポ トランプ王国』（岩波新書、2017年）。

金成隆一『ルポ トランプ王国２』（岩波新書、2019年）。

川島正樹編『アメリカニズムと「人種」』（名古屋大学出版会、2005年）。

ギデンズ、アンソニー、佐和隆光訳『第三の道――効率と公正の新たな同盟』（日本経済新聞社、1999年）。

ギトリン、トッド、疋田三良・向井俊二訳『アメリカの文化戦争――たそがれゆく共通の夢』（彩流社、2001年）。

紀平英作『歴史としての「アメリカの世紀」――自由・権力・統合』（岩波書店、2010年）。

木部尚志「共同翻訳と公共圏のポリフォニー――ハーバーマスの〈ポスト世俗社会〉論」日本政治学会編『年報政治学2013－Ⅰ 宗教と政治』木鐸社、2013年。

君塚直隆・細谷雄一・永野隆行編『イギリスとアメリカ：世界秩序を築いた四百年』（勁草書房、2016年）。

キムリッカ、ウィル、角田猛之・山崎康仕・石山文彦監訳『多文化時代の市民権――マイノリティの権利と自由主義』（晃洋書房、1998年）。

キムリッカ、ウィル、岡崎晴輝・施光恒・竹島博之ほか訳『土着語の政治―― ナショナリズム・多文化主義・シティズンシップ』（法政大学出版局、2012年）。

キムリッカ、ウィル、稲田恭明・施光恒訳『多文化主義のゆくえ：国際化をめぐる苦闘』（法政大学出版局、2018年）。

ギャロウェイ、スコット、渡会圭子訳『the four GAFA――四騎士が創り変えた世界』（東洋経済新報社、2018年）。

桐ケ谷章・藤田尚則『政教分離の日米比較』（第三文明社、2001年）。

グッツォーニ、ウーテ、米田美智子訳『住まうこととさすらうこと』（晃洋書房、

1994年)。

飯田文雄編『多文化主義の政治学』(法政大学出版局、2020年)。

飯山雅史『アメリカの宗教右派』(中公新書ラクレ、2008年)。

飯山雅史「アメリカの政党支持に与える宗教の影響——2012年大統領選挙をめぐって」『人文論究』85号、北海道教育大学函館人文学会、2016年。

飯山雅史『アメリカ福音派の変容と政治——1960年代からの政党再編成』(名古屋大学出版会、2013年)。

池内恵『イスラーム国の衝撃』(文春新書、2015年)。

磯前順一『宗教概念あるいは宗教学の死』(東京大学出版会、2012年)。

市野川容孝、宇城輝人編『社会的なもののために』(ナカニシヤ出版、2013年)。

稲垣久和・金泰昌編『公共哲学16　宗教から考える公共性』(東京大学出版会、2006年)。

井上弘貴『アメリカ保守主義の思想史』(青土社、2020年)。

ヴィエッタ、シルヴィオ、谷崎秋彦訳『ハイデガー——ナチズム／技術』(文化書房博文社、1997年)。

ヴィルノ 、パオロ、柱本元彦訳『ポストフォーディズムの資本主義——社会科学と「ヒューマン・ネイチャー」』(人文書院、2008年)。

ウェーバー、マックス、木全徳雄訳『儒教と道教』(創文社、1971年)。

ウェーバー、マックス、中村貞二ほか訳『政治論集 第2巻』(みすず書房、1982年)。

ウェーバー、マックス、内田芳明訳『古代ユダヤ教(上・中・下)』(岩波書店、1996年)。

ウェーバー、マックス、深沢宏訳『ヒンドゥー教と仏教』(東洋経済新報社、2002年)

宇野重規『民主主義のつくり方』(筑摩選書、2013年)。

宇野重規・伊達 聖伸・髙山 裕二編著『共和国か宗教か、それとも：十九世紀フランスの光と闇』(白水社、2015年)。

エック ,ダイアナ・L、池田智訳『宗教に分裂するアメリカ』(明石書店、2005年)。

遠藤泰生編『史料で読むアメリカ文化史1 植民地時代——15世紀末-1770年代』(東京大学出版会、2005年)。

大石眞『憲法と宗教制度』(有斐閣、1996年)。

大西直樹・千葉眞編『歴史のなかの政教分離——英米におけるその起源と展開』(彩流社, 2006年)。

緒方房子『アメリカの中絶問題——出口なき論争』(明石書店、2006年)。

オバマ、バラク、白倉三紀子・木内裕也訳『マイ・ドリーム——バラク・オバマ自

参考文献

会田弘継『追跡・アメリカの思想家たち』（新潮選書、2008年）。

会田弘継「ティーパーティを腑分けする」『外交』創刊号、外務省、2010年。

会田弘継『トランプ現象とアメリカ保守思想』（左右社、2016年）。

会田弘継『破綻するアメリカ（岩波現代全書）』（岩波書店、2017年）。

青木保憲『アメリカ福音派の歴史――聖書信仰にみるアメリカ人のアイデンティティ』（明石書店、2012年）。

阿川尚之『憲法で読むアメリカ現代史』（NTT出版、2017年）。

阿川尚之『憲法で読むアメリカ史（全）』（ちくま学芸文庫、2013年）。

秋富克哉・安部浩・古荘真敬・森一郎編『ハイデガー読本』（法政大学出版局、2014年）。

秋富克哉・安部浩・古荘真敬・森一郎編『続・ハイデガー読本』（法政大学出版局、2016年）。

アサド、タラル、中村圭志訳『世俗の形成――キリスト教、イスラム、近代』（みすず書房、2006年）。

アサド、タラル、中村圭志訳『宗教の系譜――キリスト教とイスラムにおける権力の根拠と訓練』（岩波書店、2004年）。

芦部信喜『憲法 第六版』（岩波書店、2015年）。

芦部信喜『憲法学Ⅲ人権各論（1）[増補版]』（有斐閣、2000年）。

芦部信喜『宗教・人権・憲法学』（有斐閣、1999年）。

アドルノ、テオドール、マックス・ホルクハイマー、徳永恂訳『啓蒙の弁証法――哲学的断想』（岩波書店、1990年）。

アビィ、ルース、梅川佳子訳『チャールズ・テイラーの思想』（名古屋大学出版会、2019年）。

アムスタッツ、マーク・R、加藤万里子訳『エヴァンジェリカルズ アメリカ外交を動かすキリスト教福音主義』（太田出版、2015年）。

有賀夏紀・能登路雅子編『史料で読むアメリカ文化史4 アメリカの世紀――1920年代-1950年代』（東京大学出版会、2005年）。

アンダーセン、カート、山田美明・山田文訳『ファンタジーランド――狂気と幻想のアメリカ500年史（上・下）』（東洋経済新報社、2019年）。

安念潤司「信教の自由」樋口陽一編『講座憲法学3 権利の保障1』（日本評論社、

【ヤ行】

【ラ行】

【ワ行】

【タ行】

【ナ行】

事項索引

人名索引

【ア行】

【カ行】

【サ行】

【タ行】

【ナ行】

【ハ行】

藤本龍児 ふじもと・りゅうじ

一九七六年、山口県生まれ。早稲田大学社会科学部卒業。京都大学大学院人間・環境学研究科博士課程修了。博士（人間・環境学）。社会哲学・宗教社会学を専攻。現在、帝京大学文学部社会学科准教授。単著に『アメリカの公共宗教――多元社会における精神性』（NTT出版）、共著に『現代社会論のキーワード――冷戦後世界を読み解く』（ナカニシヤ出版）、『宗教と社会のフロンティア――宗教社会学からみる現代日本』（勁草書房）、『聖地巡礼ツーリズム』（弘文堂）、『宗教と公共空間――見直される宗教の役割』（東京大学出版会）、『よくわかる宗教学』（ミネルヴァ書房）、『米国の対外政策に影響を与える国内的諸要因』（公益財団法人日本国際問題研究所）、『基礎ゼミ宗教学』（世界思想社）、『50州が動かすアメリカ政治』（勁草書房）など、翻訳にホセ・カサノヴァ「公共宗教を論じなおす」『宗教概念の彼方へ』（法藏館）所収。

筑摩選書 0212

「ポスト・アメリカニズム」の世紀《せいき》 転換期《てんかんき》のキリスト教文明《きょうぶんめい》

二〇二一年五月一五日　初版第一刷発行

著　者　藤本龍児《ふじもとりゅうじ》

発行者　喜入冬子

発　行　株式会社筑摩書房
東京都台東区蔵前二-五-三　郵便番号 一一一-八七五五
電話番号　〇三-五六八七-二六〇一（代表）

装幀者　神田昇和

印刷 製本　中央精版印刷株式会社

　ISBN978-4-480-01730-7 C0336

筑摩選書 0127

分断社会を終わらせる

「だれもが受益者」という財政戦略

井手英策　古市将人　宮崎雅人

所得・世代・性別・地域間の対立が激化し、分断化が進む現代日本。なぜか？　どうすればいいのか？　「救済」から「必要」へと政治理念の変革を訴える希望の書。

筑摩選書 0128

貨幣の条件

タカラガイの文明史

上田信

あるモノが貨幣たりうる条件とは何なのか。それを考えるのに恰好の対象がある。タカラガイだ。時と場を経巡りながらその文明史的意味を追究した渾身の一冊。

筑摩選書 0129

中華帝国のジレンマ

礼的思想と法的秩序

冨谷至

中国人はなぜ無法で無礼に見えるのか。彼らにとって法や礼儀とは何なのか。古代から近代にいたる過程で中華思想が抱えた葛藤を読み解き、中国人の心性の謎に迫る。

筑摩選書 0130

これからのマルクス経済学入門

松尾匡　橋本貴彦

マルクスは資本主義経済をどう捉えていたのか？　マルクス経済学の基礎的概念を検討し、「投下労働価値」がその可能性の中心にあることを明確にした画期的な書！

筑摩選書 0131

「文藝春秋」の戦争

戦前期リベラリズムの帰趨

鈴木貞美

なぜ菊池寛がつくった『文藝春秋』は大東亜戦争を牽引したのか。小林秀雄らリベラリストの思想変遷を辿り、どんな思いで戦争推進に加担したのかを内在的に問う。

筑摩選書 0152

陸軍中野学校
「秘密工作員」養成機関の実像

山本武利

日本初のインテリジェンス専門機関を記した公文書が新たに発見された。謀略研究の第一人者が当時の秘密戦工作の全貌に迫り史的意義を検証する、研究書決定版。

筑摩選書 0153

貧困の戦後史
貧困の「かたち」はどう変わったのか

岩田正美

敗戦直後の戦災孤児や浮浪者、経済成長下のスラムや寄せ場、消費社会の中のホームレスやシングルマザーなど、貧困の「かたち」の変容を浮かび上がらせた労作！

筑摩選書 0154

1968〔1〕文化

四方田犬彦 編著

1968～72年の5年間、映画、演劇、音楽、写真、舞踏、流行、図像、雑誌の領域で生じていた現象を前景化し、歴史的記憶として差し出す。写真資料満載。

筑摩選書 0155

1968〔2〕文学

四方田犬彦／福間健二 編

三島由紀夫、鈴木いづみ、土方巽、澁澤龍彥……。文化の〈異端者〉たちが遺した詩、小説、評論などを収録。反時代的な思想と美学を深く味わうアンソロジー。

筑摩選書 0156

1968〔3〕漫画

四方田犬彦／中条省平 編

実験的であること、前衛的であること、アンダーグラウンドであること。それが漫画の基準だった――。第3巻では、時代の〈異端者〉たちが遺した漫画群を収録。

筑摩選書
0157
童謡の百年
なぜ「心のふるさと」になったのか
井手口彰典
心にしみる曲と歌詞。兎を追った山、小川の岸のすみれやれんげ。まぶたに浮かぶ日本の原風景。童謡誕生百年。そのイメージはどう変化し、受容されてきたのか。

筑摩選書
0158
雇用は契約
雰囲気に負けない働き方
玄田有史
会社任せでOKという時代は終わった。自分の身を守るには、「雇用は契約」という原点を踏まえる必要がある。悔いなき職業人生を送る上でもヒントに満ちた一冊!

筑摩選書
0159
流出した日本美術の至宝
なぜ国宝級の作品が海を渡ったのか
中野 明
明治維新の混乱のなか起きた日本美術の海外への大量流出。外国人蒐集家と日本人の間で起きた美術品を巡る知られざるドラマを明らかにし、美術流出の是非を問う。

筑摩選書
0160
教養主義のリハビリテーション
大澤 聡
知の下方修正と歴史感覚の希薄化が進む今、教養のバージョンアップには何が必要か。気鋭の批評家が鷲田清一、竹内洋、吉見俊哉の諸氏と、来るべき教養を探る!

筑摩選書
0161
終わらない「失われた20年」
嗤う日本の「ナショナリズム」・その後
北田暁大
ネトウヨ的世界観・政治が猛威をふるう現代日本。アイロニーに嵌り込む左派知識人。隘路を突破するには何が必要か? リベラル再起動のための視角を提示する!

筑摩選書
0132

イスラームの論理

中田 考

神や預言者とは何か。スンナ派とシーア派はどこが違うか。ハラール認証、偶像崇拝の否定、カリフ制、原理主義……。イスラームの第一人者が、深奥を解説する。

筑摩選書
0133

憲法9条とわれらが日本
未来世代へ手渡す

大澤真幸 編著

憲法九条を徹底して考え、戦後日本を鋭く問う。社会学者の編著者が、強靭な思索者たる井上達夫、加藤典洋、中島岳志の諸氏とともに、「これから」を提言する！

筑摩選書
0134

戦略的思考の虚妄
なぜ従属国家から抜け出せないのか

東谷 暁

戦略論がいくら売れようと、戦略的思考は身につかず、政府の外交力も向上していない。その理由を示し、戦略論の基本を説く。真の実力を養うための必読の書！

筑摩選書
0135

ドキュメント 北方領土問題の内幕
クレムリン・東京・ワシントン

若宮啓文

外交は武器なき戦いである。米ソの暗闘と国内での権力闘争を背景に、日本の国連加盟と抑留者の帰国を実現した日ソ交渉の全貌を、新資料を駆使して描く。

筑摩選書
0136

独仏「原発」二つの選択

篠田航一
宮川裕章

福島の原発事故以降、世界の原発政策は揺れている。激しい対立と軋轢、直面するジレンマ。国民の選択が極端に分かれたEUの隣国、ドイツとフランスの最新ルポ。

筑摩選書
0137

〈業〉とは何か
行為と道徳の仏教思想史

平岡 聡

仏教における「業思想」は、倫理思想であり行為の哲学でもある。初期仏教から大乗仏教まで、様々に変遷してきたこの思想の歴史と論理をスリリングに読み解く！

筑摩選書
0138

ローティ
連帯と自己超克の思想

冨田恭彦

プラグマティズムの最重要な哲学者リチャード・ローティ。彼の思想を哲学史の中で明快に一から読み解き、後半生の政治的発言にまで繋げて見せる決定版。

筑摩選書
0139

宣教師ザビエルと被差別民

沖浦和光

ザビエルの日本およびアジア各地での布教活動の跡をたどりながら、キリシタン渡来が被差別民にもたらしたものが何だったのかを解明する。

筑摩選書
0140

ソ連という実験
国家が管理する民主主義は可能か

松戸清裕

一党制でありながら、政権は民意を無視して政治を行うことはできなかった。国民との対話や社会との協働を模索しながらも失敗を繰り返したソ連の姿を描く。

筑摩選書
0141

「働く青年」と教養の戦後史
「人生雑誌」と読者のゆくえ

福間良明

経済的な理由で進学を断念し、仕事に就いた若者たち。知的世界への憧れと反発。孤独な彼ら彼女らを支え、結びつけた昭和の「人生雑誌」。その盛衰を描き出す！